JN013059

筑摩選書

石川禎浩
Ishikawa Yoshihiro

中国共産党、その百年

中国共産党、その百年　目次

中国共産党、その百年

はじめに――中国を支配する者

中国の内陸部に位置する湖南省は、近代において数々の革命家を輩出したことで知られる。とりわけ、省都の長沙から南西に少し行った湘潭《しょうたん》、寧郷《ねいきょう》のあたりは、まさに革命家の名産地で、人民共和国の大元勲として知られる毛沢東、劉少奇《りゅうしょうき》、彭徳懐《ほうとくかい》は、いずれもこの地の出身である。この三人が互いを知るようになるのは共産党に入ってからだが、生家は互いに三〇～五〇キロほどしか離れていない。それゆえ、この一帯は「偉人故里《いじんのさと》」、またその三カ所を結ぶルートは、俗に紅色之旅（革命史跡巡り）の「黄金の三角《ゴールデントライアングル》」と称され、革命偉人の生家巡りツアー客で連日にぎわっている。

そのひとつ、寧郷の花明楼《かめいろう》というところは、時の国家主席でありながら、文化大革命で迫害され世を去った悲劇の指導者・劉少奇のふるさとである。生家のすぐ近くにある記念館には、名誉回復がなったあとに、劉夫人の王光美《おうこうび》が寄贈した品々が陳列してあるが、その中に国家主席だったかれの公邸寝室を復元したコーナーがある。一九六〇年代初頭に使っていたというこの寝室、

図0—1

劉少奇記念館の公邸寝室復元展示室

読者は奇妙な印象を持つはずである。布団が敷いてあるのではない。ベッドに脚がないのだ。脚が切ってあり、マットレスが床にほぼ直接に置いてある。劉少奇は、なぜこんな変わったベッドを使っていたのだろう。展示室の説明はこうである。

劉少奇同志は長年の過労が原因で、重度の不眠症を患っており、毎夜睡眠薬を服用していた。ところがある晩、朦朧《もうろう》としてベッドから転げ落ちてしまったことがあり、以後落ちてもケガをしないようベッドの脚を切り、マットを床に敷いて寝るようにしたのである。

記念館は、かれが国のため民衆のため、寝食を忘れて働いたことを讃《たた》えて、このような展示説明をつけたのだろう。当時の睡眠薬は、飲んでから寝床にたどり着くまでに、床《ゆか》に倒れてしまうと言われるほど効きが強かったらしいが、そこまでして働かなければならなかったのか。参観者は一様に劉の勤勉さに思いをいたすのである。だが、この脚を切ったベッドの話は、人民共和国の政治を考える者に、色々な示唆を与える。

実は、睡眠薬を常用していたのは、劉少奇だけではない。それどころか、当時の中共中央の指導者の多くは睡眠薬を使っていた。周恩来しかり、鄧小平またしかりである。その一つの理由は、重要な会議が夜中に行われ、不規則な生活を強いられたことである。当時、党の中枢である中央政治局の会議は、しばしば深夜から日付を跨《また》いで開催され、決定された指示文書が未明の二時、三時に発出されることもざらだった。なぜ夜中に会議をするのか。長年夜型の生活をしてきた毛沢東が、人民共和国の国家指導者となったあとも、その習慣を改めなかったからである。かく言う毛自身も睡眠薬を手放せなかった。

もちろん、毛にしても、昼間に通常の公務や会見などが挟まることもあるし、ほかの指導者ならむしろ昼間の仕事が主である。かくて、毛もふくめ、共産党の指導者たちは、軒並み睡眠薬に頼らざるを得なかったのである。だが、その薬も、毛以外の者は、日付が変わるまでは飲めなかったという。[1]飲んだあとで毛から緊急招集の電話が来た場合、起きようにも起きられず、何とか毛のもとに駆けつけても、会議で爆睡するのは目に見えているからである。劉少奇のベッドが床に置いてあるのは、こうした諸々《もろもろ》のことの結果にほかならない。当時の共産党における毛の意向の重みは、政策決定のみならず、こんな生活時間にまで及んでいたわけであ

図0—2

劉少奇

る。

だから、その毛に日常的に仕える秘書たちは大変だった。当時、中央の指導者の日常的活動をサポートする秘書部門（中央弁公庁）の責任者だった楊尚昆《ようしょうこん》（のち改革開放期に国家主席）の日記を見ると、退勤時間は連日ほぼ午前二時、政治局の会議があったりすると午前三時になる。一方、起床時間は午前一〇時くらいで、これらはいずれも毛の執務時間に合わせた結果である。そのせいか、楊は日記でしょっちゅう体調不良を訴えている。

一方、劉少奇が勤勉だったというのも、決して誇張ではない。これまた劉のみならず、共産党の指導者たちは、毛にせよ周恩来にせよ、おしなべてみな勤勉であった。国の舵取りたる者、勤勉なのは当たり前だという声もあろうが、かれらとて人間である。自分の判断や決定によって、多くの民が影響を受け、ヘタをすれば多くの人民の命が損なわれるかもしれないというプレッシャーがないはずがない。現に劉が国家主席に就任した前後には、毛沢東による無謀な経済政策（大躍進）の失敗によって、数千万人が餓死するというおぞましい事態が起きていた。「民を苦しめるようなことがあってはならない」という意識は、そもそも伝統的に中国の為政者が強く抱いたものであったが、共産党はより鮮明に「民衆」のための政治を行うことを標榜しているのである。中国の支配者としてのはかりしれないほどの心理的重圧と、失政は許されないという強迫観念が、劉少奇には終始まとわり続けたであろう。

だが、そうした支配は共産党自身が当然のこととして選んだもの、一党独裁による政治を是とし、他の政治勢力を有名無実にしてしまった以上、その責任は誰にも転嫁できないし、代わってもらおうにも代わりはいないのである。共産党指導者が独裁と引き替えに背負わなければならなかったもの、極端に言えば、それが劉少奇をしてベッドの脚を切るに至らしめたもののもう一つの正体ではなかったか。

国政において政権交代を可能にする仕組みを持たず、ごく少数の指導者が政治の号令をかけるという当時のスタイルは、今日でも何ら変わっていない。してみれば、劉少奇が感じたような逃れられないプレッシャーの中に、今の習近平がいることも間違いあるまい。もちろん、貧困と飢餓を抱えていた時代に比べれば、中国ははるかに豊かになっており、世界第二の経済力を背景に、グローバルな経済開発構想「一帯一路《いったいいちろ》」を掲げ、内には「中国の夢」を語る時代である。だが、だからといって、習のプレッシャーが前の世代の指導者たちよりもそれだけ軽減されるかと問えば、そうは言えまい。新型コロナウィルスの拡大が世界に未曾有の厄災をもたらし、その責任の所在を問われることなどは、鎖国に近かった毛沢東時代にはなかったことで、これなどは国際化した中国ならではの責任の重みである。

このように、代役のいない、あるいはそもそも代役の存在を認めないように舞台を設計し、それに沿って演出をし、さらには主役を演じているのも自分たちである以上、劉少奇にせよ、習近平にせよ、かれらは権力の座にある限り、そのプレッシャーが自らにのしかかるのを覚悟せねばならない。さらに、その重圧は何か特定の目標を達成すれば、そこから解放されるという皮相的なものでなく、一度背負ったが最後、永遠に下ろすことのできない重荷となることに気づくであろう。

結党から三十年足らずで天下をとり、その後中国に君臨すること七十年余り、冷戦の終結後もなお超巨大政権党たり続けている中国共産党の存在と責任の大きさ、それを否定する者は今やいない。今から百年前に中国共産党が産声を上げたとき、毛沢東や劉少奇などそのメンバーの多くは、やがて数十年後に自分たちが中国の舵取りという重責を担うことになると、どれほど現実的に予想していただろう。いわんや百年後に党が現在のような形で、なお独裁体制を続けていようとは……。また逆に、党創立以来百年を経た今日から往古の共産党を振り返るとき、一体どれほどの人が共産党のかつての姿を想像できるだろう。党が百年を経て大きく変貌しただけでなく、その党をとりまく内外の状況そのものも、この百年で大きく様変わりしたため、そのかつての姿に思いをいたすのは、相当に難しいことになってしまった。

だが、その内実がどんなに変わってしまっても、今日の共産党が百年前に産声を上げた組織を引き継いでいることは、疑う余地のない事実である。百年の間に分裂騒ぎがないではなかったが、党名を変えたことはないし、解体・解党したこともない。にもかかわらず、党の姿がこれほど大きく様変わりしているということは、党がその時々の世界や中国をとりまく情勢に適合するよう、自らを変革していったのだと解釈することができる。よく言えば、適応力に富んでいたということになろうし、悪く言えば変節を厭《いと》わないということでもある。そのことの評価是非はさまざまだろうが、いずれにしても、その存在の大きさゆえに、共産党の歴史を抜きにこの百年の中国の歴史が語れないように、この百年の世界や東アジアの歴史を抜きにして、中国共産党の歩みを語ることができないこともあきらかである。

本書は中国共産党結成百周年の節目に、かの党の歩みを振り返るものではあるが、その歴史を通時的に、まんべんなく描く教科書とはしない。むろん、おおむね時代に沿って論を進めるが、同党の歩みを描く中で、今日の共産党にも引き継がれることになる党のさまざまな属性——つまり、共産党に特有の性質——を、それぞれの時代のトピックに合わせて取り上げて話を進めることにする。つまりは、冒頭で示した劉少奇のベッドのようなエピソードから、党指導者や党の運営スタイルなどの「属性」を一瞥《いちべつ》したように、共産党ならではの特徴がどこに由来し、どこに現れているのかを、具体的なモノやコトに託して見てみたいのである。本書の記述の比率は、政権をとるまでの時期が多く、政権をとってのちの歩み、特に二一世紀以降についてははなはだ簡略だが、それは今日の共産党の「属性」とされるものが、もとをたどると党の前半期にさかのぼることが非常に多いためである。アンバランスではあるが、概説的にまんべんなく描く教科書にはしないというのは、そうした意図に出るものであることを、あらかじめお断りしておく。

他方で、中国共産党が活動したそれぞれの時期の同時代相をうかがい知る一助として、一九二〇年代から二一世紀にいたるさまざまな時代の「中国流行歌」で共産党に関わるコラムを適宜おりこむという試みをしてみた。共産党がどんな世相の中で活動したのか、また共産党が統治するようになって、中国にどのような世相が生まれ、そこで人々はどのように暮らし、また音楽家たちはどのように生きたのかを照らし出す鏡としてである。むろん題材とする歌は、わたしが自分なりの基準で選んだものであり、中には厳密にいえば「流行歌」とは言えないものも混じっているかもしれない。それもすべては、世相をよくあらわす歌という観点から選んだものだということ、ご承知おき願いたい。

ではそろそろ始めよう。色々とご託《たく》をならべて長広舌《ちょうこうぜつ》を振るっていると、党の百周年に間に合わなくなってしまう。

1――余秋里の回想（何建明『奠基者』作家出版社、二〇一〇年）。

第一章

革命の党の出発

1 「中国共産党」の起源

「中国共産党」という名が中国に現れて今年で百年、と言いたいところだが、実は「中国共産党」の五文字は、それよりもさらに十年ほど前に、すでにこの世に現れていた。時に一九一二年三月末、つまり辛亥革命によって中華民国が成立してわずか三カ月、その革命によって命脈を絶たれた清朝のラストエンペラー・宣統帝溥儀《せんとうていふぎ》が退位の詔書を出してひと月ほどしかたっていない時期、上海の新聞『民権報《みんけんほう》』に「中国共産党」の党員募集広告が出ているのである。さらにその一カ月後（四月二八日）には、奉天（今日の瀋陽《しんよう》）の日刊紙『盛京時報《せいけいじほう》』に「共産党出現《あらわる》」という見出しで、南京で間もなく結成大会を開く「中国共産党」の政治綱領が載った（図1―1）。ただし、「無吾《むご》」なる者が旗揚げしたこの「共産党」は、紙の上の政党に過ぎなかったらしく、その具体的活動を伝える資料は残っていない。

参考までに、『盛京時報』に載った綱領を見てみると、共和政府の擁護、財産相続制の打破、土地を国有に収用、社会工場の建設、平民教育の提唱、労働時間の平均化といった文字が並んでいて、いっぱしの体裁を保っている。つまり、「中国共産党」は幽霊政党以上のものではなかったとはいえ、一九一〇年代初頭の中国では、すでに「共産党」という名称や「労働」「国有」「財産」といった社会主義に関連する語彙、言葉が使われていたことがわかるのである。さらには、党員募集の広告が公開発行の新聞に堂々と出ていたというのも、革命の秘密結社という共産党のイメージからすると、ちょっと意外に映る。

いわゆる「共産党」が生まれるには、その国に社会主義やマルクス主義といった思想が広まっていなければならない。また、その活動を支える無産階級労働者、いわゆるプロレタリアートがある程度いないと話にならないはずだが、清朝がやっと終わったばかりの当時の中国に、そんなモダンな階級がいたとは想像しがたい。ただし、社会主義が知られていなかったかと言えば、それなりに知識としては紹介されていた。例えば、マルクスなる「社会主義之泰斗」がいることは、一九〇二年に梁啓超《りょうけいちょう》という清末の有名な改革者・ジャーナリストによって紹介されている。言うところは、多数の弱者が少数の強者に圧服されているのが今日の社会であり、土地や資本の公有によってそれを是正すべしというのがマルクスの主張だということであった。かなり大ざっぱではあったが、社会主義のABCがすでに中国語によって論じられていたわけである。

図1—1

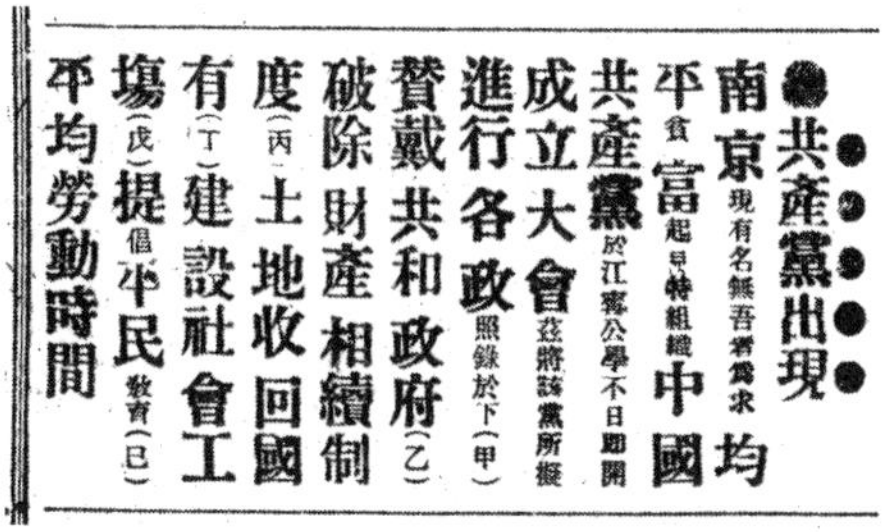
●共産黨出現●●●●
南京現有名無吾者爲求均平貧富起見特組織中國共產黨於江寧公學不日即開成立大會茲將該黨所擬進行各政照錄於下(甲)贊戴共和政府(乙)破除財產相續制度(丙)土地收回國有(丁)建設社會工場(戊)提倡平民教育(已)平均勞動時間

『盛京時報』に掲載された「中国共産党」に関する記事。

こうした社会主義の理論は、どうも同時代の日本の書籍からの転載・翻訳をつうじて中国へ流入したらしい。その梁啓超は一八九八年に清朝の改革（戊戌《ぼじゅつ》変法）に失敗して日本に亡命し、日本で盛んに言論活動を展開した人物である。当時、かれや中国からの留日学生たちによって、西洋の新思想や新概念の日本語訳語が、そのまま中国語の語彙として使われ、中国でも流通していくということが広く起こった。Society の「社会」しかり、Principle, -ism の「主義」またしかり、つまり「社会主義」という言葉、概念自体が日本経由で伝播したものであって、その結果、中国でも日本でも、社会主義と言えば同じ意味で使われているわけである。[1] 先に紹介した「中国共産党」の綱領の中身が、日本人にもすんなり理解できるのは、こうした日本由来の語彙摂取という歴史的背景があることの表れにほかならない。事実、本物の中国共産党ができる前後には、中国で『共産党宣言』を含むかなりの数のマルクス主義文献が出版されるようになるが、その多くが同時代の日本語版の重訳であった。

他方でプロレタリアートはどうかと言えば、いるにはいた、それもかなりの数で。共産党ができる直前の段階で、中国全土に約二百万の産業労働者がいた（うち上海に五十万人前後）と言われている。もっとも、この数は一九二五年に毛沢東が言った数字であって、[2] かれはその方面の統計の専門家ではなかったから、何かの資料で挙がっていた数字なのだろう。統計の根拠が怪しいことはさておき、その産業労働者を毛は近代工業のプロレタリア階級と呼び、それだけの規模の労働者がいたから、党の活動も始まったと説明するわけである。[★1] ちなみに日本だと、ほぼ同じ時期に行われた国勢調査によれば、いわゆる近代部門の労働者は二百万ほどで、ちょうど中国と同じ規模である。だが、当時の工業化の進展を比較するならば、両国のプロレタリアートの数が同じというのは考えられない事態であって、実際の中国のそれは、毛の挙げる数字よりもはるかに小さかったとみなければならないだろう。

また、その労働者なる者の内実も、マルクスが想定したような存在、近代的設備の工場といった生産現場で賃労働に従事し、自らの労働力以外に売るものを持たぬ存在とは、いささかというか、かなり異なる者たちだった。とりわけ、共産党をつくる中心となった知識人たちにしてみれば、「労働者」あるいはプロレタリアート（無産階級）は、かなりイメージしにくいものであった。都市部の知識人たち、特に工場や鉱山などいわゆる労働の現場とはまったく縁のないかれらにとって、「労働者」という言葉から思い浮かべる「働く者」とは、日常では人力車の車夫であり、さらに身近で言えば、自分の家に仕えている使用人や下僕たちであった。一九二〇年に武漢で共産党の運動に手をつけようとしていたある知識人は、同志たちと開いた勉強会で、こう述べている。

学校の中であれ、家庭の中であれ、自分と使用人とは平等なものとして接しなければなりません。ほかの人の手を借りずにできるすべての仕事は、使用人に頼むのではなくて、自分自身

★1――この考えはのちに、中共の創立は「マルクス・レーニン主義と中国労働運動の相結合した産物である」と定式化され、今日も党の公式見解となっている。党創立をめぐる今年（二〇二一年）のさまざまな説明にもこの言い回しは登場するであろう。

でやらなくてはいけないのです。

肉体労働に積極的意義を認めない儒教的価値基準の中で暮らしてきたかれらにとっては、自分のことは自分でやる、そんなところから意識を変えていくことが共産主義運動の第一歩だったのである。

当時、「プロレタリアート」との連帯に、最も努力していたかれらにしてこの状態だったから、普通のインテリには、字も読めず教養のかけらすらない車夫や使用人のような連中が次の時代を切り開く人間だとは、到底受け入れることなどできなかった。百歩譲ってそれを受け入れるにしても、社会主義とはそうした「プロレタリアート」の指導する社会だとなると、つまりは下僕に主人が指図されるとんでもない世の中だと理解されてしまうのだった。先に挙げた梁啓超は一九二七年に、共産党が力をつけるとどうなるかを、三十を超えた娘にこんな具合にかみ砕いて説明している（当時、共産党は国民党と手を組んで、中国の南半分を席巻しており、天津に住むかれは、それを警戒の目で見ていた）。


わが家の労働者である老郭や老呉、唐五の三人は、たぶん私たちに対して騒動を起こすまでには至らないだろう。……〔だが〕おじさんの所では、おそらくおじさんが自分で食料の買い出しに出かけ、おばさんが自分で料理をせざるを得なくなるだろう。（一九二七年一月）

「老郭」ら三人はいずれも梁家で働く使用人だが、かれらが「わが家の労働者」と呼ばれているわけで、立場こそ違え、「労働者」と聞いて頭に浮かぶのは、先の武漢の共産党員とまったく同じなのである。違うのは、共産党の世の中になったら、一転、主人は自分で家事一切をやらなければならなくなるから、それは困るという受けとめ方だけである。

また、これは梁家とは別だが、似たようなことは、「共産」という言葉をめぐっても起こった。私有財産、つまり自分個人のものを強制的にみんなのものにすることが「共産主義」である以上、夫の所有物たる妻もみんな（公）のものになってしまう、なんと「共産」は「公妻」という倫理破壊を強行する考え方なのだという理解すら横行し、人々を戦慄《せんりつ》させたのである。

以上のごとく、平心に論ずれば、プロレタリアートの内実や規模にしても、社会主義理論の受容の面でも、百年ほど前の中国に、共産党が自然に生まれるような条件が揃っていたとは、とても言えない。にもかかわらず、一九二〇年代初め、中国共産党は産声を上げた。それゆえ、その結党を「早産児」と呼んだ意地悪な評論家もいる。ただ、この時期に産声を上げたのは、中国の共産党だけではない。同じように日本でも、また日本の植民地体制下に置かれた朝鮮でも、前後して共産党が作られ、活動を開始している。

先に、日本と中国のプロレタリアートの数をあげ、日本の方がその数が多かったはずだと述べた。また、マルクス主義にしても、明治以来の伝統を持つ日本の方がマルクス主義の受容も研究も進んでいたことは争えない事実である。だが、東アジア地域の各国共産党の成立順序を見ると意外なことに気づかされる。すなわち、日本共産党の第一回大会が開かれたのは、中共のそれより一年後の一九二二年であり、逆に朝鮮の共産党（高麗共産党）の第一回大会は、一九二一年五月、つまり中共第一回大会の二カ月ほど前になっていることの不思議である。

共産党の結成時期の早い遅いが、単純にマルクス・レーニン主義の伝播と労働運動の発達に比例するのであれば、東アジアにおけるその順番は日本、中国、朝鮮になるべきはずであるのに、現実にはそれが逆になっているのは、いったいなぜなのだろう。あるいは、そうした時間のずれは無視して差し支えのないくらいの「誤差」に過ぎないのであって、日中朝においてはほぼ同時に共産党が生まれたと言い換えてもよいのかもしれない。しかし、それならそれで、日中朝の共産党がほぼ同時に生まれた理由があるはずである。

いうまでもなく、それを引き起こしたのは、ロシア十月革命の衝撃とその後に東アジアに向けて展開されたコミンテルンの活動である。まさしく、ロシア共産党（ボリシェヴィキ）とコミンテルンの介在こそが、実は日中朝間の共産党結成の微妙な逆順時差、あるいはその同時性を生んだそもそもの要因であった。すこし大げさな言い方をすれば、当時の世界各国に誕生した共産党は、マルクス主義のある程度の受容があって、プロレタリアート（産業労働者）が少々いれば、できたのである。とりわけ、プロレタリアートの存在は、高麗共産党の例に見るように、必ずしも必須ではなかった。むしろ、心情的な革命への親近感、そして地理的・物理的なロシアとの距離が結党の時期を左右したのである。つまりは、コミンテルンあっての共産党だったということであり、各国共産党を赤児《あかご》に喩《たと》えれば、それが「早産児」である場合でもそうでない場合でも、ロシア革命由来のこの世界革命組織が、誕生にさいしての助産師であることだけは間違いない。

このことを別の側面から説明してみよう。先に辛亥革命からほどなく誕生した「中国共産党」のことを紹介したが、当然にこの妙ちくりんな党を現在の中国共産党は認めていないし、このペーパー・パーティーをもって中共の起源とする研究者もいない。なぜか。もちろんその「党」が実体を持たないものだったこともあるが、それだけではない。実は、中国共産党も我々外界の者も、一九二〇年代初頭にコミンテルンの承認を得て、その傘下の支部として誕生したものこそがホンモノの共産党なのだと暗黙のうちに考えているのである。

参考までに、一九二〇年のコミンテルン第二回大会で採択された「共産主義インターナショナルへの加入条件」、いわゆる「二一カ条の条件」において、「共産党」という名称がどう規定されているかを見てみよう。

> 共産主義インターナショナルに所属することを希望する各党は、しかじかの国の共産党（第三共産主義インターナショナル支部）という名称をつけなければならない。党名の問題は、たんなる形式上の問題ではなく、きわめて重要な政治問題である。（強調点ママ）

簡単に言えば、「共産党」という名称は必須であり、かつコミンテルンの所属組織が使うということである。また各国の共産党は、自動的にコミンテルン支部と同一物であるという扱いを受けることになったのだった。それをさらに敷衍《ふえん》して言えば、世界のしかじかの国でいくら優れた共産主義者が組織を結成し、それに「共産党」という名称を冠しても、それだけでは「共産党」たり得なくなったわけである。一九二二年に出現した「中国共産党」を現在の中共の前身だと見なさないのは、この通念を我々が共有しているからにほかならない。コミンテルンの働きかけを受けて生まれたことによって、中国共産党はどのような血を引き継いだのだろう。それは今の共産党にも受け継がれているのだろうか、節をあらためて検討してみよう。

2 コミンテルン——中共DNAの来源

共産党と言えば共産主義、共産主義と言えばマルクス主義というわけで、本来ならマルクス主義のイロハをひと通り説明すべきところだが、それを真面目に解説しだすと、紙幅がいくらあっても足りない。おまけに今日の中国共産党の政治動向を占う上で、マルクス主義にのっとった分析がどれほど有効かについては、疑問なしとしない。その主義を奉ずる後継者たちが、今や「中国の夢」を掲げて活動しているとマルクスが聞いたら、悪い冗談だと思うだろうし、「中華民族の偉大なる復興」と聞かされた日には、卒倒してしまうに違いない。ありていに言えば、「夢」

や「偉大なる復興」を理解するのに役立つのは、ベネディクト・アンダーソン（Benedict Anderson）の『想像の共同体』であって、マルクス主義ではないからである。なまじマルクス主義を知っていることは、今日の共産党を理解する上で、邪魔とまでは言わないが、見る者の目を曇らせかねない。

だが他方で、国際共産主義組織としてのコミンテルンについては、簡単にでもひと通り解説を加えておかなければならない。人と同じように組織体にもＤＮＡがあるとするなら、今日の共産党が組織原理や活動原理の面で引き継いでいるのは、マルクスやエンゲルスのＤＮＡというよりも、むしろ直接的にはコミンテルンのそれであると言ってよいからである。では、そのコミンテルン由来のＤＮＡの特徴はどのようなものか。以下にコミンテルンの説明を簡単にするが、それを読めば、そのＤＮＡこそが中国共産党らしさの正体であり、ある意味で、結党以来百年を経ても変わらないものであることを理解していただけよう。

俗に言うコミンテルン（Comintern）は、英語で言えばコミュニスト・インターナショナル（Communist International）の略語で、共産主義者の国際的連携組織である。共産主義者の国際連帯は、すでにマルクスの時代（日本で言えば幕末・維新）からあったが、マルクスの時代のもの（第一インター）もその後のもの（第二インター）も、国際的な連帯・協力関係を構築できないまま、有名無実化することが続いた。その二回の失敗の轍《てつ》を踏まぬよう結成されたのが、第一次大戦後の一九一九年にモスクワで成立したインターである。大きく数えると史上三つ目のインターとなるため、「第三インター」と呼ばれることもある。

このインター（コミンテルン）の特徴は、革命を成し遂げたレーニン率いるロシア共産党が中心となって結成されたこと、そしてそれまでのインターが各国の共産主義者の寄せ集め（よく言えば各国の党の自主性尊重）であったことの反省にたって、集権的な前衛主義、紀律主義によって各国の共産党を強力に指導したことである。ロシア共産党の特徴をなすこの実践的マルクス主義こそ、レーニン主義、あるいはボリシェヴィズムと呼ばれるものにほかならない。それまでのインターで力を持っていた独、英、仏といった国々の社会主義政党は、多くがこうした形の新たなインターへの加入をよしとするかどうかで分裂・再編成されることになった。例えば、マルクスの祖国でもあるドイツの場合、第二インターの中心的存在だったドイツ社会民主党（および系列党派）は、宗旨が違うとしてコミンテルンには加わらず、他方で同党から分かれ出た急進派がドイツ共産党を結成し、コミンテルンに加わることになる。

これに対して、中国ではほかの国で発生したような社会主義党派の再編は起こらなかった。そもそも国内には、結党活動に先だつ共産主義運動の歴史・蓄積がほとんどなく、コミンテルン以前の国際共産主義運動とは、ほぼ没交渉だったからである。つまりは、中国の社会主義者にとっては、コミンテルン、ボリシェヴィキ流の国際共産主義運動が、選択の余地のない新たな、そして唯一のインターであったといえるだろう。それゆえ中国では、共産主義思想はその初発から、ボリシェヴィズムとほぼ同義のものとして理解され、受容されていった。中央集権的組織原理、鉄の紀律に代表される顕著な前衛主義、中央と各支部間のハッキリとした上下関係など、今日の共産党の活動原理と見なされているものは、すべてコミンテルン、あるいはその中核たるロシア共産党に起源するといってよい。

ちなみに、現在の中国では共産党に入党する時に、次のような誓いの言葉を述べることになっている。「党の決定を実行し、党の紀律を厳守し、党の秘密を守り、党に忠誠を誓い……いつでも党と人民のために一切を犠牲にする準備をし、永遠に党を裏切らないことを誓います」。自らを党という組織の歯車として、すべてを捧げるという服従の誓いである。入党に際して誓詞を読み上げるということは、マルクスの時代からあり、「党の機密を守る」「党の決議に従う」という文言もすでに見える。だが、マルクスのころの誓詞には、それら義務条項の前に、「財産の公有という原則は真理であると信じる」「言葉と行動によってその原則の宣伝と実現をうながす」という主義に対する信奉が述べられ、また他方で紀律や忠誠（裏切らない）、犠牲といった絶対服従の意識は相対的に希薄であった。

いわゆる「鉄の紀律」や「絶対服従」が党の組織原理（すなわちＤＮＡ）になるのは、レーニンのボリシェヴィキの時代、国際共産主義運動ではコミンテルン時代になって以後のことである。現在の共産党の誓詞の精神が、マルクスのものに近いか、コミンテルンのものに近いかは、火を見るよりあきらかであろう。共産党という巨大政党が今もなお秘密主義を堅持する一方、紀律違反を名目に有力指導者を更迭、失脚させたりするのは、このＤＮＡのしからしめるところなのである。

コミンテルン流のこうしたDNAを引き継いでいるのは、共産党ばかりではない。中国の全国規模の青年団体である共産主義青年団（共青団）、同じく労働組合連合である中華全国総工会（総工会）も、それぞれ一九二〇年、一九二五年（前身は一九二一年）にさかのぼる歴史を持つ下部組織、あるいは外郭組織で、かつては共産党にとってのコミンテルンに相当する国際組織に属していた。青年団の上部組織は「共産主義青年インターナショナル」（略称キム、中国語表記は青年共産国際）、総工会の上部組織は「赤色労働組合インターナショナル」（略称プロフィンテルン、中国語表記は赤色職工国際）で、ともにモスクワに本部を置き、コミンテルンと同様の指針で組織・運営されていた。現在でも、青年団は八千万強の団員を、総工会に至っては、三億を超える参加組合員を擁する巨大組織であり、前者は学校を中心に、後者は生産現場を中心に、大きな動員力を持っている。両組織ともその形成過程を共産党と同じくする関係から、一九四〇年代までは、モスクワの上部団体の影響をつよく受けた。

さらに、二十四年に及ぶコミンテルンの歴史も前後でかなり変化があり、共産党が受けた影響は、レーニン亡き後にスターリンが主導するようになって顕著になったものも多い。スターリンのそれは、より権威的、独裁的で、社会主義体制を覆そうとする内外の資本主義・帝国主義勢力の存在とその策謀を想定するため、組織防衛、イデオロギー防衛を強調する。中国の共産党にとって、コミンテルンは助産師だったと先に述べたが、それに倣って言えば、中共が長じていくに及んでそれを育み、人格形成をリードした保育士はスターリンだった。毛沢東はとりわけ晩年には、スターリンとは異なる共産主義世界を目指したといわれるが、結党以来数十年にわたって刷り込まれたその共産主義像から抜け出すことは、決して容易なことではなかったはずである。

コミンテルンはその後一九四三年に解散し、以後中国共産党はどこかの国際組織に従属する政党ではなくなった。また、その本家であるソ連の共産党が支配政党の座から降り、冷戦終結を経て旧共産圏が軒並み脱共産主義体制になってのちも、中共はなお百年前のこの観念を大まじめに根本精神として護持している。つまりは、共産党の歴史を振り返るに際しては、その全過程を通じて、このボリシェヴィズムが党の活動の柱石であり続けていることを、まずもって念頭に置かなくてはならないのである。

コラム①《インターナショナル（国際歌）》——永遠のプロテスト・ソング

「世界の労働者よ、団結せよ」、『共産党宣言』のむすびのこの言葉に象徴される国際的な連帯の意思を歌に反映させたのが、革命歌《インターナショナル》である。作られたのは、かのパリ・コミューンの年（一八七一年）で、ウジェーヌ・ポティエ（Eugène Pottier）の書いた歌詞は、のちに各国語に翻訳され、日本では「起《た》て！　餓えたる者よ、今ぞ日は近し。覚《さ》めよ、我が同胞《はらから》、暁《あかつき》は来ぬ」、中国では「起来、飢寒交迫的奴隷、起来、全世界受苦的人」という歌詞で始まる。ちなみに中国語版（国際歌）の訳詞は、毛沢東の若い頃からの友人で、共産党の文化活動の指導者でもあった蕭三《しょうさん》の手になる。

二〇世紀には、革命運動のあるところに必ずこの歌があり、各国共産党の党大会や行事では、いつも節目節目に歌われた。コミンテルンの会議記録でも、登壇者の演説が一通り終わると、「鳴り止まぬ嵐のような拍手」とならんで、「インターナショナルの合唱」「高らかに響き渡るインターナショナル」という情景描写が見え、さらにソヴィエト・ロシア（ソ連）では、一九一八年以降第二次大戦まで、《インター》が国歌となっている。

むろん中国でも、共産党の公式ソングといってよく、今でも党大会では必ず歌われる。中共の歴史で言えば、一九二二年ごろにソ連の留学から帰国した党員あたりが折々に《インター》を歌うというスタイルを持ち込み、あっという間に党内に広まった。同じころ、中国国内からコミンテルンの大会に派遣された若い党員が、モスクワの会場での大合唱を目の当たりにして、大いに感激したという記録も残っている。それまで、政党活動に合唱を織り交ぜるというようなことは、中国ではなかったため、士気を鼓舞する《インター》は、とてもカッコいい歌だった。

この《インターナショナル》、元来が抑圧に立ち向かい、正義と解放を求める歌であるため、時を超えて歌い継がれ、共産党による不当な支配や独裁に反対する時にも、真の解放を求める者の団結の歌として歌われる。一九八九年に中国、天安門広場でくり返し歌われた《インター》は、まさにそんな歌だった。「奴隷たちよ、起て」「これが最後の闘いだ」と訴えるこの歌が、この時の中国ではそのままの歌詞で、共産党へのプロテスト・ソングとなっていたのである。共産党にとっては、屈辱以外のなにものでもない。戒厳令が布かれていた六月三日夜から四日未明にかけて、人民解放軍による市内制圧の軍事行動が行われたさい、戒厳部隊は沿路抵抗する市民たちに容赦なく銃撃を浴びせながら天安門広場に迫った。ここに至り、最後まで広場に踏みとどまった学生たちは《インター》を高唱して撤退、隊列を組んで大学にもどるさいにも、《インター》を歌いながら沿道の声援に応え、市民もまた《インター》を歌って学生たちを讃えた。

筆者はこの年、京都大学の大学院生で、かつて中国に留学していた時分に、中国語で《インター》を歌えるようになっていた。北京での弾圧を受けて、京大でも民主化支持、中共独裁反対を訴える集会が開かれた。集会のあと、参会者百名ほどがそのまま学内をデモ行進したが、自然と皆が《インター》を歌った。あれから三十年以上、京大構内での大きなデモで、《インター》が響き渡ることは、もうなかったかもしれない。《インター》はいわゆる学園闘争の時も盛んに歌われた歌だったから、多くの人が歌えた。中国人留学生は中国語で、日本の学生は日本語で……力いっぱい歌うことで、遠く離れた同志たちとつながり合える。《インターナショナル》には、そんな気持ちにさせてくれる力がある。

3　党の結成——国際共産主義の時代

マルクスの名が中国で知られるようになるのは、二〇世紀になってからである。当初、マルクスの表記には「麦喀士」「馬格斯」「馬克思」など、さまざまな漢字が当てられたが、一九二〇年代初め、共産党の結党の前後には、「馬克思」が定訳として普及するようになった。エンゲルスとの共著にして、恐らく最もよく読まれた著書『共産党宣言』の中国語訳（完訳）が出るのも一九二〇年のことで、原著の出版（一八四八年）から実に七十年以上の歳月が流れていた。ちなみに日本語の完訳（英文版からの重訳）は、堺利彦《さかいとしひこ》によって一九〇六年になされており、実は中国語版は主にその日本語版から翻訳し、ところどころを英語版によって補訂したものであった。中国語版の翻訳に当たったのは、陳望道《ちんぼうどう》という青年で、当時上海で陳独秀《ちんどくしゅう》を助けて雑誌『新青年』の編集にあたっていた人物である。

『新青年』といえば、日本の高校世界史の教科書にも出てくるほど有名な啓蒙雑誌で、一九一五年に創刊され、儒教批判や文学革命を主張して、民国に新文化運動という新機運をもたらしたことで知られる。その主編であった陳独秀を中心に、魯迅《ろじん》や李大釗《りたいしょう》、胡適《こてき》など新進の文化人らによる伝統批判が繰り広げられたが、この啓蒙雑誌は一九一九年あたりから急速に社会主義に傾斜し、ロシア革命にならって中国でも社会主義運動を興《おこ》すべきだと主張するようになったのである。それが陳独秀の行き着いた結論だった。こうした急進化に、雑誌の同人たちのかなりは違和感をいだき、編集グループから離脱、当局ににらまれていた陳独秀は、その監視の目をのがれて北京から上海に居を移し、雑誌の編集部・発行所も上海になった。手薄になった編集体制を補強するためにやって来たのが、陳望道ら上海で活動していた若者たちで、共産党は陳独秀を核として結集したこうした若者たちによって作られたのである。『新青年』は「新文化運動」の雑誌として有名だが、のちに共産党の初期機関誌となったことは、それほど知られてはいないだろう。

初期の共産党の指導者といえば、まずもって新文化運動のリーダーとして知られる陳独秀に指を屈する。かつて辛亥革命以前に日本留学の経験もある陳独秀の影響力は、青年層を中心に絶大で、かれがいなかったら、党の創立には指導者争いなどのさまざまな紆《う》余曲折《よきょくせつ》があっただろう。共産党は活動開始の当初から、全国のあちこちに同志の散らばる全国政党だったが、それでありながら組織の目立った分裂・分立を経ることなく、まとまりを保てたのは、高い知名度と全国的な人脈をほこる陳が先頭に立って組織化を進めたからだと言ってよかろう。この陳独秀を助けて、南方では譚平山《たんぺいざん》らが、北方（北京、天津など）では北京大学の教員李大釗らが、初期の地方組織の立ち上げに協力した。李大釗もまた日本留学の経験者で、一九一九年に『新青年』に「わたしのマルクス主義観」（我的馬克思

図1―2

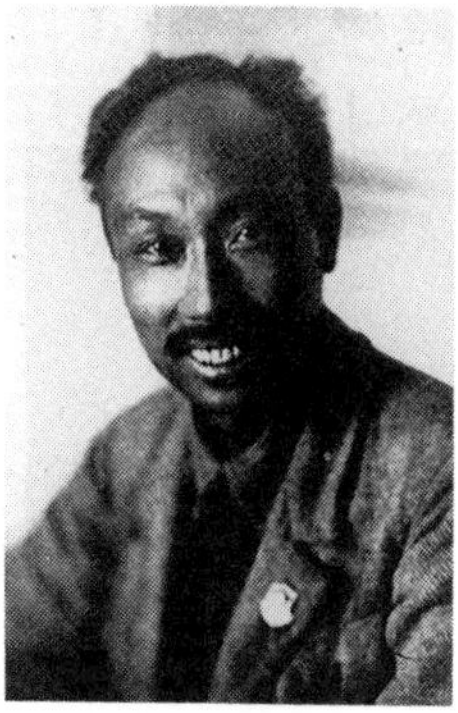

中国共産党の初期の指導者・陳独秀（1879-1942）

主義観）なる学説紹介と論評文を発表し、青年たちの社会主義熱に火をつけていた。

李大釗の「わたしのマルクス主義観」は、日本の河上肇《かわかみはじめ》らのマルクス主義研究を下敷きにして書かれたものだった。李大釗をはじめ、それまで中国ではマルクス主義研究が盛んに行われていたわけではなかったが、第一次大戦の終結を受け、隣国の日本では社会主義研究への厳しい抑圧が緩和され、社会問題の解決に向けて、マルクス主義の研究が論壇や大学でも、息を吹き返し始めていた。学界で言えば京都帝大の経済学の教授の河上肇ら、論壇で言えば、明治以来の社会主義者である堺利彦、その後輩の山川均《ひとし》らが、その代表格である。中国で発表された社会主義・マルクス主義関連の文章の多くは、こうした日本人の社会主義論文を翻訳、翻案したものだった。結党期のメンバーに日本留学経験者が多かったゆえんでもある。

なぜ社会主義が急に人気の的になったのか。まずもって、ロシア革命の影響を考えなければなるまい。一九一七年秋にロシアで起こった十月革命は、それ自体がある種の現代の不思議のように報じられたが、レーニンら革命派が列国の相次ぐ干渉をはねのけ、社会主義を目指す国家運営を実際に始めると、マルクスの目指した、あるいは予言した大きな変革が、ついに現実の世界に現れたらしい、世界は大きく変わりつつあるのだ、という関心事となって国々へと広まった。机上の理屈とみられることの多かった社会主義やマルクス主義は、もはや夢ではない、とすれば、長らく同じように専制体制だった中国でも、何らかの社会主義運動ができるのではないか。ともあれ、ロシア革命はマルクスの流れを汲む革命だから、その実相を知るには、まずもってマルクス主義の文献をひもとく必要がある、そうした経緯でにわかにマルクス主義が脚光をあびるようになったのだった。事情は日本とて似たようなもので、それまでの禁令がやや緩み、一九一九年には社会主義やマルクス主義を標榜する刊行物がある程度流通して、人気を博するようになった。それらが中国に流れ込んできたわけである。

中国には続いて「カラハン宣言」の内容が伝わってきて、中国人のロシアに対するイメージを一変させた。「カラハン宣言」は一九一九年七月にソヴィエト政府外務人民委員カラハン(L. Karakhan)の名で発表された中国向け公開文書で、旧帝政時代にロシアが中国から不当に獲得した権益を無条件で返還するということを主な内容とするものだった。かつて帝国主義の強欲さでは右に出るものなしとまで言われたあのロシアが、何と奪ったものをただで返すという破天荒な申し出を自発的にしてきたのだから、中国人の大半は大感激した。かの国をこれほどまでに改心させた社会主義革命とはいったいどんなものなのか。その本尊と崇《あが》められるマルクスの主張はどのようなものなのか、誰もが知りたかった。渡りに船となったのが、日本語文献であった。ごく大ざっぱな数字、見積りでいえば、中国で一九一九年から二、三年の間に発表されたマルクス主義に関する文章、書籍のうち、比較的しっかりしたものの約半分が日本語文献由来のものであったと言うことができる。

もっとも、ツァー・ロシア時代の不当権益を無償で返還するというこの宣言は、その言葉通り実施に移されることはなかった。革命ロシアが次第に自国の存立を考えていくと、中国東北部か

ら ロシア極東にぬける鉄道をはじめとする権益は、国防の面でも経済活動の面でも、是非保持し続けたいものだったからである。★2 ただし、この本音が次第にあらわになるまで、カラハン宣言が革命ロシアの新精神と見なされたことは確かである。

ロシア革命への共感が広がるそのただ中、ソヴィエト・ロシアの極東から、一九二〇年春にロシア共産党員が中国に派遣されてきた。グリゴリー・ヴォイチンスキー（Grigori N. Voitinsky）である。数年間、北米に労働者としてわたった経験のあるかれは、東アジアでの共産主義運動・反帝国主義運動の可能性を調べるために来華、春から夏にかけて北京や上海で李大釗、陳独秀といった声望のある急進的知識人に接触し、共産主義運動のための何らかの組織をつくるよう促したと見られる。おりから主義や学説の紹介から一歩踏み出した実践的活動（労働者たちへのビラまき）を模索していた陳独秀はこの働きかけに応え、同年夏あたりから結党へ向けた具体的な手続きにとりかかったのだった。陳独秀に依頼されて、陳望道が『共産党宣言』の翻訳に取りかかったのは、まさにそんな時期のことだった。同様に、このころ湖南で活動していた毛沢東も、上海にいる陳独秀と面会する機会を持ち、かれとの対話を通じて共産主義・マルクス主義への確信を得たと言われている。

上海での陳独秀らの活動は、ヴォイチンスキーとの接触の半年ほど後には、早くも事実上の党の旗揚げに至った。それを裏付けるのが、一九二〇年一一月の雑誌『共産党』の発刊と、「中国共産党宣言」の作成である。『共産党』は、上海で結党活動を進めていた陳独秀のグループが党

図1—3

A

THE
COMMUNIST

B

THE
COMMUNIST
An Organ of the Third (Communist) International
BACK UP THE MINERS!
By THOS. BELL

内向けに刊行した月刊誌で、創刊号の文章「世界消息」は、ハッキリと「我々中国の共産党」という言葉を使っている。これは、出版物において共産党のメンバーが自らを「共産党」と呼んだ最初の例である。さらに、その創刊日は一一月七日、すなわちロシア革命記念日だった。この雑誌が共産党という政党の旗揚げを意識したものだったことは、雑誌の外観からもうかがえる。『共産党』は、第一面に大きくThe Communistの題字を掲げ、その下に巻頭言を載せるという体裁（図A）だが、これは当時の中国では、かなり変わった形式である。それもそのはず、これは当時のイギリス共産党の機関誌『コミュニスト』（The Communist）をまねたものだったのだ（図B）。さらに、同じ時期に作成された「中国共産党

★2——宣言で放棄するとされた権益の中には、義和団《ぎわだん》賠償金や領事裁判権のように、すでに中国に回収されていたものも含まれていた。

宣言」という文書も、その内容は『共産党』創刊号の発刊の辞と一致している。要するに、「共産党」という自称、その名を冠した機関誌、そして「宣言」の三つを備えた組織が、一九二〇年一一月に上海で生まれていたことは、疑う余地がないのである。

中国の場合、マルクス主義の何たるかが雑誌や新聞で解説されるようになったのが一九一九年半ば、その翌年秋には事実上の党の旗揚げがなされているわけで、党結成の動きは極めて急だったと言ってよかろう。その大きな理由の一つは、先に述べたように、中国には一九世紀や二〇世紀初頭にさかのぼるような社会主義運動の前史がなかったことである。逆説的ながら、それがなかったため、ソ連流の実践型マルクス主義、すなわちレーニン主義が唯一の社会主義モデルと見なされ、妙なしがらみなく、受け入れられたのだった。

結党活動の急速な進展の理由として、次いであげられるのは、ヴォイチンスキーの存在と援助である。図Cを見てもらいたい。これは先にも言及した『新青年』の一九二〇年秋の号、つまり陳独秀らが結党へ向けて活動し始めた時期から登場した表紙だが、子細に見ると、地球の両側から延びる二本の腕が、なぜか大西洋上で握手している。この一見奇妙な構図も、そのもとネタがアメリカ社会党のマーク（図D）だったとわかれば、次のようなストーリーを描くことによって説明可能である。すなわち、その北米移民時期（一九一三〜一八年）にアメリカ社会党に入党した経歴を持つヴォイチンスキーは、陳独秀らのグループに、アメリカ社会党が刊行する社会主義関連の英語文献を取り寄せて提供、提供を受けた陳独秀らは、その文献に付いていた社会党の図

図1—4

C

D

案の理念に共感して、それをそのまま自派の雑誌に使ったのだ、と。

　中国では誰も実践したことのない「共産党」の活動の仕方、それを知る最も単純な方法は、他国のやり方をまねることである。機関誌ならそれのフォーマットを見つけてきて、それに中国のコンテンツを盛り込めばよい。むろん、いちばん良いのはロシア共産党の宣伝物をまねることだが、いかんせん、ロシア語のできる者がいなかった。マルクス主義の学説を仕入れた時のように、日本語の文献を使えれば、翻訳に人材は事欠かないわけだが、これまた残念ながら、日本では社会主義（マルクス主義）の学説研究はそれなりに盛んで、水準も悪くなかったが、実際に社会主義運動や共産党の運営や活動をどうするかといった実践面の知識は、日本語文献から得られるものではなかった。日本で許されていたのは、あくまでも学理であって、実践に関わるような文献を翻訳したり、出版したりすれば、即お縄だったからである。

かくて、運動のやり方を書物を手がかりに学ぼうとすれば、頼りになるのは、コミンテルン、ないしはロシア系移民につらなる英語圏の国の左派系党派の出版物ということになるわけである。それらの手引きをしてくれたヴォイチンスキーは、その後も一九二〇年代半ばまで、たびたび中国を訪れ、初期の中共の活動を支える重要人物となっていく。そのヴォイチンスキーは建党のための道筋をつけたのち、一九二一年初めにいったんモスクワに帰還、それと入れ替わるように、二一年六月にはオランダ人共産主義者でコミンテルンでの活動家でもあるマーリン（Maring 本名：スネーフリート Sneevliet）が上海にやってきて、共産党結成グループに対し早期に党大会（第一回）を開くよう促した。かくて一九二一年七月下旬、中国各地からの十三人の中国人党員、およびコミンテルンから派遣された二人の外国人が、上海のフランス租界にあった李漢俊《りかんしゅん》（共産党員で、日本留学の経歴あり）の居宅で、秘密裏に第一回の党大会を挙行した。それら十五名の内訳は、現在の中共党史界の最もオーソドックスな説では、次の通りである。

李《り》達《たつ》、李漢俊（上海）、董必武《とうひつぶ》、陳潭秋《ちんたんしゅう》（武漢）、毛沢東、何叔衡《かしゅくこう》（長沙）、王尽美《おうじんび》、鄧恩銘《とうおんめい》（済南）、張国燾《ちょうこくとう》、劉仁静《りゅうじんせい》（北京）、陳公博《ちんこうはく》（広州）、包恵僧《ほうけいそう》（陳独秀の指名）、周仏海《しゅうふつかい》（日本）、マーリン、ニコリスキー（コミンテルン）

第一回大会の参加者の顔ぶれと会期については、参会者の回想と残された文献に若干の齟齬《そご》があり、専門家の間でも見解が分かれている。筆者はかつてその考証をし、『中国共産党成立史』

という本にまとめたが、現在は会期と代表者の顔ぶれを次のように考えている。会議に関する記録（ロシア語の文書）に言う中国人参会者十二人は、上記の名簿から何叔衡を除いたもの、すなわち何は会議出席のために上海にやっては来たが、会議が終わる前に上海を離れて湖南にもどったと見られる。包恵僧は陳独秀が自分の代理として指定した代表ではなく、広州の代表として参加した。会期は七月二三日に開幕、途中、上海租界警察の捜索（偵察）があったため、最終日（八月三日）の会議を上海郊外の嘉興《かこう》にある南湖という湖での遊船に移して開催し、閉幕した。

図1―5

中共一大会址記念館

党の第一回大会の開かれた上海の建物は、人民共和国になって確認、復元され、大変に立派な記念館（中共一大会址記念館、図1―5）になっている。ただし、記念すべきその大会自体についての資料、特に当時の資料は非常に少ない。議事録は作成されたとみられるが、伝存しておらず、参加した代表者の名簿も残っていない。回想録は関係者のものを中心にあるものの、内容は曖昧《あいまい》で、とりわけ開会の日付、閉幕の日付は、曖昧模糊としたものばかりである。

現在の中共は七月一日を建党記念日としているが、一日はあくまでも記念日であって、史実の第一回大会の開幕日ではない。七月一日をとりあえずの記念日とさだめた一人で、実際にその大会に参加した毛沢東は、党の創立記念日を定める必要が出てきた一九三八年に、その開幕が何日であったか、ハッキリとは思い出せないとして、月初めの一日、つまり七月一日を創立「記念」日にすると説明している。会議の場所や出席者の顔ぶれならいざ知らず、日にちは通常、最も記憶に残りにくいものである。

第一回大会の日にちを正確に覚えていた出席者は結局一人もいなかった。つまり、当時上海に集まった代表たちは、北京しかり広東しかり、誰もが遠路はるばる上海の大会にやって来たわけだが、どうやらその会合の期間中、会議の日にちが歴史上非常に重要な日となるという自覚を欠いたままで終始したらしい。これはこれで、当時の共産党員の意識をリアルにうかがわせる話ではある。今日の中国では、党の創立をはじめとする歴史上の出来事を映画やドラマにする場合、登場人物がまるでその後に起こる中国革命の歴史的意義を自覚しているかのように行動するという演出をすることが一般的だが、少なくとも第一回大会に限って言えば、そこまで透徹した認識をもってその場にいた代表は一人もいなかったであろう。そんな代表がいれば、日記なり書簡なりで、おのれの参加した会議がどんなに大事なものかを、簡単にでも記録しようとするはずだからである。

第一回大会の文献としては、そこで採択されたとみられる規約と決議が残っており、当時の認識を知る手がかりとなるが、それを見る限り、この時点で党員たちは、労働者を組織してストライキなどを武器に社会の生産手段を接収し、社会主義革命をなしとげることをかなりナイーブに展望していたらしい。よちよち歩きを始めたばかりの非合法政党たる中共には、あきらかに時期尚早の見通しだったと言わざるを得ないが、当時の血気盛んな幹部党員の多くは、社会主義革命を離れて何の共産党ならんという気概に燃えていたらしい。

第一回大会で採択された文献が、誕生したばかりの党とは思えないほど高い理想を掲げていたのには、参考にした他の先進国の共産党の文書をそのまま拝借したという事情があったようである。すなわち、「規約」の方は、前年一二月に機関誌『共産党』（二号）に訳載された「アメリカ共産党綱領」をもとにして策定されている。両者を比較すれば、入党条件や組織規定については、形式的にも、また文言のうえでも、基本的にはアメリカ共産党のそれに倣っていることがハッキリと見てとれる。

他方、「決議」についていえば、これまた『共産党』の同じ号に訳載された「アメリカ共産党宣言」（美国共産党宣言）を参考にしたことはあきらかである。例えば、第一回大会で論争となった他党との関係断絶は、「アメリカ共産党宣言」でも「本党はいかなる状況のもとでも、妥協なき階級闘争を堅持し、革命的階級闘争に信を置かない団体や党派、例えば労働党、社会党……と協力することを拒否する」と明確に規定されていた。中共側が第一回大会以前にそれらアメリカ共産党の大会文書を入手し、さらにその翻訳まで行っていた以上、かれらが自党の大会にあたってそれらを援用したことは充分にあり得ることだろう。つまり、中国共産党は手近にあったアメリカ共産党の規約や綱領を参考にして第一回大会用の規約草案、決議草案を作成、その結果、当時の実力以上の目標を掲げる大会文書が作成されたわけである。

コミンテルンの名代《みょうだい》として二人の外国人の臨席を得て開催されたにもかかわらず、このような背伸びをした方針を策定したのはいささか不思議である。というのも、中国の大会に先だつ一年前にモスクワで開催されたコミンテルンの大会では、欧米のような経済先進国以外では、まずは植民地体制を脱して民族独立と経済的自立によって、帝国主義の資本主義体制を揺さぶるのが適当だという方針が示され、マーリンなどはその大会に出席しているからである。

恐らくは、いくつかの実務的理由があって、このような急進的方針が採択されたとみられる。ひとつには、あらかじめアメリカ共産党の文書を研究していた中国の党員たちは、共産主義運動が世界的な、あるいは人類史における普遍的運動だと考え、そうした先進国の党綱領をそのまま援用したということ、そして今ひとつは、大会期間中に不審な人物（内偵者）の闖入《ちんにゅう》があり、危険を感じた参加者たちが、急遽それら外国人オブザーバーを残したまま、上海を離れ、浙江省《せっこう》の景勝地で最終日の会議をおこなったことである。いわば、中国の実情を踏まえた修正意見を出す前に、突発的事態によって党大会が終わってしまったということである。いずれにしても、コミンテルンからのオブザーバーの臨席のもとで党大会を開催したことによって、中国の共産主義運動は、まずは順調にスタートを切ることができた。

コミンテルンとの関係や影響は、初期の共産党の歴史を語る上で、非常に大事な事柄である。ここでコミンテルンとの関係について、もう少し補足的に説明をしておくことにしよう。中共が第一回大会を開いたころ、目を遥かモスクワに転じれば、この中国の大会のひと月ほど前にコミンテルンの第三回大会が開催されている。コミンテルンの大会に参加した中国代表は、一九一九年の第一回大会にも、また翌年の第二回大会にもいたことはいた。ただし当時は、中ロ間の交通がシベリア出兵や内戦のせいで寸断されていたため、その「中国代表」はロシアに暮らす居留民団体のメンバーであった。中国からの代表が大会に参加するようになったのは、一九二一年の第三回大会が最初で、その後共産党の革命運動に加わることになる張太雷《ちようたいらい》ら、中国から出向いた活動家が初めて参加した。もっとも、その時点では、張は共産党が大会のために正式に派遣した代表ではなく、ロシア革命に共感をいだいてロシア入りした青年が、一方でその語学力や交際力を発揮し、他方で中共やコミンテルンの極東での活動に間接的につながりのあることを買われて、中共代表の肩書きで参加したもののようである。

当時、内戦などで秩序崩壊の爪痕《つめあと》の残るロシア領極東、シベリアを経てモスクワに行くのは、決して楽な旅ではなかった。そうした中、苦労してやって来た中国の左翼青年を代表に仕立て、中共の側もそれに特に目くじらを立てることもなく、帰国後の張を受け入れてコミンテルンとの折衝役などとして活動してもらう。コミンテルンと中共の関係は、そうした便宜主義を織り込み

図1—6

コミンテルン第4回大会（1922年）に参加した各国の共産党員たち。前列左端は陳独秀、中央は片山潜（日本共産党）。後列左から2人目が瞿秋白、4人目はロイ（インド共産党員で、国民革命期にコミンテルン代表として来華することになる）。かれらはいったい何語で語り合っていたのだろうか？

ながら始まったのだった。もっとも、革命ロシアの国内の混乱が終息し、体制が安定化してくると、初期なればこそあり得たそうした牧歌的な関係のありようは次第に消え、モスクワは共産党員にとって、革命の理念とテクニックを学ぶ場、つまり革命の聖地となっていった。アジアの革命活動家を養成する教育機関も設立され、中国からも多くの青年が留学している。

コミンテルンというある種の国際機関で活動するのは、国内での革命運動や闘争を指導するのとは別の技量を要した。外国語によるコミュニケーション能力である。コミンテルンは、祖国なき労働者たちの国際組織を標榜し、その活動も独、露、仏、英など多言語主義で行われてはいたが、実際には、施主《せしゅ》の国のロシア語と社会主義運動の伝統を持つドイツ語とが実質上の共通言語であった。ただし、ロシア語にせよ、ドイツ語にせよ、中国においてはマイナーな外国語であり、さらに党指導者がいくつもの言語を当たり前のように話す西洋諸国と違って、東アジアでは必ずしも知識人が外国語に通じているとは限らない。一例を挙げれば、陳独秀は北京大学の教授をつとめたほどの知識人でありながら、外国語のコミュニケーションが苦手で、モスクワでの活動やコミンテルン代表とのやりとりは通訳を介した。

その結果、土着派の指導者はしばしばコミンテルンとの意思疎通に円滑さを欠く一方、モスクワに留学してロシア語とマルクス主義を身につけた者が羽振りをきかせるような事態が生じる。それを快く思わぬ中国人幹部からは、ロシア語に堪能《たんのう》な若手党員ばかりを重用するコミンテルン顧問に対して、「わが党をまるで通訳供給機関のように扱っている」という声さえ出るほどだった。また、コミンテルンの指令をオウム返しに宣伝する体質についても、「スターリンの蓄音機」という言葉がしばしば浴びせられた。「通訳供給機関」にせよ、「蓄音機」にせよ、こうした表現は、中共がコミンテルン支部であるという組織的制約が、往々にして言語的制約とともに立ち現れるということを如実に示していると言えよう。

このように、中共とコミンテルンの関係は、あたかも世界的規模で活動する多国籍企業の中国支社と国外の本社のごときものであったため、中国共産党の活動はコミンテルンの動向を踏まえなければ説明できないし、その間に介在する文化や言語の溝、さらには両者をつなぐ通信、交通の制約というハード面の壁、そうした事情によって容易に左右される危うい側面を持っていたのである。本書はこの後も、一九四三年のコミンテルンの解散まで、おりに触れてその影響について言及していくことになるだろう。

コラム②　流行歌成立以前――歌われない国歌

中国共産党が誕生したころの中国の国号は中華民国、中央政府は北京に置かれていた。当時、全国的に歌われるような歌はなく、国歌ですら普及にはほど遠かった。北京政府の命令が及ぶ範囲はごく限られていたし、そもそも共通語からして統一されてはいなかったからである。

中国の国歌の歴史は一九一一年に公布された清朝の《鞏金甌《きょうきんおう》》なる歌に始まる。「金甌」は英訳すると「Golden Vase」、傷一つない黄金のカメのことで、中国の古典に見える由緒ある言葉である。日本の戦時歌謡曲《愛国行進曲》の歌詞にも、「金甌無《む》欠《けつ》揺《ゆる》ぎなき我が日本」という一節があるように、完全無欠かつ盤石な国体の比喩として、しばしば用いられた。「鞏」はこれまた「頑丈」という意味だから、それこそ非の打ち所のない安泰な国を讃えるものだった。ところが、この国歌が制定・公布されて一週間後に起こったのが、清朝に反旗をひるがえす武昌《ぶしょう》での蜂起だった。辛亥革命の勃発であり、そのまま翌一九一二年に清朝は滅亡してしまった。王朝の永続を謳ったこの歌は、皮肉なことに清朝の挽歌となったのである。

ついで成立した中華民国でも、何回か国歌が制定され、練りに練った曲が採用されたものの、どれも定着するには至らなかった。そもそも何度も国歌が制定されるということ自体が、政権の弱さと政局の不安定さの現れにほかならない。そのうち、共産党の第一回大会が開かれた一九二一年時点の国歌は、《卿雲歌《けいうんか》》というもので、歌詞を日本語訳と合わせて紹介すると「卿雲爛兮、糺縵縵兮。日月光華、旦復旦兮。日月光華、旦復旦兮（吉祥の彩雲がきらめき、遠く広がる。日と月が天地を照らす、今日も明日も、永遠に）」というものだった。歌詞の出典は、古典の中の古典『書経』で、曲をつけたのは、蕭友梅《しょうゆうばい》という音楽家である。蕭はドイツ留学で博士学位を持つ英才中の英才、曲は優美なものだったが、広く歌われることはなかった。

国歌に代表されるナショナル・シンボルは、国民国家形成時の「民族の記憶」や「共同体験」に由来することが多い。フランス革命時の革命歌《ラ・マルセイエーズ》が後に同国の国歌となったことはその一例である。だが、辛亥革命には全国民を巻きこみ、「共同体験」や「民族の記憶」を引き起こすような激烈な内戦や外国勢力の干渉はなかった。清朝皇帝は革命派との交渉を経て退位したし、さらに数年後には、ごく短期間ではあったが、復位もしているようなありさまだった。かくて、力のない政権が上からの「官製ナショナル・シンボル」を創造してみても、所詮はうまく行く道理などなかったわけである。

他方、清末から民国初期にかけて、日本の音楽教育や唱歌が中国に紹介され、歌詞を替えた明治唱歌が中国の小学校で教えられるということが起こった。例えば、「更けゆく秋の夜……」で知られる唱歌《旅愁《りょしゅう》》は、アメリカのジョン・P・オードウェイ作曲の歌に日本語の歌詞をつけたものだが、後にその《旅愁》が中国にも紹介され、友との別れを惜しむ内容の《送別》という唱歌として、民国など中国の卒業式などで歌われていた。かくて、それまでの伝統的音階とは異なる西洋風の音階や曲調が、次第に中国の人たちの音楽感覚を変えていった。国民的な広がりを持つ歌——国歌でも流行歌でも——が生まれるのに、あとは全国の人々を巻き込むようなできごとが、音楽を伴って起こるのを待つのみだったのである。

4 国共合作——似たもの同士

第一回大会を開き、名実ともに革命活動を開始した共産党だが、当時、「革命」政党をもって自ら任じていたのは、共産党ばかりではない。中国には当時、共産党よりもずっと前から革命運動を行ってきたいわば老舗政党があった。孫文の率いる中国国民党である。国民党の歴史は、共産党より二十年以上も昔、まだ清朝の時代だった一八九四年に、孫文が結成した興中会《こうちゅう》にさかのぼる。その後、中国同盟会、中華革命党などを経て、中国国民党（以下、適宜「国民党」と略称する）を名乗るにいたったこの政治グループは、一九二一年時点で孫文の指導下に、なお「革命」を旗印に掲げたまま、中央政府を打ち倒すことを目指していた。かれらの拠点は南の広東省である。同省全土に勢力を張るほどの実力はなかったものの、二十万以上と自称する党員を擁していた。党員が百のケタにとどかない共産党に比べれば、巨人と言ってよい先輩である。

結党当初、共産党員の多くは、その国民党を毛嫌いしていた。孫文個人への服従を強要するのもさることながら、「革命」の看板を掲げつつも、その政権は利権や汚職にまみれ、中央の政権を奪取するためなら、主義主張の異なる軍閥連中と手を組むことも厭わぬ政客集団と見なしていたからである。現に、共産党の第一回大会の議論の場でも、他の政治勢力に対してどのようなスタンスをとるのか、つまり連合戦線や他党との政治協力が議題となったが、結論として決議では、「他党にたいしては、独立的、攻撃的、排他的態度をとるべきである。軍閥と官僚制度に反対し、言論・出版・集会の自由を求める政治闘争において、我が党が鮮明に示すべき態度は、我が党はプロレタリアートの側に立ち、他党とはいかなる連係も結ばない」という強硬な姿勢が確認された。すでに他の党派と関係を持っている党員にたいしては、「いかなる政党や団体との関係も断ち切るものとする」（規約）と規定された。ここで念頭に置かれている他党とは、国民党にほかならない。

かくて、われこそは真の革命家なりという独善的地歩に立って、共産党はいくつかの地方で労働運動に取り組み、一、二年の間にそれなりの基礎を築いて、ストライキなども指導している。だが、傘下の京漢《けいかん》鉄道（北京と武漢を結ぶ鉄道）組合が起こしたストライキが一九二三年二月に軍閥勢力の暴力的介入を招いて弾圧されてしまう（その日付から二七大罷工《ひこう》とよぶ）など、労働者の力は弱く、軍閥の横暴は尋常ではなかった。そんな中でコミンテルンが中共に提示してきたのが、孫文の国民党と手をむすび、国民党の一員となって中国の当面の課題を達成するという方針だった。この年の初め、ソ連は孫文のもとに外交官ヨッフェ（A. Ioffe）を送って孫文の革命運動への支援の可能性を探らせている。

これはその後も継続することだが、ソ連の東アジアでの外交方針は、まずもって日本からの軍事的脅威を抑えることに置かれた。つまり、いつまた革命ロシアに武力干渉するかしれない日本からの圧力を減じるために、中国をはじめとする近隣諸国にはその防波堤となってくれる親ソ連政権が安定して存在してくれることが必要だった。当時の国力からして、日本をしのぐほどの強力な政権がすぐに中国で誕生することは期待できなかったから、少なくとも日本や欧米の息のかかっていない勢力で、現実に民族主義的な指向をもつ政権の樹立が望まれたわけである。それにかなうのが革命家・孫文の勢力だった。もちろん、共産党があるわけだが、ソ連から見た場合、かれらが急速に力をつけるということは想定しにくいことだった。

ヨッフェの派遣はこうした意図から出たもので、その支援の申し出を受けた孫文は、一九二三年一月に「孫文・ヨッフェ連合宣言」を出し、ソ連との提携方針を明らかにした。こうした動きと並行して、ソ連はコミンテルンのチャンネルを利用して、結成まもない中共に、国民党への協力を促したのだった。単に外交戦略の面からばかりでなく、中国の社会経済の状況に照らしても、ごく一握りの若者たちが奮闘したところで、共産主義の理想を実現できるほど甘くはなかったから、国民党との協力を指示したコミンテルンの方針はもっともであった。

だが、当時の若き党員たちの多くは、そもそも孫文らの革命運動を見限ったればこそ、共産党を作ったのだから、この方針に猛反発した。さらにその協力関係というのは、両党が対等な立場で協議するというものではなく、すべての共産党員が個人の資格で国民党にも入党するという、変則的かつ屈辱的なものだったから、反発はなおいっそう激しかった。党首格だった陳独秀もしばしばコミンテルンに書簡を送って再考を求めたが、結局はコミンテルンの方針に従うよりほかになかった。当時、中国にコミンテルンの代表として派遣されていたのは、マーリンである。かれは中国人幹部に反対が根強いと見るとモスクワにいったん戻り、あらためてマーリンの指示に従うようにと下知《げち》する一札をとって中国にもどり、幹部たちを説き伏せた。これと同時に、孫文の国民党の側も、従来の孫文専権の党から脱皮すべく、党の綱領や規約を公表するなどして、党運営のスタイルを近代的なものに変えている。党の改革にはマーリンのほか、国民党への政治顧問として派遣されてきたボロジン（M. Borodin）らの参与があった。

こうして、国民党もソ連から派遣されてきた顧問たちの献策によって党の改革を行った結果、国共両党の協力、すなわち国共合作は、相当によく似たもの同士の連合となった。孫文はヨッフェとの「連合宣言」で、革命ロシアのソヴィエト制度は中国には適さないと述べてはいたが、党の運営モデルをロシア共産党から借りることに躊躇《ちゅうちょ》はなかったようである。一九二四年に制定された党規約は、ロシア共産党のそれを下敷きにしたものだったし、その後に国民党が自党の組織原理として掲げた「民主主義的集権制度」も、共産党のそれを借りたものだといってよい。国民党の改組作業にかかわった共産党の幹部の一人は、「国民党の文書はみんなコミンテルンが起草して、我々が訳したものだ」とまで言い切っている。

いくつかその類似点を紹介しよう。まずは、会議と文書による党運営という活動スタイルである。政党を含め、あらゆる組織の運営には会議と文書がつきもので、逆に言えば、会議のない組織運営などはあり得ない。ただし、それを政党活動の中に位置づけて、意思決定の手順を明確にし、関連の規定を定め、定期的に開催する代表大会などで決定するという、いわば政党として当たり前の手続きをハッキリと定めたのは、中国ではこの時期の国共両党が初めてである。信じられないかもしれないが、孫文率いる国民党はそれまで党大会なるものを開いたことがなかった。はじめてそうした会議規定を設けたのは、国共合作の出発した一九二四年である。

通常、政党の会議は全国から代表を集めて定期開催する党大会を最も重視する。党の構成員がごく少ない時期は、短い間隔での開催がまだ可能なのにたいし、党が大きくなり、活動範囲も広がっていくにつれ、特定の場所への集合が難しくなり、また代表の選出にもそれなりに時間がかかるようになって、開催が間遠になってくる。結党後まもなくの共産党は、一年か二年の間隔で党大会を開き、重要事項を決定していた（現在は五年に一度）。党員数が数百から数千ほどの規模であれば、短い間隔で全国大会を開催することはまだ可能だが、その後一九二七年に国民党との関係が破綻し、農村部での武装闘争や都市部の地下闘争に活動の重点が移っていくと、党の会議を安全な環境で開催することは次第に困難になり、一九二八年の第六回大会のように、国外（ソ連）で開催するようなこともあった。一九三〇年代以降になると、党と軍の活動領域がさらに全国各地に散らばり、かつ抗日戦争勃発という事情もあって、党大会は長く招集されなかった。第七回大会が開かれたのは、前回から実に十七年後の一九四五年のことである。

むろん、その間、党の活動全般を話し合うための会議が開かれなかったわけではない。党大会に次ぐ決定権を持つのは、大会で選出された中央委員が行う総会、すなわち中央委員会総会（中国語では中央委員会全体会議）である。全国大会の役割として中央委員を選出し、その中央委員がさらに互選で中央常務委員を選び、次の大会までの間は中央委員の全体会議が、さらにその全体会議の期間以外は中央常務委員（あるいは中央政治局常務委員）数人が、頻繁に会合し、日常的な党務を見る。民主集中制であり、いわゆる「党中央」とは、名義的には党中央委員会のことだが、事実上はこの政治局常務委員会が体現するわけである。この仕組みは国民党にあっても同様であり、共産党では今も堅持されている。

また、その会議にナンバリングを行うのも国共に共通するやり方で、今日でも続いている。×期×中全会という名称で続いているのがそれで、例えば共産党が改革開放政策に舵を切った会議を一一期三中全会と呼ぶように、独特の数え方をする。この場合の一一と三は第一一回党大会で選出された中央委員による三回目の総会という意味である。国民党は目下台湾で野党ではあるが、二〇二〇年七月に二〇期四中全会を開催している。

もっとも、国共ともに会議を重視するとは言っても、共産党の会議偏重は国民党の比ではない。例えば、一九二四年時点の国民党の場合、党規約に会議に関する条項はあるものの、その規定はあくまでも全国大会にかんする規定にとどまるのであって、共産党のように（例えば一九二二年の第二回大会で制定された規約)、数名規模の支部(細胞)レベルにおける会議の開催義務とその頻度(「週に一回」)にまで規定が及ぶことはなかった。かりに、実際の決定が廊下や密室で行われようと、あるいは根回しによって決定の方向が事前に決まっていようと、それでも共産党組織の決定は、公式の会議によってなされねばならない。党の重要な路線転換が、曰く八七会議、曰く遵義《じゅんぎ》会議、また曰く一一期三中全会と、つねに会議とともに語られる所以《ゆえん》である。

会議の結果は上級組織に報告される一方、下部組織へ伝達され、そのたびに文書が作成される。自然、膨大な文書が蓄積される。例えば、一九四九年以前の各地の共産党組織が作成した文書は現在、省や地域ごとに○○革命歴史文件彙集という名称で冊子になっているが、試みにわたしの手元にある『河北革命歴史文件彙集』第九冊という資料集を例にすると、全国的にみて決して活発とは言えないこの地区(省委)のこの時期(一九三二年七~九月)の三カ月分の文献(当時のもの)だけで、五百ページ強、二四万字もある。このような省レベルの地方組織の資料の総計は、一九四九年以前の分だけでも、五千万字を超えるという。単純に党創立の一九二一年から一九四九年までを二八年とカウントすると、地方組織だけで一日あたり五千字もの文書が作成されていることになる。たとえ紙の上のことだとしても、日々の活動についてこれだけ文書を残している組織は中国史上、共産党しかない。会議で決定し、文書によって伝達するという仕組みは、共産党に他の組織では持ち得ない凝集力を与え、人民共和国になると、党外の一般社会にも拡大していくことになる。

また、共産党と国民党は、掲げる主義こそ違え、ともに自己完結的なイデオロギーを持つ。共産党にあっては、言うまでもなくマルクス・レーニン主義、そして国民党にあっては孫文の三民主義である。それら主義は単に現実政治への指針であるばかりでなく、政治全般、さらには世界観や人間観の土台となるもので、唯一の絶対的真理とされる。とりわけ、孫文の自らの主義に対する自信は並大抵のものではなかった。三民主義のひとつ「民生主義」をマルクス主義や共産主義を包摂した、より大きく高次なものだと自負するかれは、共産党の若者も国民党に入れば、中国の国情に合わないマルクス主義よりも、もっとすぐれた三民主義に感化されるはずだと見ていた（図1―7）。

図1―7

孫文が国民党員に三民主義（民生主義）の説明をした際に描いた概念包含図。共産主義の右側に小さく描いてあるのは「集産主義」。

先に述べたように、国民党と共産党の提携（国共合作）は、共産党員が個人の資格で国民党にも加入し、二重党籍者になるという変則的な方式（党内合作）であったが、その背景には当時の両党の格（規模）の違いのほかに、孫文のこうした優越意識があったわけである。一方、共産党の党員たちにとっては、三民主義など所詮は中国でしか通用しない、半端なブルジョア思想に過ぎなかった。コミンテルンの指示ゆえに国民党には入るが、ほかの国民党員のように、孫文とその主義に忠誠を誓うなど、勘弁してほしいというのが偽らざるところだっただろう。国民党の中にも、共産党員を受け入れることやソ連との提携を進めることに反対する者は決して少なくなかった。

こうした不満をそれぞれ党内に抱えたまま、一九二四年一月に広州での国民党第一回代表大会によって正式にはじまった国共合作だったが、メリットは意外にも共産党の方に大きかった。一つには、地方政権とはいえ、当時、広東省に地盤を持つ政権党であった国民党の一員となることによって、共産党員には食い扶持《ぶち》が与えられたということである。初期の共産党の財政基盤からすれば、まとまった数の党専従者を抱えておくのは容易なことではなかった。それが国民党員という外衣をまとうことによって、俸給を得、家族ともども生活することが可能になったのである。

例えば、合作の始まった一九二四年でいえば、毛沢東は国民党の候補中央執行委員、あるいは宣伝部代理部長（部長は汪精衛《おうせいえい》——日本では日中戦争期に親日政権をたてた「汪兆銘《おうちょうめい》」という名の方が知られているかもしれない）などのポストについていたし、周恩来は周恩来で、当時広州郊外に設けられた国民党の軍士官養成学校（黄埔《こうほ》軍官学校）の政治部主任というポストに起用されていた。ちなみに、この士官養成学校の校長がかの蔣介石《しょうかいせき》であった。つまり毛にせよ、周にせよ、かれらはその時期に国民党の要人たちの身辺にあって、かれらと頻繁に顔を合わせていたわけである。

もう一つのメリットというか、僥倖《ぎょうこう》は、この二重党籍状態にあるのは誰かということを、国民党の側では把握できず、共産党のみが知り得たということである。言われてみればなるほどその通りで、国民党にとっては、著名な共産党員ならいざ知らず、新たに入党してきた若者が共産党員なのかそれとも単なる国民党入党希望者なのかを、本人の正直な申告なしに判別することは、事実上不可能であった。★3 現に、合作が始まる前から、国民党の幹部の中には、共産党員の受け入れは、かれらによる国民党の乗っ取りを招くという懸念が根強く、一九二四年の国民党第一回大会では、共産党の大物・李大釗が次のように弁明している。中共はコミンテルンという国際組織のメンバーゆえ、国民党に入党するからと言って、それから離脱するわけにはいかないが、個人として国民党に入った以上は、当然にその規則や指示に従い、党の中に党を作るような真似は決してしない、と。

しかしながら、国民党が共産党との二重党籍者にそれを隠さずに申告するよう求めても、それを真に受ける共産党員がいるとは期待できなかったし、かつ実際に国民党の中で積極的に活動するのは、始末の悪いことに、党員として甘い汁を吸ってきた古参の国民党員ではなく、新しい血としてやってきた共産党員の方だった。共産党員は、国民党の新体制（ソ連との連携、民衆運動の支援）のもとで実施された新しい取り組みである士官学校や民衆運動（農民運動、労働運動）の指導者研修機関などで働き、国民党に欠かせない存在となっていった。

★3——この結果、内外のメディアなどは、国民党の「赤化」を報道しながらも、上層部の指導者のうち、誰が共産党員なのか判断をつけかね、時として汪精衛、宋子文《そうしぶん》まで、それぞれ「中共秘書長」「中共財政主任」などの肩書きを持つ中共党員であると分析している（「中国共産党内部組織及び職員表」『外事警察月報』第六一号、一九二七年七月）。

共産党がこうした党外での活動を、巧みにそして効率的に行う手段として、すでにこの時期に「フラクション」をもうけて活動をしていたのは注目に値する。フラクション（fraction）とは、政党（特に左翼政党）が大衆団体や他の組織の内部に設ける自派の小集団のことで、しばしば他の組織で主導権を握ったり、ある方向への誘導をはかるための事前の意思統一を行う場となる。国民党の大会をはじめとして、それぞれの会議や支部などで、共産党員はフラクションを作り、統制のとれた行動によって、特定の方向付けをする手がかりを得た。ただし、これは国民党関係者から見れば、あきらかに党の中に党を作る策謀、いわゆる寄生政策であり、共産党の活動に疑惑の目を向ける一因となった。このフラクション活動は、その後も共産党が党外の合法の活動や組織に食い込むための重要な武器となっていくのである。

このほか、国民党の支配地域を一歩出れば、共産党は非合法組織だったから、比較的公然と活動のできる労働者や青年を束ねる組織も重要だった。共産党系の労働組合は、党の第一回党大会の直後に発足した中国労働組合書記部が統括し、一九二二年のメーデーに合わせて広州で第一回全国労働大会を開催、さらに一九二五年には同じく第二回全国労働大会を開催し、中華全国総工会を設立した。設立時の参加労組は一六六、労働者五四万と称した。鉄道、鉱業、海運などを中心に労組を組織して拡大はしたが、当時の労働者の徴募は同郷関係に依存し、またさまざまな中間団体（いわゆる幇会《ほうかい》）が幅を利かせていたため、近代的理念の労働運動が浸透していくのは、容易なことではなかった。

他方、青年を対象とした組織として、党とほぼ同じ時期に産声を上げた「中国社会主義青年団」の方は、半公然の存在であったため、運動への人的動員の面で、共産党を支える有力な外郭団体となった。のちになると中共入党の予備段階と位置づけられ、党員リクルートの役割を果たすようになるが、結成当初は党との境界も曖昧で、時には党よりも先鋭な闘争を指向することもあった。この両組織は今日でも、「中華全国総工会」「中国共産主義青年団」という名称で存在しているが、その来歴は共産党結党期にさかのぼるのである。この両組織の場合も、初期の全国大会が広東で開かれているように、広東に地盤をもつ国民党との合作は、共産党に種々の便宜をもたらしたのである。

さらにもう一つ、この広東で試みられた共産党の活動に農民運動がある。農民運動と言えば、毛沢東のそれが余りにも有名だが、毛のそれに先だつ先駆的な事例が、広東省東部の海豊《かいほう》・陸豊《りくほう》一帯でみられた。その先頭に立ったのが現地の大地主の家の出で、日本留学の経験のある彭湃《ほうはい》という青年党員である。元来、広東のその辺りは、村々の間での集団的抗争（械闘《かいとう》）が盛んであったが、彭湃は自家の田畑の小作料を減免する一方、械闘における弱者集団の防衛や抵抗といった要素を農民運動の原理に繰り入れ、独特の農民運動を試みた。彭湃の運動はかなりの成果をあげた。いわば、在地社会の矛盾を巧みに運動に取り入れれば、農村から大きな革命のエネルギーを取り出すことができるということを証明したわけである。のち、この海豊・陸豊は共産党による独自政権樹立の舞台となるが、そのタネはこの時期に彭湃によってまかれたのである。

5 国民革命――最初の革命体験

国民党に共産党員が加入するという国共合作が始まって一年余り、その推進者だった孫文が北京で病死した。孫文の死は、そもそも国共合作による共産党員の受け入れを決めたカリスマ指導者の死であり、国共関係の流動化へとつながりかねないものだった。こうした中、ある意味でそれを救ってくれたのが、一九二五年に上海での労働争議を発端として起こった反帝運動（五月三〇日の抗議デモ隊への租界警察の発砲をきっかけに広がった反英運動）、すなわち五三〇運動である。上海でのこの反帝運動は、やがて国民党政府のお膝元たる広州から香港に飛び火し、「東洋の真珠」と呼ばれた香港の封鎖（省港スト――省は広州、港は香港のこと）へとエスカレート、国共両党はこうした対英ボイコットを推進する側に立つ、すなわち共通の敵に立ち向かうことによって、亀裂の広がりを防ぐことができた。

共産党が国民党の傘の下で実力をつけたのと同じように、国民党も一方でこうした反帝民族主義運動のエネルギーを吸収し、他方でソ連から軍事援助を含む物的・人的支援を受け、急速に勢力、特に軍事力を充実させていった。中でも党のための軍とその将校を養成するために設立された士官養成学校には、教官としてソ連から専門家が派遣され、ソ連の赤軍にならって主義のために戦う革命軍、すなわち「国民革命軍」の骨幹の育成がなされた。この士官養成学校には、当然のように共産党からも人員が送り込まれている。有名なところでは、林彪《りんぴょう》、徐向前《じょこうぜん》、劉志丹《りゅうしたん》らが同校で学んでおり、のちには共産党の党軍、すなわち紅軍の将領として、同窓で校長・蔣介石の子飼いとなった国民党の杜聿明《といつめい》、胡宗南《こそうなん》らと戦うことになるのである。

孫文亡き後の国民党で力をつけてきたのが、これら黄埔軍官学校の将才の上に立つ蔣介石であった。元来、国民党は軍事力を影響下にある地方の軍閥に依存することが多く、それゆえ軍務につく党幹部よりも、政務にあたる文官の方が、どちらかと言えば高位に遇されがちだった。その代表が辛亥革命以前から孫文の側近だった汪精衛や胡漢民《こかんみん》といった幹部である。孫文亡き後、国民党は汪精衛を中心とする集団指導体制に移行して、一九二五年七月に「中華民国国民政府」を発足させた。同政府は、立法権、行政権、司法権を一体化する一方、明確に国民党の指導と監督を受けて政務を担当することを謳ったが、その中で存在感を見せてきたのが、蔣介石と各レベルの活動で積極性を見せる共産党員だった。

かつてソ連の視察のさいに、ロシア人革命家の対中援助に、中国を見下す底意を感じていた蔣介石は、日に日に大きくなる中共とソ連の影に警戒感を強めるとともに、亡き孫文の宿願であった早期の中国統一戦争の開始をおのが使命とした。南の広東から北に向かって軍事的攻勢に出るので、これを北伐《ほくばつ》という。これに対して共産党の側は、軍事優先の方針が蔣介石のさらなる強大化を招くと懸念し、地盤広東の統治の安定とそこでの社会問題の是正が先決であるとした。

北伐の是非をめぐるこうした軋轢《あつれき》は、ソ連の軍事顧問を巻き込んだ不可解な陰謀事件へと発展した。孫文の名（号）を冠した砲艦「中山《ちゅうざん》」の無断出動をめぐる戒厳令騒ぎ、すなわち「中山艦事件」（一九二六年三月）である。命令もないのに「中山」を出航させたのは、自分を拉致せんとする共産党とソ連軍事顧問たちの策謀だと判断した蔣介石は、広州に戒厳令を布き、共産党とソ連関係者を監視下においた。これは蔣介石によるある種の小型クーデターとも言える暴走だったが、着実に力をつけつつある蔣介石を評価していたソ連顧問たちは、かれの支持をつなぎ止めることを優先して抵抗せず、蔣の求める早期の北伐開始にもゴーサインを出した。蔣介石は処分されるどころか、逆にその指導力を買われ、国民政府軍事委員会主席となり、さらに七月の北伐を前に、国民革命軍総司令、国民党中央執行委員会常務委員会主席にも就任した。後者は党の最高ポストである。

他方、共産党の側はこの間（同年五月）、国民党の「整理党務案」（共産党員の国民党内での活動を制限するもの）に同意するなどの妥協を迫られた。共産党の指導部、つまり陳独秀らはクーデターまがいの武力威嚇を行った蔣に強い反発を覚えたが、蔣への反撃や処罰という強硬な方針は、国共合作の維持と進展を望むモスクワ（すなわちスターリンを中心とするロシア共産党とソ連政府）の容《い》れるところとはならなかった。共産党は北伐の中で発展するだろう民衆運動（農民運動と労働運動）を後押しして、北伐が単なる軍事的拡大に終始しないようにし、さらには北伐の軍事的敗北が蔣の威信をおとしめる事態になるかもしれないというシナリオも織り込んだ上で、北伐に協力することにした。

北伐が開始された一九二六年半ば、共産党の党員数は五年目にして、ようやく一万を超えたところであった（同じ時期の国民党は三〇万強）。党員の構成も、労働者六六％、農民五％、その他二九％という具合に、勤労者が増え、インテリ中心の初期の状態はかなり改善されていた。若くて生きのいい共産党員は、北伐の主力たる国民革命軍の将校として、あるいはその後方支援、側面支援の要員として各方面で働いたが、特に目立ったのは、農村部での農民運動（農民協会）への取り組みだった。農民に注意を向けよとのコミンテルンからのアドバイスによって、中共は一九二三年の中共三回大会で、「農民問題決議案」をはじめて採択、農民重視の姿勢を打ち出し、その後の国共合作の体制下で、農民運動講習所の運営にもあたっていた。そうした取り組みがいよいよ実践の時と場を得たのである。一九二六年七月の「北伐宣言」、および国民革命軍動員令によって本格的な北伐が開始されるや、農民運動家たちは、当面の進路にあたる湖南・湖北で農民協会の組織にあたった。

こうして、湖南省から湖北省へむけて進撃した北

中国共産党党員数の推移（1921-1949）

年	党員数（人）	中共のできごと
1921	53	第1回大会（上海）、57人説もあり
1922	195	第2回大会（上海）
1923	420	第3回大会（広州）
1925	994	第4回大会（上海）
1926	11,257	
1927	57,967	第5回大会（武漢）
1928	40,000	第6回大会（モスクワ）、13万人説もあり
1937	40,000	抗日戦争開始
1940	800,000	
1942	736,151	延安整風開始
1945	1,211,128	第7回大会（延安）
1949	4,488,080	人民共和国の建国

出所：郭瑞廷主編『中国共産党党内統計資料彙編（1921-2000）』（党建読物出版社、2002年）、および各年の党内資料およびコミンテルンへの報告により作成。

伐軍の第一陣は、農民たちの側面支援や参加を得て、優位に戦いを進め、瞬く間に長沙を落とし、一〇月には武漢を攻略、すなわち三カ月にして長江中流域にまで達した。当初、北伐に強い懸念をもっていたスターリンも「漢口〔武漢〕がやがて中国のモスクワになるだろう」と興奮するほどの喜びようだった。実際、国民政府は一九二七年年初に広州から武漢に移転し、武漢は一時期、「赤都」と呼ばれた。だが、そのころから革命運動には、きしみや混乱が目立つようになった。武漢や九江《きゅうこう》など列強の租界を抱える都市では、租界接収を求める激しい反帝運動が起こり、民衆や青年たちは、「打倒列強、打倒列強、除軍閥、除軍閥」という国民革命の軍歌の勇ましさそのままに、反帝国主義をかかげて、行動をエスカレートさせていったのである。そして南京では外国人居留民への暴行と英米砲艦の報復砲撃（三月二四日）といった大きな騒乱も起きている。一言でいえば、運動は瞬く間に政府（革命政権）の抑えの利かない凶暴さをおびていったのだった。

その南京をはじめとして、上海、杭州《こうしゅう》など中国経済の先進地である長江下流域も、一九二七年三月末までに、国民革命軍の第二陣の占領するところとなった。この戦場でも、湖南、湖北ほどでないものの共産党が力を示した。中でも耳目を集めたのが上海蜂起である。共産党は一九二六年の終わりから、国民革命軍の接近に合わせて傘下の労働者組織を使って武装蜂起を試み、翌年三月には市街戦の末、ついに租界以外の地区の支配権を握るという事態も起こっていた。蜂起の指導にあたったのは周恩来である。この時の上海もさながら「革命都市」の様相を呈していたと言ってよかった。

上海には中国で最大の租界があり、実力接収がそこに及べば、大きな衝突が起こりかねない。租界に権益を持つ列強、例えば日本は、艦艇や陸戦隊などを上海に送り込み、租界接収などの不測の事態に備えるとともに、国民革命軍の実力者・蔣介石への働きかけを強めた。また、激化する労働運動の標的となった実業家たちも、蔣に対策を期待した。元来が共産党への不信感を持っていた蔣は、南京で起こった国民革命軍による外国人襲撃事件も、背後で共産党が糸を引いていると見て、武力によるその徹底的排除へと乗り出した。すなわち四月一二日に、上海の共産党系労働者自警組織（糾察隊）と同地に進駐してきた国民革命軍の衝突を仲裁するという名目で、糾

図1—8

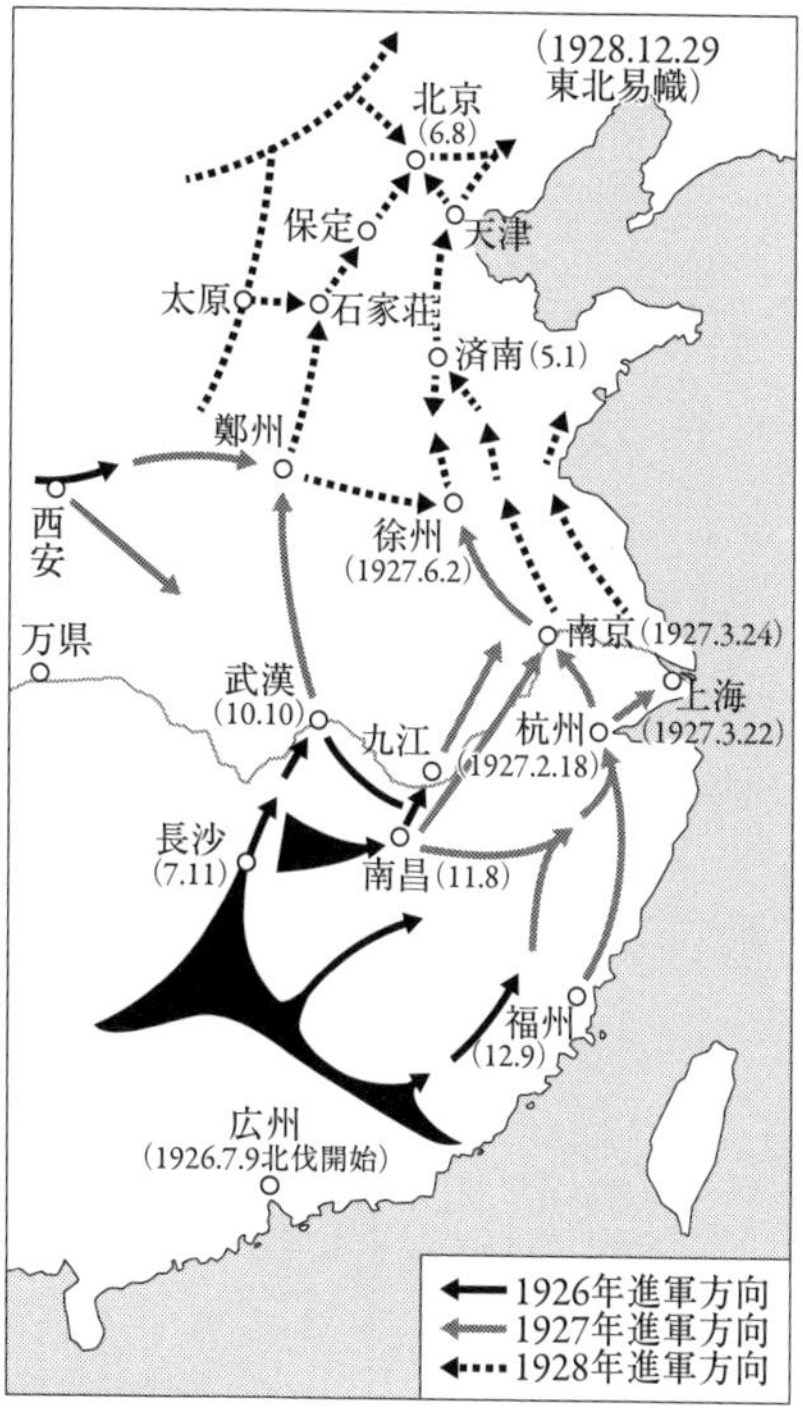

北伐関連地図

図1―9

スターリンが1927年4月8日に蒋介石に贈った肖像写真。自筆で「中国国民革命軍総司令蒋介石氏へ　国民党の勝利と中国の解放を記念して　スターリンより」と記されている。

察隊から武器を取り上げ、その返還を求める労働者らのデモ隊に、発砲と虐殺をもって応えたのである。その武力断行は「上海クーデター」、あるいはその日付から四一二クーデターと呼ばれることもあるが、蒋はこれを党内からの不純・敵対分子の一掃を意味する「清党」と呼んだ。共産党はつとに蒋介石を強く警戒していたが、蒋の先制には対応が遅れた。

共産党の対応の遅れにはいくつか理由があるが、中でも大きかったのは、ここでもソ連指導者――スターリン――からの口出しである。一年ほど前の中山艦事件でも、蒋の実力を認めるモスクワがかれの威に屈したように、この一九二七年にいたっても、スターリンは国共合作の継続を最優先事項と考え、蒋を味方につなぎ止めようと努めた。蒋が反共に踏み切るのは時間の問題だと警告する者もあったが、そうした懸念の声にスターリンは、「蒋介石が裏切ることなど、ありえない」「我々は最後の最後まで蒋を利用しつくす」と表明、さらに自らの写真ポートレートにサインをして蒋に送ろうとしさえした（図1―9）。上海クーデターの四日前のことである。それで信頼をつなぎ止めようとしたのだろうが、考えが甘すぎた。他方で中共に対しては、蒋介石や列強を過度に刺激することを制止した。例えば、租界の接収強行が列強の干渉をまねき、革命自体の失敗につながりかねないと懸念し、武器の準備や携行を控えさせている。

結論からいえば、蔣に利用しつくされたのは、ソ連や共産党の方であった。スターリンの情勢判断の誤りから、共産党の反帝・反蔣行動にはタガがはめられ、ために共産党は四一二クーデターに何ら有効な準備や対策を打ち出すことができなかったのである。一二日から数日間だけで、上海、南京などで国民党側に摘発・逮捕された共産党員は一千人以上に達し、上海だけでも夏にかけて三百人もの中共党員(と見られた者)が殺害されたのだった。その中には、陳独秀の二人の息子(陳延年《ちんえんねん》、陳喬年《ちんきょうねん》)も含まれている。

当然に武漢の国民政府(国民党中央)は激しく反発し、蔣をすべての職務から解任し、さらに党からも除名したものの、蔣の側は天命は我にありとばかりに、逆に南京にいた党の中央執行委員の支持のもとに、国民党中央政治会議と中央軍事委員会を組織し、四月一八日には南京に胡漢民を主席とする独自の国民政府を樹立するに至った。つまり、北伐が長江流域に至った時点で、革命の求心力は失われ、共産党員を巻き込んだ国民党の仲間割れが発生したのである。

四一二クーデターののちも、武漢では国共合作体制が継続していた。だが、制御の利かない民衆運動に振り回される共産党は、それまで敵に向けられていた民衆の暴力が歯止めなく拡大・エスカレートする中、あたかも騎虎のごとく、降りるに降りられず、勢いにまかせるのみであった。国民政府の労工部長や農政部長といった閣僚クラスには、蘇兆征《そちょうせい》や譚平山といった共産党員が就任し、その点だけを見れば、国共両党の関係は対等なものへと変化しつつあったが、かれらには社会の秩序をとりもどすほどの力量はなかった。そのような中、農民運動の爆発的エネルギーを肯定的に捉えていたのが、湖南の農民運動を視察して武漢に入った毛沢東である。ときに毛は、前年一一月に創設されたばかりの中共中央農民問題委員会委員長であった。

　湖南・湖北で農民運動の激しさを目の当たりにした毛は、「過火《ゆきすぎ》」への疑問の声に対し、その報告「湖南農民運動考察報告」でこう断言した。「革命とは、客を招いてごちそうすることではない……革命とは暴動である。一つの階級が他の階級を打ち倒す、激烈な行動なのだ」。つまり、国民党も共産党も、「国民革命」を掲げながら、「革命」の意味がわかっていない、穏やかに、みやびに、上品にやれるようなら、何も革命を掲げる必要はない、それができないから「革命」をするのだろう、と。かれはむしろ激烈や行き過ぎを含む農民運動の中に、中国革命のエネルギーと可能性を見出したのであった。

　だが、農村の混乱を肯定的に見ていられたのは、毛らごく少数にとどまる。当時、国民革命の現場を目の当たりにした共産党の文化人胡愈之《こゆし》は後に、その狂乱ぶりをこう回想している。「いわゆる土豪劣紳《どごうれつしん》は、往々にしてその姓名を問われぬまま、高帽子をかぶせて街を引き回された。その場で人民裁判にかけられて、ただちに銃殺されることもあった」[3]。

　問題は、「土豪劣紳」というレッテルを貼られ、民衆運動の標的とされた富農・地主・商店主たちこそは、国民革命軍（ないしは国民党上層部）の将兵たちの出身家庭だったことである。国民革命軍が当面の敵を駆逐し、武漢占領後にいったん北上を止めると、それまで敵軍に向けられていた革命軍の銃口は、秩序を破壊する民衆運動とそれを助長する共産党へと向けられていくようになった。一九二七年春に武漢政府支配下の各地で起こった軍の反乱がそれである。「共産党の跋扈《ばっこ》する武漢政府を討って、正義をとりもどせ」。本来なら武漢政府を守るべき立場の国民革命軍の部隊の一部がそう叫んで反乱を起こし、武漢を恐慌状態に陥れ、それがさらなる混乱を呼ぶという事態が続いた。

武漢の国民党首脳部（その中心にいたのは孫文の後継者を任じる汪精衛）がこうした危機的事態の中、共産党と手を切るのを躊躇した理由は何か。もちろん、無謀とはいえ、共産党員の活動力なくして武漢の政権は立ちいかないという事情はあっただろう。数は国民党の数分の一とはいえ、共産党員は確かに働き者だった。そしてもう一つ考えられるのは、ソ連の動向である。武漢政府の苦境の最大要因は、財政破綻による経済マヒだった。経済の要地であった江南を蔣介石に奪われて、かつ農村からの税収も見込めない武漢の政府は、「現金集中条例」（銀行の保有する銀貨幣の封鎖と新紙幣への切替）を実施するなど、なりふり構わぬ経済対策を打ち出したが、それでも最低限必要な収入の一〇分の一しか確保できず、最後の望みをソ連からの緊急経済援助に託していた。そのためには共産党との関係を絶つわけにはいかない。

ちょうど同じ頃、共産党は共産党で、はるかモスクワからの指示に右往左往していた。五月末にコミンテルンから送られてきた指示（「スターリンの五月指示」と呼ばれる）が、土地革命の断固実行、武漢政府と国民党の再改組、二万人の共産党員の武装、五万人の労働者・農民の国民革命軍への加入、反動的な武漢の将領の処罰など、国民党が到底受け入れるはずもない政策を、武漢政府の左派と協同して実施するよう命じてきたからである。共産党の責任者・陳独秀は、「指示」が正しく、重要であり、まったく同意するとしながらも、具体的問題についてはその困難を列挙する返電を送った。体《てい》のいい拒絶にほかならない。だが、それに対してモスクワから届いたのは、「我々には如何《いか》なる新たな方針もない……我々は先の指示を繰り返す」というとりつく島もない言葉だった。

このとき意外なことが起こる。武漢に派遣されてきていたコミンテルン代表のロイ（N. M. Roy）がこの指示を国民党首領の汪精衛に見せたのである。それも六月初め、つまり受け取ってほどなくである。ロイによれば、「指示」を汪に見せたのは、汪に対する信頼を示すためで、果たして汪の側も必要な援助がすぐに来ることを条件に、「指示」に同意していたという。この「必要な援助」こそ、武漢が当てにしていたソ連からの資金援助である。だが、けっきょく金は来なかった。モスクワのスターリンは、汪精衛に最後の最後で信をおけず、資金援助の提示額を絞ってしまったからである。

こうなれば、国民党にこれ以上共産党を抱えておく理由はない。否、むしろ邪魔である。そう考えるに至った汪精衛にとって、「指示」はまさに共産党を切る格好の口実になった。七月一五日、国民党中央の会議の席上、汪は共産党の陰謀を示す証拠が見つかったとして「指示」を「暴露」、その内容に仰天する党幹部の合意を得て、共産党との関係を解消することを決定したのだった。これがいわゆる「武漢分共」のあらましだが、これまであまり目を向けられることのなかったこと、つまり、汪がロイから指示を見せられてから「暴露」するまで、実際には一カ月以上もかかっていることの謎は、察しのよい読者には解けたことだろう。そう、その一カ月は、汪精衛ら武漢の国民党が、内外の政治・軍事情勢を瀬踏みする一方、最後の頼みであるソ連の援助回答を待つのに要した時間だったと考えられるのである。

かくて、一九二四年以来、なんとか続いてきた国共合作は、国民党、共産党の双方に多大な成果と課題を残して、三年半ほどで幕を閉じたのである。共産党を排除した武漢の国民党は、その後まもなく南京の国民党政府に合流、翌一九二八年に再開された北伐の結果、蔣介石率いる南京国民政府による全国統一が達成された。他方、共産党にとっては、国民革命は建党から五年ほどで早くも得られた最初の全国的な実践経験であり、結果的には多くの犠牲を払って野に下ることになるが、力のある政党だとの存在感を示すことができたという点では、大きな意味を持つ革命の第一幕であった。

コラム③　中国最初の流行歌——《国民革命歌》

中国の歴史上、最も早い流行歌が何かについては、明確な定説はない。そもそも「流行歌」とは何かについて、明確な定義がないからである。* 筆者が考える中国史上最初の流行歌は、一九二六〜二七年の国民革命軍の北伐にさいして沿路歌われた軍歌《国民革命歌》である。ポイントは、比較的短い期間の間に、全国的規模で同じ歌が共時性をもって歌われること、さらにそこに国民国家形成にまつわる共同体験が反映されていることである。むろん、テレビもラジオもない時代だから、歌は人が運ばなければならない。ある意思を持った集団が歌を携えて国を回る、つまり全国規模の行軍が流行歌をつくるのである。南は広東を出発した国民革命軍は、二年ほどかけて、最終的に北京まで行っており、十分にその伝播役を果たすことができた。

ちなみに、日本最初の流行歌にも諸説あるが、明治維新の戊辰戦争で新政府軍が広めた《トンヤレ節》もその一つだとされる。「宮さん、宮さん、お馬の前で……」の歌い出しで知られるトンヤレ節が政府軍と共にみやこから東北へ大移動し、明治国家の樹立が進んだという経緯に徴してみれば、中国でそれに対応するのは、まさに《国民革命歌》であった。その歌詞は「列強を倒せ、列強を倒せ、軍閥を除け、軍閥を除け、国民革命は成功するぞ、国民革命は成功するぞ、みな共に喜び歌おう、喜び歌おう」という至極シンプルなもので、国共合作のもとで進められた国民革命の精神を見事に反映している。

だが、この歌のメロディを聴く者は、意外な感に打たれるはずである。日本では《静かな鐘の音》として知られている唱歌の替え歌なのだ。今は小さい子ども向けに《グー・チョキ・パーでなに作ろう》と呼ばれることもあるが、元来は《フレール・ジャック》(Frère Jacques)という、極めてのどかなフランスの俗謡だ。中国語でも事情は似たり寄ったりで、今は《二頭の虎》という童謡になっている。こののどかなメロディに革命的な歌詞を盛り込み、宣伝歌に仕立て上げたのは、一九二五、二六年当時、国民革命軍の政治教育に当たっていた共産党員だったと言われている。ただし、どういう経緯で《フレール・ジャック》が選ばれたのかはわかっていない。

ちなみに国民党は当時、北京政府を中国の正統政権と認めない立場をとっており、それゆえ《卿雲歌《けいうんか》》を国歌と認めていなかった。ただし、代案国歌も未制定だった。そんな中、誰もが歌えて人気もある《国民革命歌》が、正式の国歌制定まで、暫定の国歌とされている。北伐開始とほぼ同じ、一九二六年七月のことだった。だが、北伐の順調な進展とともに、《国民革命歌》が広まって行くにつれて、いくら「暫定」とは言っても、フランス民謡の替え歌を国歌にするのは体面が悪いという声が、当然のように上がった。これを受けて国民党は正式「国歌」の早急な制定へ向け動き出すのだが、国民革命の嵐が過ぎ去った後に募集された国歌候補作は、どれも秀作ながら決定的魅力を感じられないとして、なかなか制定にいたらなかった。

かくて、国民党主導の国民政府は、すでに制定されていた国民党の党歌（歌詞は党員に対する孫文の訓示）をもって国歌に代替するという苦肉の決定をしたものの、「三民主義は吾が党のむね」という歌詞を持つこの歌を国歌とすることには反発も多かった。けだし、国歌を作りはしたのだが、笛吹けど踊らずの譬えのように、国民の反応は今ひとつだったわけである。だが、やがて強烈すぎるほどの民族的な体験・記憶が一九三〇年代の中国を襲う。日本の侵略と亡国の危機であり、そこから未来の国歌《義勇軍行進曲》が生まれ出てくるのである。

＊流行歌が定義しにくいものであることは、貴志俊彦『東アジア流行歌アワー』（岩波書店、二〇一三年、七〜一六頁）でも説明されている。貴志著はレコードの普及に注目し、それを媒体として広まった歌を対象にした研究である。

6 共産党の政治文化——「新しい生き方」の衝撃

国民革命が高揚と混乱、そして国共の分裂という顚末《てんまつ》をたどった一九二七年は、中国近代史の上でも、まさに激動の年だった。民衆運動がとりわけ燃えさかり、それが秩序崩壊にまでいたった湖南・湖北一帯では、革命運動は半世紀ほど前に同じく華中を大動乱に巻き込んだ太平天国（長髪賊）の乱を思い起こさせたと言われる。太平天国が特異な宗教（異端的キリスト教）を奉ずる狂信集団だったとするならば、このたびの国民革命軍は、国民党の外衣をかぶった共産主義集団だというイメージを持たれていたわけである。このようなマイナス・イメージが、革命運動への警戒感と武漢政権の崩壊の一因となったことは、うたがう余地がない。

そんなマイナス・イメージを決定的にした風評に「婦女裸体デモ」事件がある。一九二七年の三月ごろ、国民党の支配下に入った武漢では、女性が裸で街頭デモをしている、あるいはさせられているというニュースが、好奇と恐怖に彩られて国中に拡散し、多くの人々を震え上がらせたのである。国民革命軍の支配下に入ると、なぜ女性が裸体デモをするのか。脈絡は、先に述べた共産＝公妻とさして変わらない。すなわち、国民党は共産党に牛耳られている、共産党は男女平等だから、男も女もごちゃ混ぜにして兵隊にする、当然に女の慎みは無用なものとなるだけでなく、逆に禁じられ、女性解放の証《あか》しとして、裸で街に繰り出し、世の中が新しくなったことを誇示す（させられ）るのだ、と。

図1―10

武漢での婦女裸体デモを報じた北京の日刊紙『順天時報』（1927年4月12日）。

武漢の革命政権は、そのような事実はないと繰り返し弁明したが、ニュース（図1―10）はまったくの誤報というわけではなかった。ただし、武漢の革命政権側がそうした裸体デモを組織・実行したのではなく、社会の混乱を引き起こして革命政権を揺さぶろうと企む勢力が、デモ行進の隊列に、そそのかして胸をはだけさせた妓女《ぎじょ》を乱入させたものだったという[4]。つまりは、武漢政権にネガティブな印象を植え付けるために仕組まれた一種のえげつない謀略だったのである。ただ、この仰天ニュースが上記のような一連の憶測・妄想と結びつき、リアルな実感を伴って受けとめられて拡散したことの背景、つ

図1—11

武漢のメーデー集会に参加した武装糾察隊の女性たち（1927年5月）。全員が断髪していることがわかる。
朝日新聞社提供

まりそういう解釈を引き起こすような社会の動きがあったということに目を向ける必要があろう。国民革命と並行して広まりつつあったジェンダーをめぐる革新的な機運とそれへの反発である。

女性の社会活動への参加に伴って生じたさまざまな軋轢・紛糾は、より日常的には「断髪」という行為をめぐって起きていた。長い間、中国では髪をどう結うかの違いはあっても、女性は一般にみな長い髪だった。そうした旧風俗にたいして、五四運動期あたりから女性の解放を訴える声が上がるようになり、女らしさの象徴である髪を切り、活動的な髪型（ショートカット）に変え、洋装をまとう動きが広がった。共産党はちょうどそうした時代の変わり目に誕生した。真の男女平等は社会主義の世にならなければ実現しない、そんな考えに後押しされ、家を飛び出して共産党に入ってくる若い女性もおり、彼女たちは国民革命の活動に参加する中で、髪を切る、つまり「断髪」をして、その決意のほどを示したのだった。

だが、「断髪」の持つインパクトは巨大であり、それだけでも「古い道徳には従わない」、「貞操観念も否定する」という意思表明とみられたから、周囲の家族や親族はたいがい猛反対した。当時の共産党をめぐって社会のさまざまな層で巻き起こっていた議論や紛糾、対立は、単に政治思想や革命運動の次元の問題というよりも、こうした習俗や生活スタイルの問題として、より強く広範に波及していたのだった。そして「赤都」と呼ばれた武漢では、革命の熱気にあおられるように、断髪は個々人の志向から社会的なものになり、現実に女性（婦女）団体が断髪運動を推進し、それを女性たちに強要する事態も生まれていた。

ここまで来れば、話が「裸体デモ」へと展開していくのはごく自然と言ってよかろう。つまり、国民革命期に驚愕のニュースとして中国を駆け巡った「裸体デモ」は、こうしたジェンダーの新機運をめぐる社会全般のきしみが、共産党員への猜疑《さいぎ》・好奇とむすびついて、極端なまでにデフォルメされたものだったのである。逆に言えば、裸体デモを仕組んだ側は、人々の心の中にある旧観念崩壊への潜在的不安を利用する術《すべ》を実によくつかんでいたと言えるであろう。その不安感は、こうした風評のような何かのきっかけで一瞬にして燃え広がり、革命政権を呑み込んでしまったのである。

これに限らず、共産党の活動は、特にその初期においては、伝統的文化の刷新者、さらにはその破壊者として、ある人々からは人倫の冒瀆者《ぼうとくしゃ》として顰蹙《ひんしゅく》の目で見られる一方、新派の若者からは新しい行動原理を実践する政党という期待をかけられていた。初期の共産党の急速な発展とその活躍の背後には、政治活動面にとどまらない、ある種の「新しい生き方」の提案があったのである。当時はどんな時代だったのか、先の断髪の背景にあった封建的な家庭規範の根強さとして、父母の差配による結婚がどれほど当たり前だったか、さらに見てみよう。

共産党が誕生した一九二〇年代初頭は、恋愛と合意に基づく結婚——さらには結婚制度の打破すら——が叫ばれていたころだが、当時（一九二一年）のある学校の学生（いまの日本の大学生に相当）六三〇人ほどを対象に、恋愛と結婚について行ったこんな調査結果が残っている。六三〇人のうち、すでに結婚しているもの・婚約者のいたものは三六五人、つまり六割ちかくだったが、相手を自分で選んだのは、わずか一一人（三％）にすぎなかった。つまり、大学に進学するころまでには、半分以上の若者が親の決めた許嫁《いいなずけ》と結婚、もしくは婚約していたのである。親の命に従うこと、それは儒教における最大の徳目である「孝」でもあった。

こうした風潮をよしとしなかった若者は次第に、伝統的家庭観を改めるだけでは不十分で、究極的には、諸悪の根源たる資本主義を倒さなければ、社会改造はできないし、男女平等も実現できないとして、社会主義、共産主義にひかれていった。男女平等のみならず、家父長制や「孝道」の否定、伝統的な宗族社会の改造、はては中国国内の民族間の平等の実現などなど、それらの根本的解決は、資本主義の社会ではどうあっても不可能なのだという認識が急速に広がっていた。そうした主張は、毛沢東や周恩来といった共産党の第一世代にあたる若者たちだけでなく、より広く共有されていたのであって、共産党の結成からこの国民革命に至る時期とは、そうした意識のもとで現実が少しずつ、やがてドラスティックに変わろうとしていた時期だった。また、断髪もさることながら、共産党のように女性が男性と同じ場で活動することは珍しく、当時それ自体が好奇の目で見られがちであった。

共産党の党員に占める女性の割合は、一九二七年の国共分裂直前まで、おおむね一〇%前後で推移するが、同じ時期の国民党のそれが三%前後であることを考え合わせれば、女性の比率はかなり高いということになる。共産党といえば運動や革命活動、方針、路線といった政治向きのことばかりが取り上げられがちだが、その政党文化は、こうした価値観の革新や新たな人間関係の模索といったことにも及んでいたのである。

もっとも、いわずもがなのことだが、共産党や革命活動に加われば、それで真の男女平等の世界に行き着けるようなことはあり得ず、逆に恋愛や結婚が家や親ではなく、個人の対処すべき事柄となったため、現実には男女党員間のトラブルは絶えなかった。それに対する党のリーダー(惲代英《うんだいえい》)の訓戒は次のようなものだった。少し長いが、共産党員特有のロジックを伝える典型例として引用しておこう。

マルクス主義の信奉者ならば、経済制度が完全に改造されるまでは、うるわしい恋愛生活など有り得ないことを知っているはずである。マルクス主義者は決して恋愛に反対ではなく、一切を犠牲にして経済制度の改造をはかり、すべての人がうるわしい恋愛のできることを願っている。しかし、マルクス主義者は、経済制度を改造するために、時としてすべて(恋愛を含む)

を犠牲にしなければならない。（「マルクス主義者と恋愛問題」一九二五年七月）

ちょうど、真の女性解放が社会主義・共産主義の世にならなければ実現できないというように、恋愛もまた「経済制度を改造するため」には犠牲にしなければならないと結論づけるものであった。さまざまな社会問題の真の解決は、革命の成就を待たねばならない、それゆえその間は革命運動の推進を優先しなければならない。こうした傾向は、実際の共産党員の女性解放問題への姿勢にも現れていた。先に紹介した毛沢東の「湖南農民運動考察報告」を見てみよう。毛はその中で、農民運動と共に高揚を迎えていた女権運動についても言及し、不合理な男性優位の制度は当然に打倒せねばならないが、と前置きしつつ、「不平等な男女関係の破壊は、政治闘争と経済闘争が勝利したあとに、おのずから得られる結果である。もし余りに大きな力を入れて、強引にこうしたものを破壊すると、土豪劣紳は必ずそれを口実にして……農民運動を破壊するに違いない」と述べていた。つまり、当面の重要課題は農民運動の推進であるから、女権運動はそれに悪影響を与えるようなものであってはならないと釘をさしているのである。農民運動の「過火《ゆきすぎ》」は見過ごせても、女性解放運動の「過火」は抑制されねばならないのであった。

かくて、共産党における女性解放の位置づけは、この時期も、またその後も、主要な政策や運動の推進に協力するという副次的なものにとどまった。革命が成就するまでは、さまざまな不合理を我慢し、耐え忍ばなければならない一方で、ある段階の革命成就のあとには、次の段階の革命が控えていて、さらに我慢は続く。そんな理屈で、解決がズルズルと先延ばしにされ、不合理が温存されてしまう。こうした、「永遠のおあずけ」を強いるロジックは、女性解放の問題に限らず、また中国に限らず、人類の究極的救済理念を掲げたはずの二〇世紀の共産主義運動が、結局人間らしさを持ち得なかった大きな要因であろう。

そんな理念的な話はともかく、党内の運営や人間関係を含め、共産党の指導部も事実上は男社会で、女性党員の地位はしばしば配偶者（パートナー）の地位に引きずられたり、あるいは婦女部長といった特定のポストに限定されることが多かった。この傾向は、人民共和国期にも引きつがれることになる。

ところで、一九二七年の国共合作の終焉は、共産党にとっては革命運動の挫折、あるいは失敗と見なされたが、いったいなぜその事態に立ち至ったのか、当然のように「戦犯」さがしとその責任追及が行われた。党の指導の誤りについて、当時の共産党内では次のような説明がなされていた。国民党に対して余りにも弱腰、妥協的であったため、民衆の支持を失い、運動の主導権をとれなかったのだ、と。これを共産党の用語では、「日和見《ひよりみ》主義」（Opportunism）と呼び、中国語では「機会主義」と呼ぶ。情勢に合わせすぎて主体性を失うというわけだから、右か左かという意味で言えば右（保守）なので、それらを結びつけ、「右傾日和見主義」と言ったりもする。

一九二七年夏にそういう誤りを犯したとして指弾されたのが陳独秀だった。陳にしてみれば、軋轢の増す国民党（蔣介石）との関係を再考し、国共合作も見直せとかねてより言っていたのに、コミンテルン（スターリン）はそれに取り合ってくれなかった、ということになるわけだが、モスクワにはそんな言い分は通用しなかった。モスクワで常に「正しい方針」を提示していたスターリンは、中国の事態をどう見ていたか。側近モロトフ（V. M. Molotov）への書簡（一九二七年）がそれを生々しく伝えてくれる。

わたしは中国共産党の中央委員会にあまり多くのことを要求したくはない。それに過大な要求をしてはいけないこともわかっている。しかし簡単なやさしい要求がある。それはコミンテルン執行委員会の指令を達成することだ。

そもそも何を教えてやってもできないのだから、理屈など教えるだけ無駄だと言わんばかりのこの傲慢さ、これが革命を成し遂げた者の中共観なのである。国共合作のあり方を見直してほしいと中共指導者の陳独秀がたびたび訴えてきても耳を貸さず、逆にほんの三カ月前には自らの蔣介石評価の甘さが原因で、中共に大損害を与えてしまった反省などはみじんもない。

実は、当時モスクワには陳独秀の理解者がいた。スターリンと対立し、中国革命の危機をめぐっても異なる考えを持っていたトロツキー（L. Trotsky）である。トロツキーは、早くより蔣介石の「裏切り」に警鐘を鳴らし、また中共が国共合作の枠を越えて運動を行うよう主張していたが、その意見はスターリンに封殺されていた。だが、スターリンは国共合作の崩壊後、一転してあたかも前言などなかったかのように、トロツキーの持論であったソヴィエト革命の中国での実行を命じ、自らの指令を墨守した陳独秀にすべての責任を押しつけたのである。

陳独秀はモスクワにスターリンとは別の声があることも知らぬまま、国共分裂の前後から党中央の政務を見なくなり、代わって、そのコミンテルンの方針を奉じる別の党幹部が、党中央に座った。瞿秋白《くしゆうはく》という人物である。瞿秋白は、ロシア語専門学校出身という中国では珍しいキャリアを持つ人物で、新聞の駐モスクワ特派員を経て共産党に入党、文学にも通暁《つうぎよう》した才人である。国共合作崩壊を受けて八月はじめに武漢で開かれた共産党の緊急会議（その日付から八七会議と称される）で党の最高指導者に推挽《すいばん》され、その後の一連の暴動方針を策定・実施した。

だが、陳独秀を事実上更迭して指導者となった瞿も、またその瞿の暴動方針の失敗後にかれに代わって党のトップとなった李立三《りりつさん》（労働運動出身）も、陳独秀と同じように、モスクワの正しい方針を執行できなかった、あるいはそれに刃向かったという理由で相次いで更迭されてしまう。とりわけ一九三〇年にソ連を巻き込んだ革命戦争も辞さずとして、都市部への積極攻勢に打って出て失敗した李立三などは、「反インター路線」の誤りを犯したとして批判を浴び、モスクワに召致されたあと十五年もの間、ソ連に抑留されることになった。「反インター」の罪過の重みはそれほどのものなのである。

コミンテルンは祖国をもたぬ労働者・共産主義者の国際的連帯のための組織を標榜してはいた

が、各国の共産党を指導する場合には、その国際主義の方針は「労働者階級の祖国」たるソ連を守れというロジックにすり替えられ、さらに転じてソ連の国益擁護、極東におけるソ連の安全保障という文脈に沿って実行されることが多かった。例えば、一九二九年に当時の東北を支配していた張学良《ちょうがくりょう》が、中国領内をとおる鉄道（帝政ロシア時代に建設された中東鉄道）の接収に踏み切ってソ連と激しく対立し、それが軍事衝突にまでエスカレートして国内に反ソ気運が高まると、共産党はそれを「帝国主義によるソ連侵攻戦争の先触れ」であると見なし、「労働者階級の祖国ソ連を守れ」と訴えるキャンペーンを展開した。いうまでもなく、コミンテルンの指示によるものである。

ただし、中国ナショナリズムの声に抗《あらが》うこの理屈が、世論に支持されることはなかった。このキャンペーンに異を唱えた陳独秀は、党中央と激しく対立、最終的には党を除名された。その時までにトロツキーの思想の賛同者となっていた陳は、共産党は今や「スターリンの蓄音機《ちくおんき》」に成り下がってしまったという言葉を残し、いわゆるトロツキスト派の活動を本格化させることになる。だが、ソ連・コミンテルン流の共産主義運動が世界的に大勢を占める状況の中では、かれらトロツキストの運動は、内部対立や官憲による弾圧もあり、ごく小規模なものにとどまった。

1――陳力衛「「主義」の流布と中国的受容：社会主義・共産主義・帝国主義を中心に」『成城大学経済研究』一九九号、二〇一三年。
2――「中国社会各階級的分析」（一九二五年一二月、『毛沢東選集』第一巻所収）。ちなみに、この文章は『毛沢東選集』に収められている最初の文章である。
3——胡愈之「早年同茅盾在一起的日子裏」『人民日報』一九八一年四月二五日。
4——李焱勝「一九二七年武漢〝婦女裸体游行〟真相」(『党史文匯』二〇〇一年第一〇期)、安広禄「北伐時期武漢裸女游行風波」(『文史天地』二〇〇八年第四期)。
5——陳鶴琴「学生問題之研究」『東方雑誌』一九二一年第一八巻、四～六期。

第二章

権力への道

1　農村革命と中華ソヴィエト共和国——革命根拠地という場

一九二七年夏、武漢の国民党は共産党との関係を断ちきり、ここに国共合作は瓦解した。もっとも、共産党はそれまで国民党との合作を看板として活動してきただけに、ある日を挟んで急にそれが間違っていましたと言うわけにはいかない。かくてその後もしばらくの間、共産党は自分たちこそが、武漢や南京の国民党よりもはるかに孫文の遺命に忠実な真の国民党であり、革命派の国民党だという名目で活動した。事実上、共産党主導の武装蜂起だったにもかかわらず、八月一日に江西省の南昌《なんしょう》で発動された武装蜂起、俗に言う「南昌蜂起」のさいに掲げられた旗印が国民党だったのはそのゆえである。

ちなみに、蜂起の行われた八月一日は、共産党が独自の軍事闘争を開始した日として、人民解放軍の創立記念日となっている。武漢分共から半月後に行われたこの武装蜂起は、革命情勢の退勢を挽回《ばんかい》すべく、共産党が動かすことのできる国民革命軍部隊を動員して起こしたもので、蜂起にさいして発表された檄文《げきぶん》や布告などには、著名な左派系国民党員の名前が（本人の同意なく）使われていた。

ただし、この南昌蜂起をはじめとして、いくつかの地方で共産党主導の武装蜂起が相次いで行われたが、その大半が無残な失敗におわった。南昌蜂起部隊もほどなく南昌を明け渡して南下し、国民革命発祥の地たる広東で再起を図ろうとしたが、そこにたどり着くまでに将兵は四散し、壊滅してしまった。共産党の農村部での蜂起のうち、かろうじて生き延びられたのは、毛沢東らが起こした蜂起（秋収蜂起《しゅうしゅう》）の残存部隊が一九二七年秋にたどり着いた湖南・江西の省境地帯の井崗山《せいこうざん》などごく一部だった。井崗山には、朱徳《しゅとく》の率いる南昌蜂起部隊の敗残兵がやがて合流、こうして農村を舞台とする共産党の新たなスタイルの革命運動が始まることになる。当然、もはや国民党の旗を使う必要はなく、かわって掲げられたのは独自の政権「ソヴィエト」を樹立するという「蘇維埃《ソヴィエト》革命」だった。

共産党が農民運動に取り組み農村で活動することは、それまでにもなかったことではない。初期には彭湃や沈玄廬《しんげんろ》のように、出身地の農村で農民に働きかけをした人物もいたし、北伐時期にはさらに大がかりな農民運動を組織してもいる。それに対して、一九二七年以降の農村での活動がそれまでの運動と異なるのは、党員（党組織）が武装して農村社会に入り込み、そこに自前の政権を打ち立てたことである。その政権の名称が「蘇維埃」である。ちなみに、秋収蜂起を起こす前にも毛（当時、中共中央候補委員）は、農民武装の可能性について言及して「山に上る」ことを提起し、「山に上れば、軍事力の基礎を造り出すことができる」と発言していたし、武漢で開かれた「八七会議」でも、「政権は鉄砲から生まれる」ことに注意せよと述べ、在地の土匪《どひ》や会党《かいとう》といった農村のアウトローたちを積極的に取り込むべきだ、とも述べていた。毛が井崗山に行ったのはまさにそういうことだった。

井崗山に入った毛沢東は、在地の緑林《りょくりん》の親分連中を取り込むことでそこに根を下ろした。緑林とは、山林などに拠《よ》り、官吏や土豪に対抗した武装集団・群盗のことであり、しばしば「打富済貧《だふさいひん》」（富める者から奪い、貧しい者に施す）を掲げて義挙を行い、他方で盗賊まがいの行動に及ぶこともあれば、官憲に代わって村々を支配することもあった。井崗山でいえば、在地の首領格の王佐《おうさ》、袁文才《えんぶんさい》らの一党は時に「馬刀隊」を名乗り、時に「農民自衛軍」を名乗った。このような自治とも無法とも言える集団が当時の中国農村部の至るところで見られたわけだが、その背景をここで簡単に説明しておこう。一九世紀から不安定期に入った中国社会のありようが、共産党に生き残りと、のちの勝利をもたらす土壌となるからである。

一八世紀後半以降、対外交易による銀流入の激増によって、史上まれにみる繁栄を遂げた清朝乾隆《けんりゅう》期の中国は、一九世紀はじめごろから深刻な景気後退局面に入った。それまでの繁栄を支えてきた銀が国外に流出する一方、好況に伴って激増した人口の圧力が内陸地の山間部などへの移住、開墾を通じて、先住民と漢族移民との摩擦、さらには新開地での治安悪化を生み、内陸発の反乱が頻発する状況を招いた。元来が経済・金融にほとんど介入しない清朝にあって、通貨発行や経済活動の信用保証から徴税・治安維持に到るまで、社会の多くの活動が民間業者、あるいは地域の有力者や同業団体に委ねられていたが、大小の反乱や騒擾《そうじょう》が相次ぐと、民間に任されていたそれら経済と社会の管理が土台から揺らぐようになったのである。

かくして、国家から地方に延びてくる権力がほとんどの民事に無関心だったため、社会の治安にほころびが出てくると、地方農村では、大小さまざまなレベルで、自衛をはかる動きが広がった。村々が武装し、あるいは自警団（団練）を組織し、あるいは用心棒とも顔役とも言えぬ連中が幅を利かすようになった。そこへ白蓮《びゃくれん》教徒の乱（一八世紀末）、太平天国の乱（一九世紀半ば）、義和団事変（二〇世紀初頭）といった大規模な反乱や戦乱が繰り返しやって来たから、その大波が寄せて来るごとに多くの刀剣、銃砲が在地社会に溢れかえり、個人が、家が、そして一族が、日々その競争の中で、他人を出し抜き、少しでもよい条件で生き抜こうと必死だったのである。

ひとことで言えば、治安が悪いのに政府は何もしてくれない、コミュニティの絆は弱いのに個々人の競争は激しく、使い捨ての人的資源はいくらでもあるという、ある意味非常に危険な社会が中国農村部にはどこまでも広がっていたのである。清朝のころの郷村《きょうそん》であれば、官憲の力は及ばぬとしても、科挙制度のもとで権威を与えられた名望家（郷紳《きょうしん》）がまだしも統制力を保っていたが、民国に入りその名残もなくなっていくと、基層社会全体がいわば「液状化」していったのだった。

孫文はかつて、凝集力も団結精神も持たぬ中国民衆のさまを「バラバラの砂」（一盤散砂）と評したことがある。かれの言うところは意識レベルの話だが、そのバラバラさは生来の気質というよりも、社会の様態に起因して生成したものであった。その意味では、共産党は、紐帯《ちゅうたい》のかなりゆるい農村社会に、やすやすと侵入できたわけである。共産党の組織力や軍事力は、今日の目から見ればまだ牧歌的なものであったが、大小さまざまなレベルで頻繁に行われる会議や文書伝達を通じて、上部下部組織が連絡を取り合うような集団は、相当に堅固な組織体として、もうそれだけで農村を掌握するのに十分であった。

同じく革命政党といっても、国民党の場合、その組織力や上意下達のツリー構造は、共産党には遠く及ばなかった。後のことになるが、共産党に敗れて台湾に逃れた蔣介石は、「共匪」に負けた要因をさまざまに分析し、反省しているが、国民党が組織としての凝集力において、決定的に共産党に劣っていたことが最大の原因の一つだと述べている。軍は確かに掌握しており、それもかなりの大軍だったのに、共産党に勝てなかったのは、国民党の組織が弱く、軍や民衆を動かせなかったためだという蔣の反省は、敗軍の将自身の弁として、傾聴に値しよう。

ちなみに、組織あるものに対する共産党の警戒感は、今日においても尋常ならざるものがある。例えば「法輪功《ほうりんこう》」に対する異常なまでの徹底弾圧は、単にそれが「邪教」を振りまいて民心を混乱させているという理由だけでなく、それが共産党の組織の中に密かに食い込むほどの、かなり堅固な組織体を持っていることが、かれらの警戒を呼ぶのである。中国社会における「組織」の効用と恐ろしさをとことんまで知り尽くしている共産党ならではの本能的警戒であろう。

さて、話を一九二〇年代末にもどすと、その組織の原理を軍に持ち込んだものこそが、軍は党と民衆のためのものだということをわかりやすく表現した「三大紀律　八項注意」である。三大紀律とは、「一切の行動は必ず指揮に従う」「人民のものは絶対に奪わない」「土豪から取りあげたものは独り占めせず、みなのものにする」というごく単純なものである。裏を返せば、こうした簡単な紀律さえ、それまでの兵隊や緑林は守っていなかったわけで、それら言わずもがなのことを周知徹底させることが、兵隊を「組織」に変える第一歩なのである。

農村への組織的浸透と並行して行われたのは、軍隊と取りこんだ在地勢力に依拠して、地主の土地を没収して貧しい農民に分け与えるいわゆる「土地革命」である。共産党自身の語りでは、通常この「土地革命」によって農民が立ち上がり、かれらが党と軍に加わるというストーリーが描かれるのだが、ことはそんなに簡単ではない。農村をおおう「同族」「血縁」といった伝統的秩序は、共産党の組織的浸透をはねつけるほど強固ではなかったとしても、土地の再配分によってただちに解体・再編できるほど脆弱なものではなかった。その上、農村で土地革命が行われたとしても、共産党がその地を離れるようなことがあれば、革命の果実なるものは、たちどころに失われてしまうどころか、報復さえありうる。共産党はよその農村へ行くことができても、土地はよそには持って行けないのだ。

さらに言えば、農村に盤踞《ばんきょ》する共産党に対して、国家の統一と建設を掲げる国民党（国民政府）はたびたび包囲討伐を行ったから、農村根拠地の領域は変動常なく、最も安定していた根拠地ですら、共産党の統治が行われたのは、四年ほどに過ぎない。この短い期間で、土地革命の推進が農村の既存秩序の解体や紅軍への農民の参加を生み、紅軍の拡充が支配領域の安定化とさらなる拡大につながるという段階にまで達することは、ほとんどなかった。むしろ、初期においては、見せしめのための悪徳地主や内通者の処刑といったむき出しの暴力によって、まずは人々を恐怖で服従させ、その暴力に呼応する若者が現れるのを待って、かれらを在地の指導者に抜擢《ばってき》していくという旧来の反乱者のやり方が幅を利かせたのである。

もちろん、貧しい農民の中から基層の活動家が出てくる場合もあるが、その数は決して多くはない。共産党の革命運動に最も積極的に呼応したのは、中等学校レベルの青年男女、特に経済的に没落しつつあった中小地主家庭出身の若者である。民国の教育を受けたかれらは、さほどの抵抗感もなく革命思想の影響を受け、共産党に加わった。前にも書いたが、共産党の運営は、上は中央から下は末端細胞まで、会議と文書主義である。そんな仕組みの中にあって、貧しく実直であっても、字も書けないような貧農は党の実務をこなすことができない。勢い、そうした仕事は若者が担うことになるわけである。

毛沢東が一九三〇年に江西省南部の尋烏《じんう》というところで行った農村の社会調査によれば、文字を知っている者の割合は、いちおう四〇％ということになっていたが、その内訳は次のようなものだった。

「二百字知っている」二〇％
「記帳できる」一五％
「三国〔三国志演義〕が読める」五％
「手紙が書ける」三・五％

「文章が書ける」一％

識字の目安として、「三国志演義」が挙がっているのは、当時の庶民の読み物のレベルを知る上で面白い指標であり、毛沢東の工夫のあとがうかがえる。それはさておき、現在の中国では、小学校卒業までに習得する漢字が約三千字であるから、この調査でいう「二百字知っている」や「記帳できる」では、とても字を知っているレベルではないということになる。「手紙が書ける」「文章が書ける」、この五％に満たない農村の知識人が基層の党組織と活動を支えるわけで、そのあたりが秘密結社とはいっても、「会党」のような中国既存のものとはレベルが違うのである。もっとも、農村の構成員が一般的にいって、上記の数字のようにほとんど字を読めない層からなる以上、共産党員たちは農民たちに対し、党の掲げる方針や政策を文字ではなく、時に大胆に簡略化したスローガンによって、時に講談など語り物に似たふるまいによって伝達せざるを得なかった。農民に対する影響が、党や紅軍といった組織よりも、むしろこうした大衆伝達に長《た》けた個々の指導者への忠誠につながる傾向があったゆえんである。

農民革命や遊撃戦といえば、なんと言っても毛沢東が有名だが、かれのほかにも、党創立期からの古株である張国燾《ちょうこくとう》、任俠映画さながらの胆力で数々の修羅場をくぐり抜けた賀龍《がりゅう》、陝西《せんせい》のロビン・フッドの異名をとる劉志丹《りゅうしたん》など、こうした面々がそれぞれ各地の反乱を率いて革命根拠地を切り開いた。根拠地ごとにそれぞれ若干の差異はあるが、ほぼ同様の過程で、似たような構造の根拠地がいくつもできたということは、農村革命の成功が、毛沢東による卓越した指導といった個別の革命家の思想や技量といったものだけに導かれたものではなく、中国の各地の農村に共通する社会構造にある種の働きかけをすれば、同じような結果（成功）が引き出せたということを意味しよう。それらの取り組みを大ざっぱに概括したものが、いわゆる毛沢東思想なのである。

さて、こうしてゲリラ戦と土地革命を展開し、政権樹立に至った場所、すなわち「革命根拠地」（ソヴィエト区）は一九三〇年三月までに、大小合わせて約十五、紅軍約六万余、銃器約三万挺を数えるまでになった。この成果の上に設立されたのが、農村政権の集合体たる中華ソヴィエト共和国とその臨時政府である。臨時政府は江西省南部の町・瑞金《ずいきん》に置かれた。井崗山で力を蓄えた毛沢東らの集団（共産党内部では工農紅軍第四軍という名称だったが、世間ではその首領の名をとって「朱毛軍」と呼ばれた）は、一九二九年はじめに井崗山から江西省南部へと打って出、以後一九三一年秋までに同地域に広大な根拠地を切り開くことに成功した。それを受けて、一九三一年のロシア革命（十月革命）記念日に合わせて、臨時政府を立てたのである。

臨時政府主席は毛沢東、副主席には項英《こうえい》と張国燾（張は当時、遠隔地の鄂豫皖《がくよかん》根拠地――湖北・河南・安徽《あんき》の省境地帯――にいた）が、そして軍事委員会主席には朱徳が、それぞれ就任した。支配下の人口は、鄂豫皖根拠地（三五〇万人）などを合わせて、約一千万である。四億を超す全人口に対していえば、ごく小さい「国」であり、またその領域も絶えざる戦闘と移動のために一定せず、結果的には三年で潰《つい》えるのだが、同時代の世界を見た場合、これがロシア革命とは異なる、農村武装割拠という革命運動の結果として成立したことの意味は決して小さくはない。

また、この「共和国」は国の運営システムにおいて、現在の中華人民共和国に引き継がれる共通点をいくつか持っていた点で、そのひな形と呼んでもよい。例えば軍隊である。共産党が軍事

図2—1

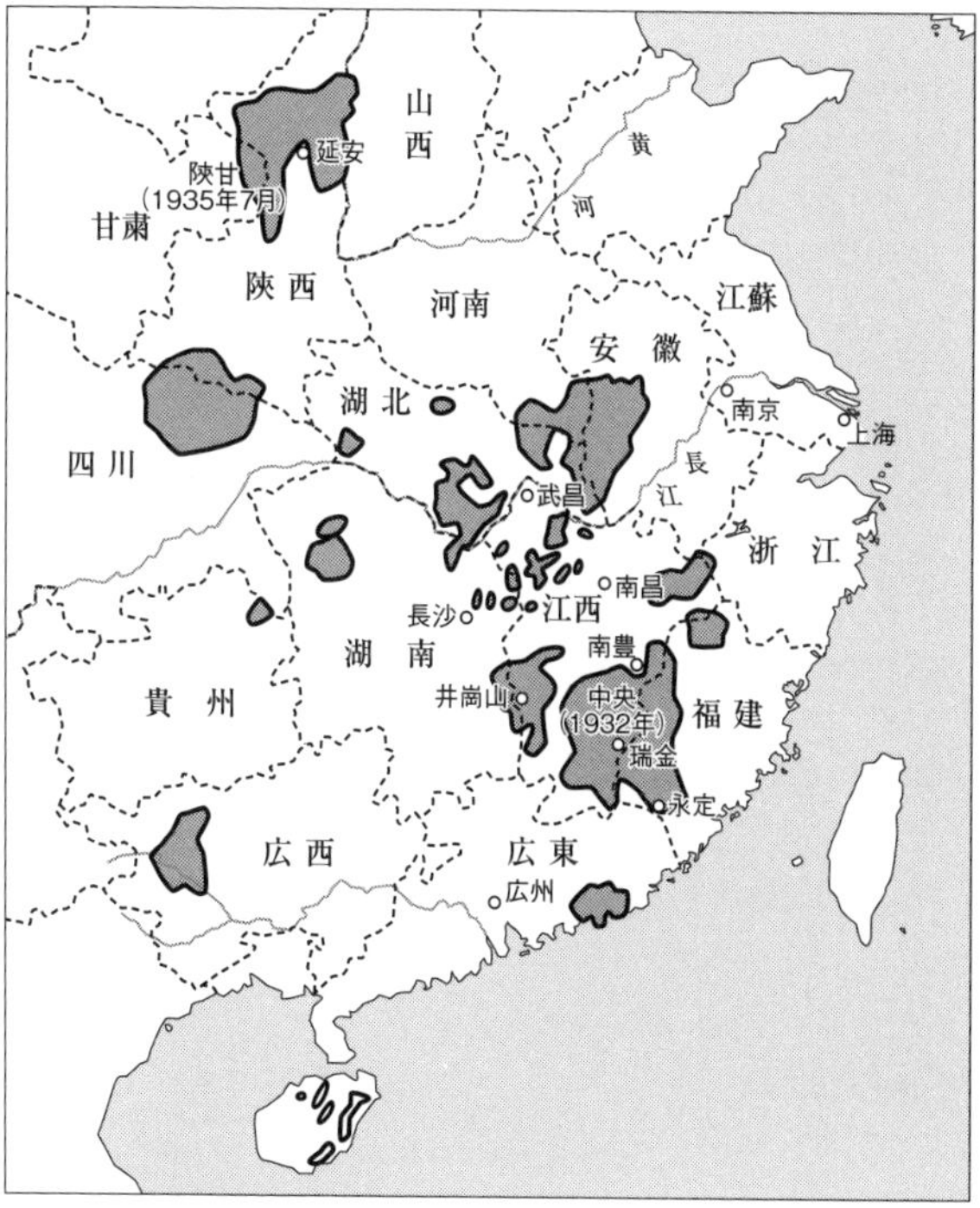

共産党の革命根拠地地図（1928～35年7月）

力を持つようになるのは、国共合作の崩壊後のことで、その軍は中国工農紅軍、略して紅軍と呼ばれた。紅軍は共産党の軍隊であり、党の命を受けて戦う存在である。ソ連の赤軍をモデルとしているので、紅軍にはコミッサール（政治委員）に相当する「党代表」がいて軍を指導する。具体的に言えば、作戦・戦闘の命令書には党代表の副署が必要で、それなくして軍司令官（軍人）は軍を動かすことができない。これは軍に対する政治（党）の優位性を保証するものだとされ、今日の人民解放軍でも「党指揮槍」（党が鉄砲を指揮する）の原則は健在である。前述の「朱毛軍」にしても、毛沢東は軍司令官ではなく党代表であり、その立場で司令官の朱徳と協同して軍を掌握した。ほかのポスト以上に毛が「党代表」にこだわったのは、それこそが軍に対する指揮棒だからである。

ついで知っておくべきは、軍の党・国に対する両属性とも言うべき性質である。紅軍は党の軍事力として始まったものだが、共産党が政権をたて、「政府」（国家）を持つようになると、その軍の統属が問題となる。軍は党のものか、国のものかということである。予算で言えば、軍事費（国防費）は政府が負担するが、軍令系統については党がつかさどるというズレを解消する方法として、共産党は一九二八年五月の「軍事大綱」という文書で、党軍事委員会のメンバーは同級のソヴィエト軍事委員会のメンバーを兼ねるという規定を提示している。つまり、党の軍委と政府（政権）の軍委は同じメンバーからなるわけで、これを中国では「人馬ひとつに看板ふたつ」（一套人馬、両塊牌子）と称す。今日、「中国軍」と呼ばれるのは「人民解放軍」のことだが、現在でも上記の仕組みは変わっていない。政府に「国家中央軍事委員会」があり、それと同じ構成員からなる「党中央軍事委員会」の両方が軍ににらみを利かせているわけである。中央レベルでこの両属的な仕組みが確立したのが、ソヴィエト共和国時代であった。

そして今ひとつ、のちの人民共和国成立時の方針と類似しているのが、国家・政府に対する共産党の指導的地位を明文で規定しないということである。ソヴィエト共和国が共産党によって樹立され、その政権が事実上党の指導下にあることは明らかでありながら、共和国の総方針として制定された「憲法大綱」では、政権の性質が労農民主独裁であり、すべての勤労大衆を代表すると規定されてはいたものの、共産党に関する条項、例えば共産党の国家・政府に対する指導を謳うような規定はなかった。これと同様の方向性は、一九四九年の人民共和国成立のさいの基本的政策合意書たる「共同綱領」にもうかがえるし、一九五四年に制定された憲法でも、条文自体に共産党の指導的地位が明記されることはなかった。党がイコール政権ではないことが意識されていたと言えよう。

一方で、国家体制の構想で受け継がれなかったものもある。例えば、中央と地方の関係について、ソヴィエト共和国は連邦制をとると規定し、領内の少数民族の自治権のみならず、中国を離れて独立する自決権さえ認めていた。辛亥革命期以来、中国の支配を離れてその帰属が問題になっていた外蒙古については、その独立を無条件で認めるとも規定している。共産党は第二回大会（一九二二年）で将来における国家構想として連邦制を掲げ、少数民族に対しても大幅な自治権を認めており、それがこの中華ソヴィエト共和国でも継承されたと言えるだろう。連邦制や民族自治の方針は、同時期のソ連にならったものだったが、外蒙古の独立承認は、そこから当然に導かれる結論であるとともに、ソ連による外蒙古（モンゴル人民共和国）の切り離しを事実上追認するものでもあった。もっとも当時の中華ソヴィエト共和国の実質的主権は内陸地域に限定されており、かつ領内には少数民族はほとんどいなかったから、この規定は共産党に不都合をもたらすものではなかった。

のちの人民共和国樹立（一九四九年）の時点になると、民族自治の考えは大きく変わり、いわゆる「民族区域自治」へと転換し、民族自決権は否定されるようになる。これは一九三〇年代以降、いわゆる少数民族の自治・自立の運動が容易に外国勢力の利用するところとなり、現実問題として少数民族の独立に名を借りた領土・主権の喪失が頻発したからである。満蒙独立運動と結託した日本の大陸拡張政策はその見やすい例だといえるだろう。

ちなみに、このソヴィエト共和国の成立のほんの少し前に起きた満洲事変への対応として、建国したばかりのソヴィエト共和国は一九三二年四月に日本に宣戦布告（対日戦争宣言）しているが、中国内地にあるこの「国」が日本軍と戦うことは現実問題としてまったく不可能であり、かつその「対日戦争宣言」の内容にしても、「日本帝国主義と直接戦うためには、まず……国民党の反動的支配を打倒しなければならない」というロジックになっていたから、体のいい看板にすぎないといってよい。いわば当時の蔣介石が内外政の政策順位として唱えていた「安内攘外《あんないじょうがい》」

（まず内を安んじ、しかる後に外〔外来侵略者〕を打ち払う）と実はよく似た思考回路だったわけである。

このように、一九三一年に樹立されたこのソヴィエト共和国は、プロト人民共和国としての要素を多く持っている。むろん、かたや戦間期に敵対勢力に囲まれた内陸地域に樹立されたものであり、他方は冷戦体制の中、国民党政権を打倒して全国支配を視野に入れた時期の施政文書であるから、単純な比較はあまり意味を持たない。しかしながら、中華ソヴィエト共和国は、長らく毛沢東の不遇時代（すなわち左傾路線によって革命運動が危機に陥った時期）と重なるために、全般的研究も評価も十分になされてこなかった面があり、共産党の政権党へ向けた国家像や統治理念を知るうえで、まだまだ検討されるべき課題が多く残っていると言うことができる。

江西省南部の根拠地を含め、共産党の革命根拠地のできた場所は、地理的に言えば、その多くが省と省の境や辺鄙《へんぴ》な山岳・沼沢地帯であったが、既存権力の支配との関係から見れば、省政権と土着支配層の矛盾を抱えた地区（江西）、大小の軍閥による混戦が続いていた地区（福建・四川）にほぼ限定された。それゆえ巨視的に見れば、国民政府による統一化政策が進めば、革命根拠地はそれに反比例する形で、次第に存立の条件を奪われるという構造にあったと言ってよい。

実際、国民政府は一九三〇年代前半には都市部での共産党の活動をほぼ壊滅状態に追い込み、農村部でも軍事掃蕩《そうとう》（包囲して殲滅《せんめつ》するという意味の「囲剿《いそう》」という言葉が使われた）を規模を拡大しつつ進めた。その間、国民党内部の武力騒乱や日本軍の侵略（満洲事変、第一次上海事変）への対処のため、共産党囲剿が失敗・中断するということもしばしばあったが、満を持した国民政府の囲剿戦が一九三三年に始まると、最大の根拠地もついに放棄のやむなきに至った。この間、根拠地建設で成果を上げた毛沢東は、その独善的指導スタイルを嫌われて、一九三二年秋以降、党・軍の指導権を剝奪されていた。代わって留ソ派の幹部や実務派の周恩来、あるいはソ連から派遣されてきた軍事顧問らが柔軟性を欠く用兵をしたため、根拠地失陥に陥ったとは、公式中共党史の評価である。

だが、正面だけで四〇万、後備も含めれば一〇〇万の軍を動員して一九三三年秋にはじまった蔣介石の第五次囲剿戦にあっては、仮に毛沢東が指揮をとったところで、それをはね返すのは至難であっただろう。国民党は「軍事三分、政治七分」の方針のもとに、農村の連帯責任制（保甲《ほこう》制）を布いて周辺の農民を紅軍から引き離し、経済封鎖（塩や医薬品など）によって根拠地を締め上げており、一方それまで四度にわたる囲剿戦によって疲弊していた根拠地には、動員令に応じられるだけの力は残っていなかったからである。いわば、「汁を搾りきってしまったレモン」の状態となった根拠地防衛戦における敗勢は、毛沢東お得意の「敵を深く誘い込む」戦術を駆使したところで、到底挽回できるものではなかったであろう。

コラム④ 共産党と軍歌――《三大紀律 八項注意》

革命歌と軍歌が似た曲のつくりになっていることは、よく知られている。先の《インターナショナル》のように、最初から革命歌として作られた歌は欧米にはあるが、中国や日本といった革命後進国では、自前の革命歌を作るほどの余裕はなく、また優美、高尚な歌を作っても、肝腎の労働者や庶民が歌えないのではどうしようもない。そこであみだされたのが、人気のある軍歌や民謡の歌詞を革命的なものに替えるいわゆる「替え歌」である。日本では、例えば《メーデーの歌》という労働歌があるが、これは《歩兵の本領》という軍歌のメロディを借り、歌い出しを「聞け万国の労働者　とどろきわたるメーデーの　示威者《しいしゃ》に起る足どりと　未来をつぐる鬨《とき》の声」とした替え歌である。

事情は中国も基本的には同様である。人民解放軍の前身である紅軍について定めた軍紀に、「一つ、一切の行動は必ず指揮に従う」に始まる最重要事項三つと、関連して厳守しなければならない注意事項八つを具体的に列挙した規定「三大紀律　八項注意」があることは、本書九八ページで紹介したが、この軍紀は一九三〇年代半ばに節をつけて歌われた。今も、人民解放軍の代表的軍歌としてパレードなどでは必ず演奏されるし、軍人はみな歌える。当時の共産党の活動地域は農村、兵士の多くも農民出身だから、かれらが歌えるようにするには、もとからある曲を使うのが手っ取り早かったのであろう。

ただし、この《三大紀律　八項注意》も、何かもと歌があることは間違いないのだが、それが

軍事教練を終えて整列する紅軍部隊（1932年）。

何なのか、論争が続いている。共産党の農村根拠地の一つがあった湖北省の民謡だという説もある一方、東北の軍閥張作霖《ちょうさくりん》の軍で歌われていた《大帥練兵歌》だという説もある。さらには、清末にドイツ式軍隊教練と合わせて導入された《ヴィルヘルム練兵曲》（独皇威廉練兵曲）がもとになっていると、まことしやかに言う者もいるが、実際には当時のドイツ・プロイセンの軍歌には該当するものはない。そもそも《三大紀律　八項注意》は行進曲だが、西洋音楽の七音階とはまったく異なる五音階なのだ。

　この歌の起源を探して一九七〇年代末に民謡や古い軍歌を採集する調査が行われた際に、古老が歌った歌の中に、よく似た節回しの歌が見つかった。それが湖北の民謡や《大帥練兵歌》なのだが、そもそもそれらの歌は楽譜が残っているわけではなく、現地の古老が記憶を頼りに歌ったものを記譜したに過ぎない。つまりは、彼らは昔の歌を思い出して歌ったつもりでも、人民共和国で頻繁に歌われた《三大紀律　八項注意》が記憶の上層に上書きされていた可能性が否定できないのである。中国共産党によって強力に拡散・宣伝された結果、替え歌の方がもと歌の存在を消し去るほど、圧倒的に普及してしまったと言ってよいだろう。

「紅軍」の象徴の歌としてあまりに有名になったため、《三大紀律　八項注意》はその歌詞の生成についても、議論が起こった。歌詞は共産党の軍事活動思想をたどる上でも極めて重要な歴史文献であり、いつ誰がどういう内容で軍の紀律徹底をはかったのかという功績や評価に直結するからである。「八項注意」はもと「六項」だったらしいが、その変遷や内容変化を詳しく追えるだけの資料は残っていない。元来があちらこちらの根拠地でアレンジされながら歌い継がれた替え歌だから、むしろ当然であろう。人民共和国になって歌詞が統一される一方、毛沢東の生前は、「三大紀律　八項注意」はすべて毛の功績とされたが、今は歌詞の変遷や定型化に寄与した在地の活動家の貢献も知られるようになっている。

この歌は国家指導者となったのちも毛沢東の愛唱歌だったようで、一九七三年一二月には、中央政治局会議で、文革初期の失脚状態から中央に復帰したばかりの鄧小平らを前に、歩調を一致させて活動するよう求め、そのさいに毛が音頭をとって皆で《三大紀律　八項注意》を合唱している。かれが人前で歌ったのは、これが最後だった。

2　長征――党自立への転機

戦局が絶望的となる中、共産党は中央根拠地（江西省南部）からの撤退を決定、一九三四年一〇月上旬に党中央が瑞金を撤収した。同時に、紅軍の基幹部隊である第一方面軍の八万余りが西へ向けて移動を開始した。世に言う「長征」の始まりである。今日、中国自慢の宇宙ロケットにその名を冠し、他方で毛沢東と共産党史の神話として語り継がれる「長征」は、根拠地撤退後のまる一年にわたる大行軍（「二万五千里の長征」と称される）のことである。ただし、当初は当面の軍事的窮状を打開するための「戦略的転進」として始まったもので、具体的な目的地を設定して開始されたものではなかった。「長征」の名も事後につけられたもので、包囲網を突破した直後には、湖南省北西部にある別の根拠地への転進を目指し、それゆえ「西征」と呼ばれた時期もある。この間、紅軍将兵の大半には、戦略的見通しは示されなかった。

最初の包囲突破こそ順調にいったものの、印刷機、無線機をはじめとして、大量の機材を運搬しながら西進する大部隊は、たちまち広西省北部の湘江《しょうこう》の封鎖線で捕捉され、大打撃を被った。瑞金を出発してわずか二カ月の間に、兵力は三分の一に激減したと言われている。湖南北西部への進軍は断念され、年の改まった一九三五年一月初め、紅軍は貴州省北部の遵義《じゅんぎ》にたどり着いた。そして、その遵義で開かれた党の中央政治局拡大会議（地名にちなんで遵義会議と称される）にお

図2—2

遵義会議を描いた油絵（部分、1997年作）。毛沢東をはじめとして、後年有名になる共産党の主な指導者たちはすべて描き込まれている。

いて、毛は根拠地の喪失とその後の敗走の責任を追及して、従来の指導体制を批判、党の指導部に返り咲いた。これによって「毛は共産党と紅軍に対する指導権を確立し、以後共産党は正しい指導の下、革命の勝利へと進んでいく」。これが中国で定式化された毛沢東と遵義会議をめぐる説明である。

実際の毛沢東の権威確立は、遵義での一回の会議で劇的に実現したものではなく、長征全般、さらにはその後に時間をかけながら次第に確立していったものである。だが、この長征の過程において、共産党内部での意思決定の仕組みに大きな変化が生じ、結果として長征が共産党の自立を促す大きな転換点となったということはできる。それまで共産党の指導部は上海、あるいは根拠地から無線によってコミンテルンと連絡をとりあい、そのやりとりを通じて重要事項を決定・確認していたが、長征開始後ほどなく、大型通信機の遺棄を余儀なくされた。かくて、一年半ほどの間、モスクワとの連絡手段を失った共産党は、コミンテルンの意向を離れて、すべてを自主的に判断し決定するという、かつてない状況に置かれることになったわけである。

遵義会議はそうした状況のもとで開かれ、党の人事という大きな問題を自分たちで解決したのだった。毛沢東は晩年までこの遵義会議を語るのを好んだ。時にはおのれを救済者たる菩薩《ぼさつ》にたとえ、「つまりは、霊験《れいげん》あらたかな菩薩がいたわけだ。けど、糞溜《くそだ》めに捨てられて、臭いったらありゃしない。けど、長征の途中で遵義会議というのを開いて、ようやくこの菩薩さまが香《かぐわ》しくなったのだよ」とユーモラスに語っている。誰かの指図や権威ではなく、自分たちで決めた指導部であり、自分はそうして選ばれたのだ、その毛の意識が遵義会議に特別な色合いを与えるのである。

遵義会議が行われていたころ、張国燾らの率いる第四方面軍も四川・陝西省境の根拠地を放棄して西進をはじめた。また、賀龍らの紅軍（のちの第二方面軍）も一九三五年一一月に湖南北部の根拠地を出発して長征の途についた。毛沢東の第一方面軍を含むこれらの紅軍部隊は、国民党軍の執拗な追撃とあまたの困難をくぐり抜けながら、最終的には陝西省北部にたどり着き、そこに根を下ろすことになる。その苦難とそれをのりこえた兵士たちの英雄譚《えいゆうたん》については、エドガー・スノー（Edgar Snow）の傑作ルポ『中国の赤い星』に詳しいが、それに書かれていないような党内の紛糾・分裂も生じた。張国燾の党中央への挑戦である。

遵義会議から半年近くが過ぎた一九三五年六月、毛沢東ら中共中央の主要な指導者たちと約二

図2—3

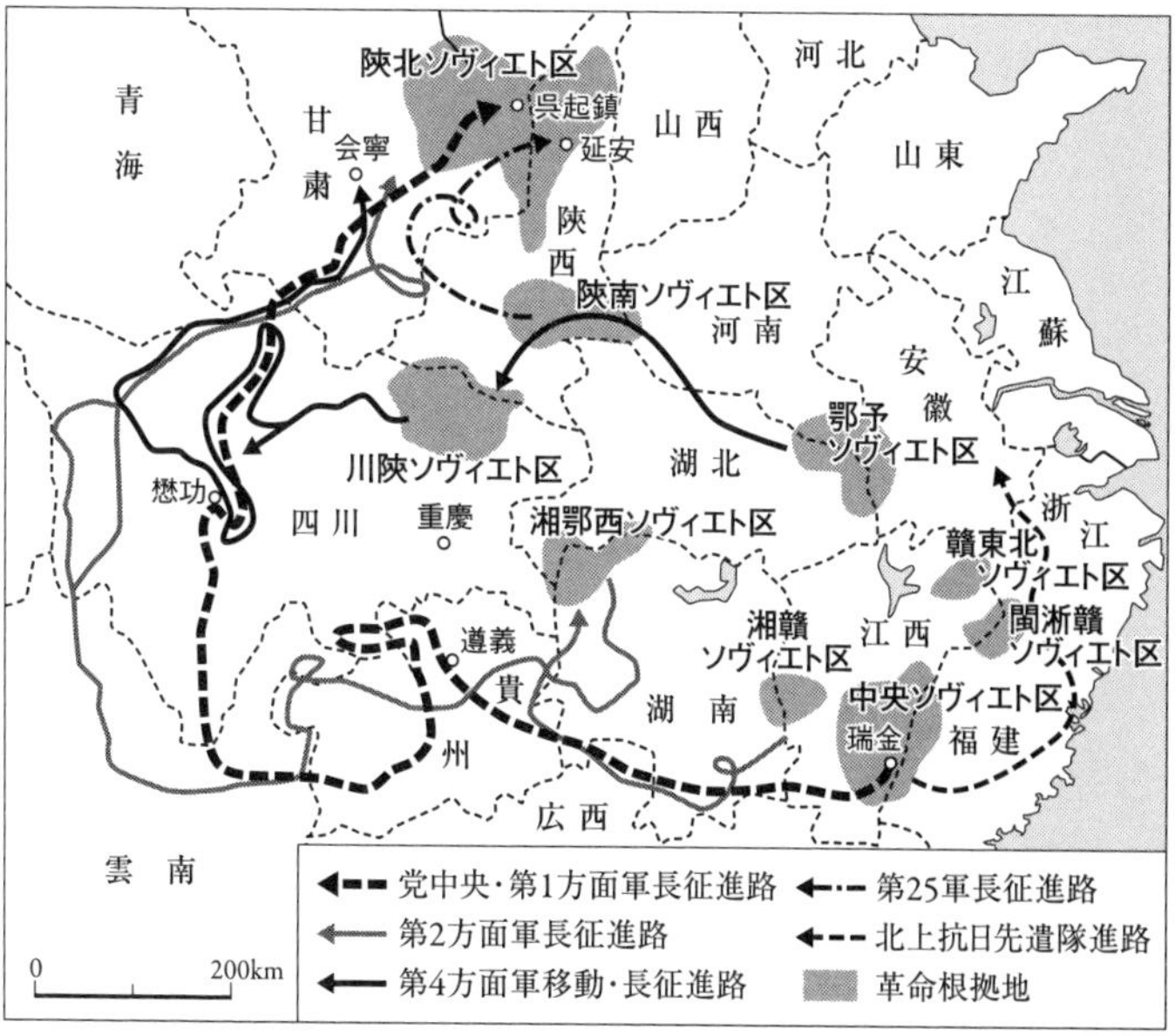

長征関連地図

万の第一方面軍は、張国燾の第四方面軍が待つ四川省懋功《ぼうこう》県に到着し、二つの軍は合流した。この時、張国燾は第一方面軍内部だけの政治局会議であった遵義会議の決定に異を唱えて、党中央の改組を要求し、さらに長征の進路と目的地の設定にも問題提起を行った。張は党創立期からの実力者で、麾下《きか》の第四方面軍は、張に忠誠を誓う八万の大部隊である。長らく別々の根拠地を率いてきたため、毛と張が顔を合わせたのは実に八年ぶりであった。

　北上して抗日戦線の一翼を占め、西北地区に新たな根拠地を築くべきだとする毛沢東らと、四川西部に根拠地を築き、新疆《しんきょう》―ソ連へのルートを開拓すべきだとする張国燾の主張は、真っ向から対立した。九月上旬、北上すべきか否かの議論の決着がつかないまま、毛沢東ら政治局メンバーの多数からなる党中央は、八千の第一方面軍主力とともに強引に北上を開始するにいたる。そして、四川省北部から甘粛省《かんしゅくしょう》を抜け、一〇月一九日に陝西省北部（陝北《せんぼく》）の呉起鎮《ごきちん》に到着、毛沢東の長征はここに完了した。一方、党中央に置き去りにされた張国燾は一〇月、自ら第二中央を樹立する挙に出たものの、国民党中央軍や四川軍の追撃を受けて兵力と威望を失い、その結果、翌一九三六年六月には自らの党中央を取り消さざるを得なかった。党百年の歴史の中で、中央が分裂した事例としては、この張国燾派の行動が最大のものである。その後、かれの軍は、遅れて長征を開始した第二方面軍と合流、陝北を目指すこととなった。一九三六年一〇月、第一・二・四の主力軍は、甘粛省会寧《かいねい》で合流、ここに「大長征」は幾多の伝説とドラマを残して終わったのである。

中共とモスクワとの無線通信が正式に再開されるのは、毛らが陝北にたどり着いて半年ほどした一九三六年六月ごろだが、それはそれでモスクワが再び中共の大小の活動に口出しすることを意味してもいた。西安事変のさいの介入（後述）などはそうしたものだが、ことがソ連の外交などに直接波及するものは別として、中共党内の問題の場合、再び寄せられるようになったモスクワの意向は、もはやかつてのような強い拘束力を持たぬものになっていた感がある。張国燾がらみの共産党・紅軍の分裂騒動の後始末として、中共中央が張国燾を処分する意向をコミンテルンに伝えたときの応酬などはその一例である。

深刻な党内分岐を生じさせた張の行動について、一九三七年三月、毛主導の共産党は張を徹底批判する党内キャンペーンを行うべく、その旨をコミンテルンに無線で通告したが、それはその可否を翌日までに回答してほしいと求める性急なものだった。事実上の事後報告に等しいこのやり方に対し、コミンテルン執行委員会書記局は、張を強く批判する決議を出すことには、党内融和の見地から賛同できないし、そもそも無理な回答期限をつけた照会には問題があると強く反発した。だが、それを無視するかのように、返電の翌日に中共は政治局拡大会議で張の誤りに関する討議を開始、一週間後には「張国燾同志の誤りに関する決議」が採択され、張は党の中枢から完全に排除されたのだった。以前なら考えられない独断決定であり、コミンテルンと中共が、従来のような指導するものとされるものという関係から変化していたことを示している。

ちなみに、共産党の歴史には、通信や情報にまつわる逸話が少なくない。また、「密電」のような事案も比較的多く、党史をミステリアスなものにしている。前述の「五月指示」などはその一例だが、長征途上の張国燾の反逆行動のさいにも「密電」が登場する。北上か否かをめぐって深刻化した党・軍内の亀裂・対立を「解決」するために、張国燾は毛沢東陣営にいた近臣に、毛らが従わないなら「武力解決」も辞すなと命じる密電を送った、つまり張は共産党員の同士討ちというなりふり構わぬ行動に出たが、たまたまその密電を探知した葉剣英《ようけんえい》がいち早く毛にそれを伝え、毛がただちに部隊を率いて出立したため、共産党員同士が戦うという最悪の事態は回避されたという事件である。★1 葉剣英は古参の党員で、のちに毛の死後にも華《か》国鋒《こくほう》と協力して、隠密作戦により四人組の逮捕を指揮することになる。いわば、一度ならず二度までも危機一髪で党を救った英雄である。

もっとも、二度目の活躍はさておき、「武力解決」の密電を探知して毛に届けたという武功は、限りなく疑わしい。中国共産党（紅軍）における通信・情報の扱いは、紅軍時代から非常に厳密で、専門の暗号無線担当要員がいて、いくら党幹部といえども、その電文を窃取《せつしゅ》することは許されないし、できないことになっている。それをやれば、無線要員はもちろんのこと、密電を見た葉剣英も重大な紀律違反で処分され、二度と任用してもらえないからである。それゆえ、張国燾が中共中央の主流派に反旗を翻したことは確かだとしても、それを実行するために、武力行使までしようとしていたとは、簡単には言えまい。

これにかぎらず、００７を地で行くようなストーリーは、中国近現代史や革命史にはしばしば見受けられ、時に研究者ですら、そんな物語を見てきたように繰り返してしまう。それゆえ、話が面白ければ面白いほど、疑ってかかる必要があるわけだが、よく考えるなら、そうした武勇伝が横行するのは、一方で共産党が実際の情報工作について、ほとんど情報や資料を開示しないからである。通信を含め、情報関連の業務は、共産党内部では「機要工作」と呼ばれ、表に出ることこそないが、現実には極めて重要な位置を与えられている。職階によって得られる情報に格差があり、基層の幹部や一般党員には限定的な情報が与えられる。さらに党の外になると、それは機要工作課の管轄ではなく、党の宣伝部の仕事になるように、党組織における情報のとりあつかいは、それ自体が差別的で、秘密主義に傾くことになるのである。

党中央にあってもしかり、とりわけ対外無線交信などは、秘密主義、特権主義の極端な形をとる。現に党中央の指導者とコミンテルンの間の通信を取り扱う部門は、例えば一九四〇年代前半には「農村工作部」（農委）という擬装看板を掲げ、実際には毛沢東のみがそれを利用する権利を持ち、翻訳も党指導者クラスの信頼できる者（例えば任弼時《にんひつじ》）に直接担当させるなど、情報の統制に極力つとめていた。[1] 今日の中国がインターネットの利用をはじめとして、情報の統制に異常なまでに執心するのは、ゆえなきことではなく、党を党たらしめてきた本質的な属性の一つだと言えるであろう。

3　統一戦線と西安事変――党の内外

無線通信による連絡の途絶えた長征の一年半ほどの間には、モスクワでも大きな転換が起こっていた。すなわち、コミンテルンでは第七回世界大会（一九三五年）に象徴される反ファシズム

★1――密電の文面は「武力解決」ではなく、「徹底して党内闘争を展開」だったという説もあるが、密電を手に入れた葉剣英がいち早く毛にそれを伝えたという点は共通している。ちなみに、長征期間モスクワとの長距離無線通信は途絶していたが、紅軍部隊間の無線通信は可能であり、また紅軍の側は国民党軍の暗号をかなり解読できていたともいう。

統一戦線への方針転換が起こり、それまで打倒の対象としてきたブルジョアジーやブルジョア国家と手を組むという方針が提示されたのである。その方針を東アジアに応用すれば、中国に対する侵略の歩を拡大する日本帝国主義と戦うために、国民党をはじめとする政治諸派と協力しあう（抗日統一戦線）ということになる。この年の八月一日の日付で発表されたため、それにちなんで「八一宣言」と呼ばれる文書がその象徴的存在である。[★2] いわば、昨日まで食うか食われるかという不倶戴天の関係にあった国民党と、抗日という一点で再び手を組むべく道が開かれたのだった。

　先に中華ソヴィエト共和国が日本に宣戦してから四年、日本の侵略は満洲国建国、熱河《ねっか》作戦、そして華北分離工作ととめどなくエスカレートしていた。こうした対外的危機に直面する中、国内の青年をはじめとして多くの人々が、国民党と共産党がただちに内戦を停止し、一致団結して抗日にあたることを望んでいた。コミンテルンの選択した反ファシズム統一戦線の方針は、ソ連の安全保障の見地から解釈するならば、西はナチス・ドイツ、東は帝国日本という反共勢力がソ連の深刻な脅威となっていたため、それに対処する外交・国防方針に側面からの支援となることを意図した政策転換だと言うこともできる。だが、中国に向けられた抗日民族統一戦線の呼びかけは、そうしたソ連外交の思惑の次元を超えた共感を呼ぶものであった。

　陝北到着後まもなく、モスクワからの使者によってこの新方針を知った中共中央は、長征出発時とは異なる発想で、異なる生き残りの方策を模索することが可能になった。すなわち、敵対する国民政府からの弾圧や圧力を軍事力によってはね返すのではなく、周囲のさまざまな軍事・政治勢力との関係を調整することによって、つまり政治的手法によって生存を図ることが可能になったわけである。

陝北に到達した共産党と紅軍にとって、抗日統一戦線の新方針にのっとって関係を調整すべき軍事・政治勢力とは、まずもって陝北地域で共産党への軍事掃蕩作戦を任されていた張学良《ちょうがくりょう》とかれの率いる東北軍であった。張はかの東北王の張作霖の長子で、父を日本軍に謀殺されてのち、その跡目をついで国民政府に帰順した青年軍人だが、一九三一年の九一八事変（満洲事変）で地盤の東北部を日本に奪われ、以来中国内地で共産党への軍事討伐を任されていた。陝北にやってきた紅軍との緒戦で大敗し、その手強さを思い知らされた学良は、故地奪回の念もあり、共産党との停戦と一致抗日への政策転換を願っていた。そして願うばかりでなく、実行に移した。一九三六年一二月、共産党討伐の督戦《とくせん》のために西安にやって来た蒋介石の身柄を拘束、武力によって蒋介石に内戦停止、一致抗日を訴えるという破天荒な挙（武力を背景にして諫言《かんげん》するという意味で兵諫《へいかん》と呼ばれた）に出たのである。これを西安事変と呼ぶ。

実はこれより先、張学良はすでに共産党と停戦協定を結んで協力関係を築くのみならず、中共への入党すら申し出ていた。つまりは、軍閥の御曹司《おんぞうし》にして、共産党を撲滅させる職務たる西北

★2———「八一宣言」の正式名は、「抗日救国のために全同胞に告げる書」で、中共中央と中華ソヴィエト共和国中央政府の連名で発出した文書だが、実際の起草と伝播を担当したのは、モスクワの中共駐コミンテルン代表団（王明ら）で、公開媒体に掲載されるようになるのは一九三五年一〇月ごろのようである。

剿匪《そうひ》総司令（代理）の地位にある人間が、敵方の一員になろうと申請していたのである。かれの場合は、思想的に共産主義に染まっていたというよりも、むしろ共産党員となることで、ソ連からの軍事・経済援助を受けたいという実利目的が強かったと見られる。国民政府から十分な軍費を得られなかった東北軍は、経済的にも困窮していたからである。超大物の入党希望を共産党は基本的に受け入れる意向であったが、張をあくまで軍閥型の人物と見ていたコミンテルンは受け入れに反対、結局入党は実現しなかった。

さて、不当なやり方で監禁され、政策転換を強要された蔣介石は頑としてそれを受け付けなかった。事件勃発直後、張からの連絡で事態を把握した中共中央は、モスクワにそれを伝達するとともに、党内で対応を協議した。当初は蔣の処刑や罷免、あるいは南京政府を瓦解させた上での抗日政府の樹立といった強硬論がいったんは大勢を占めたものの、数日後には一転して、南京政府の正統性を認めた上での平和的解決、蔣への説得継続が方針となった。その大きな要因はモスクワの意向である。

かねてより、張の中共への接近を疑念の目で見ていたこともあり、コミンテルンの指導者ディミトロフ（G. Dimitrov）は当初、張の行動を中共との共謀によるものではないかとさえ疑い、「張の意図がいかなるものであるにせよ、かれらの行動は抗日統一戦線の結成を阻害し、日本の侵略を助長するだけ」と述べて、事変の平和的解決を強く主張、『プラウダ』などソ連のメディアも、蔣の安全の保証、事態の平和的解決を望む論評を発表した。他方で、事態収拾の支援・連絡のために西安に派遣された周恩来も、条件次第では蔣介石が説得を受け入れる可能性があることを中共中央に報告、それを受けて共産党も交渉による平和的解決の方針に沿って動いていくことになった。その後さらに、蔣介石夫人・宋美齢《そうびれい》、およびその兄・宋子文《そうしぶん》らの西安入りとその周旋、共産党の使者周恩来らの懸命の説得を受け、蔣も基本的に張学良のもとめに応じることを認め、ここに二週間に及んだ事件は、劇的な平和的解決を迎えたのだった。蔣介石は拘束を解かれ、南京に帰還、その後国内では国共の衝突は基本的に停止されることとなった。かくして中国は、国共両党の武力対決が小休止した段階で、日本との戦争を迎えるわけである。

張学良は蔣介石を解放し、南京まで同行したのち、半世紀以上も軟禁生活を強いられた。その間、何度か歴史家のインタビューを受けているが、自身がかつて中共への入党を願い出たこと、そのことと西安事変の関係については、結局口にせぬままであった。実はこの時期の前後に共産党への入党を申し出た有名人はかれだけではなく、孫文夫人の宋慶齢《そうけいれい》もどうやら共産党の秘密党員であったとおぼしい。孫文亡き後、宋慶齢は革命カリスマの化身として、孫文最晩年の施策「国共合作」の守護者たり続けようとしたふしがあるが、彼女自身は共産主義への信念を胸に秘め、他方でおのれの特殊な立場――国民党といえども容易に手出しできない――を利用して、共産党の活動の庇護《ひご》者となった。彼女の場合は立場が立場なだけに、その党籍は中共ではなく、コミンテルン本部が管理する特殊なものだったと言われている。英語でのコミュニケーションに長じていたこともあり、共産党の対外連絡をサポートする面で、彼女の果たした役割は大きい。例

図2—4

魯迅の葬儀（1936年10月）に列席した宋慶齢。孫文夫人として、一種不可侵・孤高の存在であった。人民共和国では、国家副主席、国家名誉主席をつとめた。

えば、陝北に到達した共産党に取材を行った最初のジャーナリスト、エドガー・スノーの派遣に当たって、彼女はその取材の意向を伝える仲介役を果たし、また西安事変後には、蒋介石拘束時の共産党指導者たちの反応を、スノーに生々しく伝えたりしている。

一九三〇年代前半の中国では、共産党の活動は謎に包まれ、その報道は国民政府の管制もあって、概して悪意に満ちたものだったが、共産主義やマルクス主義が持っていた吸引力は、思想界や芸術・文学界を中心にかなりのものだった。卑近なところでは、マルクスの本が何冊か本棚に並んでいることは、その人が知的活動のできることを示すアイコンでもあり、アクセサリーでもあった。「左翼」はインテリの必須条件だったと言ってもよい。いわば、都市部での党組織は壊滅的状態でありながら、党の影響力は文壇や芸術の分野を中心に、無視できないほどだったわけである。党の存在をカモフラージュしつつ、その主張を巧みに浸透させる手段が、あえて著名人を党外におき、その人の口を通じて党の主張を宣伝するというものだった。例えば、郭沫若《かくまつじゃく》はそのような立場で党の宣伝にあたった文学者である。

郭は若い頃から才気あふれる文芸家、歴史家、詩人として名をなし、一九二七年に入党していたが、党員であることは一九五八年まで伏せられた。すべては、その影響力を活用する上で、非党員（無党派人士）の立場で活動する方が、党の主張を社会に浸透させるのに好都合だという見地からである。一九三〇年代半ばまでは、魯迅がそのような大物だった。魯迅は結局入党することはなかったが、左翼文化陣営のシンボル的存在で、共産党との関係も悪くなかった。一九三六年秋にその魯迅が没したのち、かれに代わる象徴的左翼文化人として党の側が期待、認定したのが郭だったと言われる。

一九三〇年代という大不況とファシズム台頭の時代に、知識人は急速に社会主義へと接近していった。その傾向は世界的なものだった。張学良や宋慶齢の共産党への加入は、共産主義への期待という世界的な広がりを持つ時代思潮を反映するエピソードにほかならない。また他方で、郭沫若の例に見られるように、党の内と外とを巧みに使い分けることによって、共産党は自らの主張をより広く届けることができたと言えるだろう。いわば声が大きく響き、自らを等身大以上に見せる技量を備えていたわけである。その結果、共産党の勢力は常に実態よりも大きく見積もられた。

コラム⑤　作曲家の政治性——流亡《るぼう》三部曲と張寒暉、劉雪庵

一九三一年の満洲事変（中国では発生の日にちなんで、九一八事変とよぶ）以後、日本の中国侵略が本格化し、その軍事圧力が華北に及んでくるようになると、このままでは中国が滅んでしまうという危機感が芸術作品にあふれるようになった。こうした中、郷里を追われて流浪する人々の境遇と望郷の念を素材にした歌に三つの名作が生まれ、「流亡三部曲」と呼びならわされている。《松花江上》、《離家》、《上前線》の三つである。《松花江上》（松花江のほとり）は張寒暉《ちょうかんき》の作詞作曲、後二者は劉雪庵《りゅうせつあん》の作品である。

松花江《しょうかこう》は東北（満洲）の黒龍江省を流れる大河、「ふるさとの我が家は、東北の松花江のほとり　そこには我が同胞や年老いた父母がいる　九一八、九一八　あの悲惨な時から　ふるさとを離れさすらう、さすらう……いつになったら、わが愛しきふるさとに帰れるのか」という歌詞で、事変によって故郷を追われた人々の哀切の情を歌うものだった。一九三六年末に西安で作られ、当時西安に駐屯していた張学良麾下の東北軍に広まり、流亡の身にあるかれらの心を激しく揺さぶったと言われている。張寒暉は共産党員で、一九四六年、わずか四三歳で延安で病逝したが、歌は中国人の心に響く名曲として、その後も歌い継がれた。台湾映画の傑作と言われる『悲情城《ひじょうじょう》市《し》』（侯孝賢《こうこうけん》監督、一九八九年製作）にも使われ、日本支配がようやく終わった台湾で、中国人としての気持ちを昂《たか》ぶらせる青年たちがこの歌を高唱する有名なシーンがある。

一方、《離家》、《上前線》（前線へ）はそれぞれ、流浪の苦しみと日本との戦いを青年に鼓舞す

る歌で、後者では「行こう、友よ」という力強いセリフが繰り返される。一九三七年に曲を作った劉雪庵は当時、抗日音楽家として有名だったが、かれを待っていたのは悲惨としか言いようのない後半生だった。日本軍占領下でヒットした《何日君再来《いつのひきみまたかえる》》がかれの作品であることが問題となったのである。日本でも懐メロでよく知られるこの歌は、もと映画『三星伴月《さんせいばんげつ》』(一九三八年封切)の挿入歌で、主演女優にして「金嗓子(ゴールデン・ボイス)」の異名をとる周璇《しゅうせん》が歌い、さらに渡辺はま子や李香蘭《りこうらん》(山口淑子《やまぐちよしこ》)がカバーし、大ヒットした曲である。ただ、その甘美なメロディやタイトル(「何日君再来」が「賀日軍再来(日本軍のお帰りを祝す)」と読めるといったこじつけ)によって、占領を甘受する亡国の歌というレッテルを貼られることになる。曲はもともと劉がとある音楽パーティーの席上、即興で作ったもので、それを気に入った映画監督が劉に提供を求めたものだったという。

劉は一九四九年以降、大陸に残って音楽教師になったが、亡国の歌の作曲家として一九五八年に「右派分子」とされて教職をとりあげられ、文革がはじまると「労働改造」に送られた。文革が終わり一九七九年に一応の名誉回復がなされたが、その時かれは過酷な待遇がもとで、すでに両目を失明していた。その間、《何日君再来》は、日本などで歌い継がれた末、テレサ・テン(鄧麗君)によってカバーされ、改革開放政策の中で中国にも広まっていったが、おりから一九八〇年代初めの「ブルジョア自由化」「精神汚染」反対キャンペーンの中で、名指しで「黄色音楽」(いかがわしい音楽)の代表作と非難され、国外からそのカセットやレコードを持ち込むことは、禁止されたのであった。

その後、八〇年代後半には「昼は老鄧（鄧小平）の言うことを聞き、夜は小鄧（鄧麗君）の歌を聴く」という小話が出るように、規制はなし崩し的に緩められたが、劉自身は八五年三月に北京で逝去するまで、この歌がテレビやラジオから流れてくるのを聞くことはかなわなかったようである。

4 抗日戦争と遊撃戦――誰が誰と戦うのか

蔣介石による一致抗戦、内戦停止の原則的受諾、そしてその身柄解放という西安事変の平和的解決を受けて、中国の対日抗戦体制はひとまず見通しが立ち、共産党はどのような条件で国民政府（国民党）に協力するかの交渉に入った。独自に建てた国家である「中華ソヴィエト共和国」は当然に取り下げなければならないし、独自の軍隊である紅軍もそのまま保持してよいわけがない。軍の削減やその見返りとしての財政援助をめぐって神経をすり減らす交渉が行われていた中、一九三七年七月に北京（当時は北平《ほくへい》）郊外で日中両軍の衝突が起こった（盧溝橋《ろこうきょう》事件）。北平・天津は七月末までに日本軍の手におち、八月以降戦火は長江下流の上海へ拡大していった。中国の運命も、日本の運命も大きく変えた日中戦争（中国では抗日戦争とよぶ）の始まりである。上海方面では国民政府の精鋭部隊の頑強な抵抗がなされたが、三カ月に及ぶ抗戦の末に上海、そして一二月には首都・南京が相次いで陥落した。

我々はこれが八年におよぶ長き「戦争」の始まりであると知っているが、当時の人々は、上は蔣介石から下は名もない庶民まで、戦争がその後に八年も続くことになろうとは予想していなかった。蔣は持久戦でも約一年と見ていたが、それよりも短期のうちに戦争は終わると見ていた人が大半だった。これに対し、それよりも長い持久戦になる可能性があると見ていた一人が毛沢東である。一九三六年夏のスノーとのインタビューでは、内外の情勢次第では、「非常に長引くことになる」（期間については、この時点では明言せず）だろうと見ていた。

日本との戦争は、中国の人々にとって、一九三一年秋の満洲事変以来の、否あるいは一九二八年北伐時におこった日中の軍事衝突の済南《さいなん》事変以来、耐えに耐えてきた我慢の末に実現した応戦であり、盧溝橋事件勃発直後の抗戦の士気は高かった。共産党にとっても、長らく蔣介石の対日妥協を繰り返し批判し、それによって世論の支持を得てきたという事情もあり、積極的に対日戦の前線へと繰り出し、抗日の主張がダテではなかったことを示す必要がある。ただし、これまで主に国民党軍や軍閥部隊を相手に戦ってきた中共軍の装備や訓練で、果たして歴戦の日本陸軍に立ち向かえるのか、実際に干戈《かんか》を交えることのリスクは決して小さくはなかった。

現に装備・訓練ともに最も充実していた国民政府の精鋭部隊でさえ、投入された上海戦では、多大な死傷者を出し、損耗は著しかった。当時の日本軍の常識では、蔣介石の直系軍一個師（六千〜八千人）に対しては日本軍一個連隊（三千人ほど）で、軍閥系の地方軍一個師に対しては一個大隊（七百〜八百人）で対抗できると見積もられていた。つまり、単純計算で言えば、中共軍は一〇倍ほどの強さの相手に戦いを挑む覚悟が必要なのである。国民政府との関係は徐々に改善され、北平失陥後に国民政府が南京で招集した国防会議に、共産党は周恩来、朱徳らを送り、軍事協力の中身をつめさせたが、共産党の軍隊が国民政府の編制・軍令に組み入れられる可能性がある一方で、どれだけの支援が得られるかは不透明だった。当時の共産党麾下の兵力は約三万、決して多くはないこの兵力をしゃにむに前線での戦闘に振り向けてよいのか、これが抗戦開始時に共産党が直面した現実の課題であり、そうした問題を話し合うために行われたのが、一九三七年八月の洛川《らくせん》会議であった。

会の席上、朱徳や彭徳懐ら軍人の多くが総出撃によって民衆の期待に応えることを主張したのに対し、毛沢東や張聞天《ちょうぶんてん》らは兵力の維持を前提にしたうえで敵の殲滅をはかること、無理攻めは控えることを主張、重点を積極進攻に置くか、温存に置くかで意見が分かれた。単純にいえば、毛らの主張は、紅軍の目的はあくまでも将来の階級戦において全国の政権を奪い取ることであって、一時の激情に駆られて勝利の見込みのない戦いをするのは得策ではないというものだった。あまりに現実的な毛、張らの意見には、多くの指導者から異論が出たが、毛らの意見が当面の方針となった。

その後、国民党側の譲歩によって、共産党の地位の保証や軍費支給が決まるに及んで、紅軍から編制替えした「八路軍《はちろ》」（共産党系部隊の編制名）の一部四千ほどが、林彪に率いられて出陣、三七年九月に国民政府正規軍との協同作戦によって、平型関《へいけいかん》（山西省）で日本軍部隊（補給部隊）と戦い、多数の鹵獲品《ろかくひん》を得る勝利を収めた。この勝利は大きく喧伝されて共産党の士気と人気を高めるのに一役買ったが、同時に毛の懸念が決して杞憂《きゆう》でないことも明らかとなった。すなわち、主に補給部隊を相手にした戦闘でありながら、共産党の側には士官クラスを中心に、四百名もの死傷者（損耗率約一割）が出たのである。仮に主戦派の主張のように、全軍出撃によって日本軍正規部隊と戦った場合、どうなるか……。毛の戦力温存論は姑息なやり方だと批判する声が今でもあるが、それを冷静な深慮遠謀だと見なす解釈もあり得るだろう。

この毛の考えをより深めたものが、一九三八年に発表した「持久戦論」であった。「持久戦論」といえば、日本との戦争が「戦略的退却・対峙・反攻」の三段階を経る長期的なものになるという予測をたて、実際にそのように戦局が進展したことで毛の先見性を示すものとされる。だが、その中で毛が次のように述べていることも忘れてはなるまい。すなわち、戦争の本質と目的とは、「自らを保全し、敵を消滅させる」ことにあると述べた上で、彼我《ひが》の力がかけ離れている場合には、「自らを保全することが基本となる前提」であって、それができないような状態では、敵を消滅させることなど論外だとしているのである。

階級戦（革命）が最終目的であることを忘れてはならないという毛のある種の「革命功利主義」は、共産党は抗戦に不熱心であるという批判を当然に招いた。コミンテルンは「統一戦線」

図2—5

陝北到着後の中共中央の幹部たち（1937年12月）。左から張聞天、康生、周恩来、凱豊（何克全）、王明（1937年11月帰国）、毛沢東、任弼時、張国燾。

の主唱者であったこともあり、中共に国民党に最大の協力をするよう求めたし、国民党は国民党で、共産党系部隊が編制のみならず、戦闘序列においても、国民政府軍の指揮下に入るよう求めた。だが、抗戦が長期化する中で、共産党は独立性の保持にこだわり、容易に国民党に従属しようとはしなかった。すなわち、蔣介石が共産党の合法的地位を認め（第二次国共合作）、共産党の本拠地・延安《えんあん》のある陝西省北部を中心とした地域を、陝甘寧《せんかんねい》辺区（特別行政区）とし、さらに国民政府から財政支援が行われるようになったあとでも、共産党の活動は必ずしも国民政府に縛《しば》られるものではないと考え、国民党との党同士の対等関係、党の独立性だけは決して譲らなかった。かつて「党内合作」で煮え湯を飲まされた第一次国共合作時代の轍《てつ》は絶対に踏まないという姿勢である。

他方、国民党との連携を重視せよという声はコミンテルンからも強く寄せられ、一九三七年一一月末には、その名代とも言うべき大物がモスクワからやって来た。「八一宣言」の起草者、留ソ派の首魁たる王明《おうめい》（陳紹禹《ちんしょうう》）である。長らく駐コミンテルン中共代表を務め、国際的知名度を持つ王明は、統一戦線方針を最大限推進すること、つまり国民党と協同して積極的に戦うことを訴えることによって、兵力温存主義に不満を持つ共産党の主戦派の期待を集めた。さらには南京陥落後に多くの国民政府機関が集まった長江中流域の武漢に駐在し、同地の中共長江局の指導者として、延安の毛らを差し置いて、「抗日最優先論」を吹聴するようにさえなった。ただし、中国での活動経験や人脈でははるかに毛らに劣る王明が党の指導者然として振る舞うことには反発も多く、また国民政府はさっさと政府機関の重慶《じゅうけい》への移転を決めてしまうような体だったため、王の期待したような国共積極提携による抗戦は、他の共産党首脳にも、次第に現実味に乏しいものとなった。

かくて、王明の突出に懸念を持つコミンテルン議長のディミトロフが中共に対し、「指導的機関にあっては、毛沢東を頭《かしら》とする指導のもとで〔諸事の〕解決を行うべきである」というメッセージ（一九三八年九月伝達）を出したこともあり、毛沢東の地位は揺るがぬものとなった。これを受け、直後に開かれた中共六期六中全会（九～一一月）で、毛は初めて党中央を代表して政治報告を行うことになる。党中央委員会総会での政治報告、それは時々の党の指導者が誰かを明示するという意味では一種の「儀式」であり、毛の権威を全党に強く印象づけることになった。

抗日戦争における共産党の主要な戦略は、日本軍との本格的戦闘を避け、その背後に回って補給線を襲撃したり、農村地帯に根拠地を築いて敵を脅かしたりするといういわゆる遊撃戦主体のものだった。この方針は先の洛川会議で確認されたもので、「独立自主の山地遊撃戦」を原則とせよという形で各地の党組織に伝達され、共産党の抗日戦争期の「敵後戦場」での活動、すなわち抗日根拠地の拡大をもたらすこととなった。国民政府に認められた正規の軍事力としては、先の八路軍（三万余り）のほか、華中・華南の紅軍が新編第四軍（新四軍、全軍一万余）に改編された。華中・華南の紅軍とは、長征のさいに根拠地に残され、ゲリラ戦を生き延びた部隊などを寄せ集めたものである。兵員数はその後、戦局に対応して拡充されたため、当初の編制規定を超え、増加の一途をたどった。

抗日戦争期全体を通じて、共産党とその軍のとった作戦行動は、極めて慎重にして限定的なものだったが、これの例外にあたるのが「百団大戦《ひゃくだんたいせん》」である。「百団大戦」の名は、兵力約二〇万（民兵を含む）、すなわち編制単位にして約一〇〇個団（「団」は日本の連隊に相当）を動員しておこなったことによる。一九四〇年夏秋にかけ、華北の八路軍は日本側の不意をつく形で山西から河北にかけての鉄道・通信線・日本軍警備拠点に対して、一斉攻撃を発動し、大きな打撃を与えた（日本側の死傷者約五千）とされている。

だが、近年改めて精査されたデータによれば、この作戦に投入された共産党軍の内実は、相当に貧弱なものだった。まず、その主要装備だが、兵員千人あたりの小銃が平均で二五〇〜三〇〇挺ほど、拳銃が一五丁、機関銃が五、迫撃砲や山砲に至っては〇・五門、つまり兵隊の中で銃器を持っている者は三、四人に一人という有様だった。作戦で消費した小銃弾丸数は五百万発、一挺あたりに換算すると一〇〇発に満たないことになる。これは一日あたりの弾の数ではなく、作戦期間三カ月の数字である。これでどうやれば日本軍に挑みかかれたのか。つまり、八路軍の攻撃とは、火力に頼った攻撃、つまり遠くから砲や銃で打ちかかってくるようなものではなく、秘《ひそ》かに接近し、銃剣や槍、刀で襲いかかってくる近接戦闘が中心だったのである。[2]

図2―6

八路軍指揮官の面々（左より彭徳懐、朱徳、右端は鄧小平、山西省の八路軍総部で、1938年）。

当然に八路軍側の犠牲も大きく、二万を超える死傷者を出している。さらにこの襲撃に衝撃を受けた華北の日本軍は「燼滅《じんめつ》作戦」と呼ばれる報復戦にかかり、抗日根拠地にたいして毒ガス兵器使用をふくむ徹底的な掃討を加えた（いわゆる「三光《さんこう》作戦」）ため、八路軍、根拠地はともに甚大な打撃を受け、中には部隊が半分に、根拠地の人口が三分の二以下に激減してしまったところもあった。当時、共産党側は大きな戦果を上げ、民衆と党の力を示したと喧伝したものの、これが、「独立自主の山地遊撃戦」の方針からはずれたものであることは疑問の余地がない。この作戦の立案と指揮に当たった彭徳懐が、毛の叱責——規模が大きすぎる、期間が長すぎる——を受けたのもいわれのないことではない。

日本との戦争が数年におよび、その帰趨が日中だけでは決められないものになるにつれ、抗戦が次第にある種の日常業務のごときものとなっていくことは避けられなかった。日本軍の存在は、いわば交渉不可能なまま居座り続ける巨大な重しのごときものとなり、それが居つづけるという前提で国内政局全般が推移していくことになったわけである。かくて、共産党や毛沢東の目は、日本軍よりもむしろ、もとのように、あるいは依然として国民党へと向けられることになり、蔣介石の目も同様に日本軍と共産党を両睨《にら》みするものになった。国民政府（国民党）にとっては、日本軍に占領されるのも困るが、共産党にとられるのはもっと困る、日本軍なら将来的に大きな戦争に持ち込んで負かせば追い出せるが、共産党にとられてしまえば、とりかえすのは容易なことではないからである。現に、抗日戦争が対峙状態にはいると、共産党の根拠地は華北の広大な農村地帯を中心に拡大し、一九四〇年には大小あわせて一六カ所、人口四千万ほど、麾下の兵力は八路軍と新四軍をあわせて約五〇万に膨らんでいった。

当然に、抗日根拠地と共産党軍の拡大・増強を警戒する国民党側は、共産党への圧力と批判（抗戦に消極的だ）を強め、命令に従わないと見た場合には、共産党系部隊への武力行使も辞さなかった。一九四一年一月に発生した華中の新四軍への攻撃・武装解除（新四軍事件）などは、その一例である。移駐地を変えるよう国民政府に命じられた新四軍がそれに従わなかったため、国民政府軍に攻撃され、一万近い兵力の新四軍が壊滅してしまった事件で、これを共産党の側は一種のクーデターであると内外の世論に訴えた。

もっとも、つとに国民党への不信感を募らせていた毛沢東は党内の幹部に対し、新四軍の壊滅は、こうした事態への警告をしていたのに、それに耳を貸さなかった同軍の副軍長・項英《こうえい》（事件のさなかに死亡）にも責任の一半があるとして、国民党への警戒レベルをさらに上げるよう訴えた。すでに新四軍事件の二カ月前から、国民政府は共産党の「辺区」への軍費支給を停止していたが、事件後には、「辺区」の軍事的・経済的封鎖をより強化した。軍費支給など辺区外からの援助は、陝甘寧辺区の財政収入の半分以上を占めていたから、国民党による締め上げは、日本軍による掃討戦徹底と相まって辺区を苦境に陥れた。抗戦開始から三、四年がすぎると、誰と誰が戦っているのかは次第に不分明になっていき、戦争は三つどもえのごとき様相すら呈しはじめていたのである。

八年に及ぶ戦争は中国を破壊し、その社会を大きく変えた。日本の中国への影響、関与は古来よりあるが、この日中戦争ほど直接的かつ大きく中国の運命を変えたものはあるまい。では、中国、あるいは中国共産党にとって、日本はいかなる存在だったのか？

中国と日本がそれぞれ西洋に国を開いてのち、中国にとって長らく東の島国でしかなかった日本は、急速に西洋風の近代化を成し遂げ、特に日清戦争後になると、改革をうたう一部の中国の人々にとっては、西洋諸国に伍していく上で手本ともなった。マルクス主義の文献を含め、日本経由で中国に伝わったものは、中国近代思想史の中で大きな位置を占める。戊戌《ぼじゅつ》変法、光緒《こうちょ》新政以来、思想、制度をはじめとして、実に多くのものが、この隣家を通じて中国へと流れ込み、中国の変化や刷新を支えた。この隣人は確かに西洋文明を仲介してくれるありがたい存在ではあったが、同時にまた何にでも口を出し、手を出してくる厄介な存在でもあった。日本人は長年中国文化を摂取し、共通の文明的基礎を持つと自負し、果ては中国人以上に中国を理解しているのは自分たちだ、自分たちが支配する方が中国人には幸せだとまで思っていた。

それが日中戦争という結果になったわけだが、日本の存在は中国ナショナリズムの醸成に大きく影響した。何と言っても、日本軍はそれまでのどの列強よりも広い範囲に、大量に、長期間にわたって、それも単一国による侵略軍として現れた。その存在が中国の人々に圧倒的な印象や反発を与えない方が不思議である。とりわけ、国民党（国民政府）にしてみれば、「南京の十年」と呼ばれる近代国家建設の成果が灰燼《かいじん》に帰した痛手はあまりに大きかった。それも、国家統一の最後の仕上げである共産党征伐があとわずかで成就しようとしていたところだったから、日本との戦争は、そうした努力をすべて水泡に帰してしまったのである。毛沢東は戦後になって、訪中した日本人に対し、「皇軍には感謝せねばならない」と何度か語っている。もちろん、額面通りの意味にとる人はいないであろうが、窮地にあった共産党が生き延びられたのは、抗日戦争ゆえという側面はたしかにあるだろう。

5　毛沢東の党の確立――整風運動の功罪

一九四一年一二月の日米開戦は、中国にとって長年望んだ戦争の国際化がついに実現したことを意味し、中国は日本との戦争の勝利を確信した。これ以後、国共両党、特に共産党の側は、戦後に予想される国民党との対決をにらんだ組織固めに重点を移していくことになる。それまでの「辺区」が次第に「解放区」と呼ばれるようになるわけである。

抗日戦争勃発後、多くの青年が国を救うという熱情に突き動かされて行動を起こしたが、共産党に身を投じるべくその根拠地に赴く者が激増した。特にエドガー・スノーのルポルタージュ『中国の赤い星』（一九三七年秋刊）の影響は絶大で、翌年に刊行されたその中国語版『西行漫記《せいこうまんき》』を読んで感激し、共産党入党を決意したものが少なくない。共産党の党員数は、一九三七年の四万人から四〇年にかけて二〇倍（八〇万人）に激増した。対する国民党は、通常の普通党員のほかに、軍隊党員と海外党員とがいるので、単純には比較できないが、普通党員の数で言えば、同じ時期に約二倍（一九四〇年で一一四万人）に増えるにとどまっていた。共産党員数は国民党のそれの七割に迫っていたわけで、もって当時の両党の勢いを知ることができよう。

図2—7

抗日戦争期の延安を描いた版画（1943年制作）。山上には延安の象徴たる宝塔が、また麓には山肌を穿つ民居（窰洞）が見える。中共中央は西安事変後に延安に移駐し、以後10年にわたりここを本拠地とした。

ただし、新入党者の激増は、同時に共産党に組織の引き締めと思想的統一の必要性を感じさせたようである。おりから国民党との関係が悪化し、共産党を取り巻く状況が厳しさを増す中、共産党はその危機感を党の組織固めへのエネルギーに変えた。世に言う「延安整風」である。[★3] 一九四〇年代初め、党の最高指導部はすでに毛沢東を中心に形成され、かれへの挑戦者たる張国燾や王明らは、離党するか力を失うかしていたが、党内が唯一の最高指導者をいただく体制にはまだなっていなかった。整風は、党員に中国の実情とより深く結びついたマルクス主義の実践（マルクス主義の中国化）を求めたもので、具体的には、教義の知識だけに偏重したマルクス主義理解を排し、事実上、毛沢東の思想への全面的帰依を求めるものだった。

抗日戦このかた、毛沢東は艾思奇《がいしき》、王学文《おうがくぶん》ら延安に参集したマルクス主義理論家との交流を通じて、理論レベルの向上に努めていた。共産党の指導者たるもの、単なる戦略家・実践活動の成功者では不十分であり、人に引用されるような理論を持たねばならないからである。毛の代表的理論著作といわれる『矛盾論』や『実践論』などは、いずれもこの時期に書かれたものである。また、毛は党の歴史総括にも本腰を入れ、「過去の過《あや》まてる路線を是正し、党を救った指導者」という自己像の確立に力を入れた。過去の路線に対する総括は、知識に偏したマルクス主義理解（教条主義）への批判と合わせて、なお一定の影響力を持っていた「留ソ派」の権威を失わせることにつながるものである。

注意すべきは、実践することの重要性を強調したり、党の歴史を正しい路線と誤った路線との闘争（路線闘争）の歴史と見なすといった整風運動のイデオロギーの方向性が、同時代のソヴィエト・ロシアから積極的に移植されたものだったということである。手本となったのは、「マルクス・レーニン主義基礎知識の百科全書」の触れ込みで一九三八年にソ連で刊行され、その後世界中で、四千万部以上が読まれたという『全連邦共産党（ボ）歴史小教程』（*История ВКП(б) краткий курс*）（全連邦とはソ連のこと、以下適宜『小教程』と略称）であった。『小教程』は、スターリンの直接関与、部分執筆を経て刊行されたこともあり、スターリン主義の経典とも呼ばれたもの[★4]だが、その最大の特徴は、ソ連共産党の歴史を度重なる路線闘争の連続ととらえ、レーニン、スターリンの言葉を金科玉条のごとく散りばめ、スターリンの無謬性を確認することにある。

★3——「整」は「正す」「引き締める」の意、「風」は日本語の「家風」「校風」などの「風」と同じで、「やり方」「行動の指針」の意味である。

毛はこの書物を非常に高く評価してそれを整風運動の重点文献に指定し、党員に読ませている。一般には、毛沢東はスターリンをはじめとするソ連の共産党（あるいはコミンテルン）から排斥されることが多く、そうしたソ連由来のものを好まなかったという評がもっぱらであるが、実際にはこの時期の毛は、スターリンの忠実な僕《しもべ》だったといっても過言でないほど、スターリンを尊崇していた。ついでに言えば、この時期の世界の共産党の首脳で、スターリンを批判できる者などいなかったが……。毛沢東にしても、国家指導者となったのちには、スターリン批判を公然と口にするようになるが、それはかなり後のことであって、一九四〇年代前半あたりは、まだまだスターリンの党運営モデルをなぞるのに精一杯だった。

一九四二年以降の整風運動は、『小教程』の翻訳などの下準備を経た上で、指定文献の学習を通じて「自己の活動や思想を反省すること」を全党員に徹底する形で行われた。党員集会での自己反省は、しばしば「ズボンを脱いでシッポを切る」（自分の誤りを包み隠さずさらけ出し、欠点を根絶する）ことに喩えられたが、ポイントは自ら誤りを申告させることである。ことの形式だけを見れば、誤りを自分で申告させるという点は、党員としての自覚や誠実さを尊重し、育成するという能動的な研修スタイルに見えるかもしれないし、現に毛も自己批判と相互批判による党員陶冶《とうや》を行えば、ソ連のように粛清などやらずとも、党員を心服させられるのだと自負していたふしがある。

ただし、こうした自発性を引き出すという穏当に見えるやりかたは、実際には過去の党員としての失態や他人にも累の及びかねない事件も、際限なく自白しなければならないという圧力を伴うものであった。特に党の指導層の場合は、各人が自らのこれまでの行いをつぶさに記す「反省筆記《ノート》」なるものを提出するよう求められ、それを踏まえて、批判集会が催された。そして、そのさいの応酬が、内面に及ぶ自己批判・懺悔《ざんげ》の表白を伴う峻烈《しゅんれつ》なものになることも珍しくなかった。衆人環視の中で毛への全面的服従を表明させられるわけである。

整風運動における党上層部の自己批判がいかなるものであったかについて、文武の巨頭とも言える周恩来と彭徳懐を見てみよう。まずは類《たぐ》い希《まれ》なる実務家であり、一貫して党中央の要職を歴任してきた周恩来である。一九四三年一一月に毛沢東らの面前で自己批判を迫られたかれは、出自（没落した封建家庭の生まれ）や個人的資質（八方美人・奴隷根性）にさかのぼって自らの欠点を数え上げ、一九三〇年代の活動において、「教条主義派支配の共犯者」として党や軍の「簒奪《さんだつ》に加担した」ことをはじめとして、「思想面・組織面において大きな罪を犯した」と自己批判している。教条主義派とは、毛が整風運動で標的とした王明・秦邦憲《しんほうけん》・張聞天らかつて党を牛耳った留ソ派のことである。その上で、周は「ここ数年の実践を経て」毛沢東の指導に対し、「心底より信服する」にいたったと表明させられた。晩年にまで至る毛への服従のはじまりだった。

他方、彭徳懐の場合は、一九四三年にある談話で抗戦の意義と理念を語ったさい、「真の自由、

★4――ソ連ではスターリン批判（一九五六年）ののち出版されなくなり、世界的にも急速に影響力を失ったが、中国では一九七五年まで版を重ねた。

平等、博愛は、社会主義制度のもとではじめて実現される」と述べたことが、それら理念を普遍的な価値とみるだけで、抗日の意義や階級性に触れていないとして、毛沢東の不興を買い、やがて一九四五年に彭の反省を促す大小の批判集会が四〇回以上も行われるまでになった。やり玉にあがったのは、彭がブルジョア的価値である自由などの理念を吹聴し、階級の立場を忘れた言論をまき散らしたということである。整風においては、他の同志を批判することも、「後のために前科を懲らしめ、病を治し人を救う」（懲前毖後、治病救人）というスローガン、つまり、その人のためを思えばこそ遠慮なく批判するのだという理屈で正当化されたため、彭への批判は、時として人格を無視した個人攻撃の色合いさえ帯びた。かくて、彭徳懐は百団大戦の責任問題まで蒸し返され、これまた満座の中で懺悔させられたのだった。

このように、整風はその始まりこそ実践のためのマルクス主義の中国化を掲げながらも、次第に毛に対する恭順のための儀式、批判と自己批判の繰り返しによる党員間の心理的分断とそれを利用した党員統制の道具となったのだった。そしてそれの行き着く先が、一九四五年の第七回党大会における党規約での「毛沢東思想」の明文化と毛の最高指導者としての地位の確立であった。これより先、一九四三年三月には毛沢東が党内の日常業務をさばく中央書記処で、「最終決定権」を持つことが承認され、五月にはコミンテルンが解散を決定、さらには七回大会に先立って、毛の路線の正しさを歴史的に検証し確認する文書が「若干の歴史問題に関する決議」として、つまり党の決定として採択されるなど、毛の絶対的指導権確立への障害は、すでになくなっていた。

そして大会を受けて、毛は党中央委員会主席に選出され、その後一九七六年に死ぬまで、この地位を降りることなく、生涯、そして死後も「毛主席」(もしくは単に「主席」)と呼ばれることになる。党幹部・党員の忠誠に支えられた毛の権威は、整風運動を通じて次第に個人崇拝にまで高まっていくことになる。

逆に党員は、党という組織の歯車であることを自ら承認し、かつそれを誇りとすら感じる心性を植え付けられていった。「自由」という概念は、中国ではそれ以前から往々にして「勝手気まま」「放縦《ほうじゆう》」というマイナスのニュアンスで使われることがあったが、整風時期の共産党根拠地では、「自由主義」は決定的に否定されるべきブルジョア的価値観となった。「個人主義」も同様である。それらの概念語は日本語と同じ字面であっても、同じニュアンスを前提に中国で使うと、往々にして誤解や摩擦につながってしまうのは、それゆえである。

先に国民革命時期の自由恋愛問題について少し触れたが、かれら共産党員における恋愛観は、この一九四〇年代の延安ではどのようになっていったのかを見ておこう。個人の意向や願望を組織に優先させてはならぬという雰囲気が整風運動とともに解放区を覆っていくにつれて、党員男女間の関係や恋愛・結婚は、解放区の男女比のアンバランス(延安では男女比は一八:一だったと言われる)という現実ともぶつかり、さまざまな不自由や葛藤を若者たちに強いることになった。例えば「二八五団」という言葉がある。戦時(非常時)における個人活動の抑制という見地から、当時の党組織は党員の結婚について、ガイドラインを設定していた。それが「二八五団」、すな

図2—8

沈霞（左）と夫の蕭逸

わち、八路軍所属の男性党員の場合、「二八歳」以上、「五年」以上の党員歴、「団」レベル（連隊級）の幹部職、という三つの条件を満たすことが結婚の条件であった。

　これを満たすこと自体、簡単ではないが、結婚相手にも制限があり、党員たるものは階級性を念頭に置いて伴侶を選ばなければならない。地主など搾取階級や出自の怪しい女性はダメ、そもそも女性は少ないのだから、こうなると相手を見つけるのは容易ではない。その結果、党組織が適性や組織の必要から適当な相手を紹介し、紹介された側も、組織が求めるならばと、その相手と結婚する、そんな我欲を捨て、組織のために生きるという価値観が広く党員コミュニティを覆っていった。むろん、党組織の差配による縁組みは、幸せな結婚生活を保証しない。都市部からやって来た教養ある若い女性党員が、党歴だけは立派な無学の男やもめと結婚することを余儀なくされることもあったし、そんなことになるのを内心恐れる女性党員もいた。

　中国文壇にその人ありと言われた左翼作家・茅盾《ぼうじゅん》（本名沈徳鴻《しんとくこう》）を父に持つ才媛・沈霞《しんか》はそんな一人だった。文豪の家に育ち、名門中学で学んだ彼女は、一九歳で延安にやってくる。革命と抗戦に身を捧げるためである。おりから進行していた整風運動の洗礼を受けることで、彼女は自らに染みついた個人主義や自由主義に気づき、それを洗い落として新しい革命の担い手になろうとする。日記（『延安四年（一九四二～一九四五）』として後に刊行）には、組織の歯車となることに充実感を覚えていくようになる様子がつづられている。その努力と内面の葛藤、特にやがて結ばれることになる文芸好きの青年との恋愛と革命のために生きることとの確執についての記述は、痛々しいばかりである。

延安で努力が認められて入党できた彼女は、その青年から結婚を申し込まれると、まず先に党に報告し、組織の意向を確かめる。婚約期間にその青年に経歴疑惑が持ち上がり、関係を絶つよう先輩党員に勧められるも、それに踏み切れず悩む。やがて疑惑が晴れて結ばれると、かれにも党と革命を第一に考えてほしいと助言するなど、一口で言えば、愛情ある完璧な模範党員夫婦たらんと全力をあげるのである。そんな中、一九四五年八月、党の呼びかけに応えて新たな活動の場に赴任しようとしたその時、彼女は妊娠していることに気づく。夫や周囲の反対を押し切って、中絶手術を受けたが、不幸にも術後に容体が悪化、そのまま帰らぬ人となった。わずか二四歳、あまりにもあえなく、純粋過ぎる最期であった。もちろん、当時の共産党員がみなこんなにストイックだったとは言えないだろうが、彼女のように生きることが決しておかしくない時代と場所、それが整風時期の延安だった。

だが、自他をかくも厳しく律し、共産党員の理想を貫こうとする意識は、それが集団に充満するとき、容易に排他的風潮、つまり異端分子狩りを生み出す。組織内に敵を見つけ、それを根絶しようという狂騒が起きるのである。特に、それまで共産党の活動とは無縁だった若者たちが大挙して共産党に入ってきた抗日戦争の時期であるから、そうした事態の発生はより起こりやすかったと言えるだろう。それが一九四三年以降に根拠地に拡大した「搶救《そうきゅう》運動」である。「搶救」とは、助け出す、救出するという意味である。つまり、本来はよい人間なのに、何者かの手引き、策謀で、道を踏み外したり、敵方に協力させられている者を見つけて、正道に戻してやるというニュアンスなのだが、その内実は自白の強要や集会でのつるし上げによって、組織内に潜り込んだ敵対分子（スパイ）を洗い出し、処分・処刑するという、いわゆる粛清にほかならなかった。

整風が「自己批判」「自己申告」を基本としたように、搶救も自白を原則とした。ただし、搶救の場合は「自白」すれば寛大に処すが、「自白」しなければそれだけ悪質だと見なされたから、いったん疑いをかけられてしまえば、とりあえずはそれらしい自白をして党のおぼえを良くし、その裁定を待つか、「自白」を拒んで重い処分を甘受するか、いずれにしても、冤罪《えんざい》だけが拡大再生産されたのである。「搶救運動」には内心疑問を感じる党員も多かったが、組織を信じることが習性となったかれらからは異論は出ず、親しい仲間や家族が摘発された場合には、「組織を信じて、包み隠さず自白するように」と助言するのがせいぜいだった。

現在の共産党は整風については、おおむねその意義を肯定的に評価しているが、搶救運動については、その被害や冤罪の深刻さを、数値を含め明らかにしていない。また、その行き過ぎた迫害の責任については、大粛清（ソ連）を通じてそのノウハウを身につけて帰国した康生《こうせい》が主導して引き起こし、拡大したとして、ほぼ康生一人に責任を押しつける形になっている。しかしながら、搶救運動が整風運動の延長線上に推進されたものであることを考えるならば、整風運動と搶救運動とは、その功罪を含め、一つのコインの裏と表の関係にあることは明白である。現に、元コミンテルン議長のディミトロフが粛清の行き過ぎと康生のやり方に懸念を伝えてくると、毛は心配ご無用とばかりに「康生は信頼できる人物です」（一九四四年一月二日）と返電し、気にもしていない。搶救運動は、毛沢東を含め共産党指導部全体の合意のもとに進められたものだと結論すべきであろう。

一九四〇年代前半に、強力にすすめられた整風運動によって、共産党は従来からの強みであった組織力をさらに強化することに成功した。その過程で、組織の中で生きることを支える制度も、ソ連を範にとって整備されていった。その一つが幹部等級別待遇制で、これは党政軍の幹部職員をいくつかの等級にわけ、職務上受けられる待遇（アクセスできる情報や文書の段階的設定）に明確な区分を設け、さらに等級ランクに応じて衣食住や医療・保健など受けられる社会的サービスにも違いを設ける制度である。共産党は幹部や機関職員・兵士に対して、それまで待遇にさほど差のない配給制をとっていたが、一九四一年以降、ソ連の制度を持ち帰った任弼時《にんひつじ》らによって、例えば食事の水準を職級によって三等にわけるような改革を行っている。組織がある程度の規模を持つようになった当時の状況からすれば、こうした等級制度の導入は避けられないものではあったが、「格差なき社会」を理想とする知識人（例えば、整風運動で批判され、のちに処刑された王《おう》実味《じつみ》など）の中には、不満を感じる者もいた。この幹部等級別待遇制は、その後形を変えながらも、人民共和国の幹部制度につながっていくものである。

　組織の中の個人を管理する制度として、同様に整備されたのが個人檔案《とうあん》である。個人檔案とは、入党に際して提出する履歴書、活動に関して組織の上司が記す評定、整風運動などのさいに作成される反省書、密告や調査によって判明した過誤など、個人の政治評価を決定する身上調査記録のことで、党組織の人事部門が厳格に管理し、本人も見ることができないものである。これを幹部党員について本格的に作成・管理するようになったのは、共産党が延安に本拠を構えるようになってからだった。檔案は組織による個人の管理に絶大な威力を発揮し、のちに人民共和国では幹部制度と同様に、範囲を非党員の都市住民にも拡大して継続されることになる。個人情報に対する統制は、その後よりきめ細かく、より厳格になり、発想の方向性としては、昨今の中国で一般化しているＩＴ技術を活用した情報統制や個人の信用情報管理につながり、今日でも続いていると言えるかもしれない。

　歯車となることを求められたのは人間だけではない。一九四二年に毛沢東が文芸関係者、文化工作者を集めて行った文芸・芸術のあり方についての講話、いわゆる延安文芸講話も、その基調は、言ってみれば、文芸や芸術にも、政治に奉仕するネジ釘になれと求めるところにあった。高踏な芸術を民衆にも理解できるものにせよ、そのためには創作する側の意識そのものを入れ替えろということである。共産党員にはもともと文化人や芸術家が少なくなく、三〇年代から都市部の芸術・文学界は左翼優勢の世界であった。かれらも先の沈霞のように、革命の理想を求めて延安にやってきたが、そこで求められたのは、高尚な芸術を農民相手に披露することではなく、農民の芸術に自分の感性を合わせ、労働者・農民の目線から社会を描くことだった。政治に奉仕する芸術というこの構図もまた、やがて中華人民共和国へと受け継がれていくことになる要素である。

共産党の党員数は、一九四二年以降に進展した整風運動による組織引き締めにより、一時的に減じたとはいえ、一九四五年の第七回党大会時点では一二〇万を超えた。同じ時期、国民党も党勢の拡大につとめ、二六〇万余りにまで党員を増やしている。つまり抗日戦争中、いったんは両党の党員の頭数《あたまかず》は接近したものの、対日戦勝利の時点になると、国民党は共産党の二倍以上の陣容を持っていたことになる。だが、整風運動によって、党中央の意向をより効率的に下達できるメカニズムを備え、活動優先のための離婚や人工中絶も厭わぬという強烈な使命感を多くの党員が身につけ、そして党の命令に少しでも背《そむ》くような気配を見せるなら、いつ内部告発されるかもしれぬという恐怖感（緊張感）に包まれていたという点では、その統率力は国民党を上回っていたと見ることができる。

6　政権党へ——内戦の勝利と人民共和国建国

一九四五年八月、日本降伏の知らせは突然やってきた。中国大陸での戦争が世界大戦におけるアジアの戦場となってこのかた、いわゆる大陸打通《たいりくだつう》作戦のように日本軍が一時的に攻勢に出ることもあったが、中国戦線は大きく言えば膠着状態だった。ところが、八月に日ソ中立条約を破棄したソ連が「満洲国」になだれ込んで関東軍を壊滅させるに及んで、戦力バランスは決定的に崩れた。前後して広島、長崎に原爆が投下されたため、日本の急転直下の降伏となるわけである。しかし、その直前まで、対日戦の終結にはなお時間がかかるという観測が大勢だった。一〇〇万の日本軍が大陸の主要部を支配している以上、日本はまだ抵抗するだろうと見られていたからである。毛沢東は八月上旬の時点でも、日本の降伏までにはもう一年ほどはかかるだろうと見ており、各地の部隊には「解放区」を拡大させるとともに、将来の日本降伏と同時に起きるであろう国民党との内戦に備えるよう命じていた。

こうした状況の中での日本降伏の知らせは、戦後処理という名の新たな角逐への号砲にほかならなかった。日本がポツダム宣言受諾の方針であることは、八月一〇日夜に中国で報道され、各地は戦勝の知らせに沸き立ったが、その一〇日深夜から翌日にかけて、共産党の延安総部（総司令・朱徳）は、麾下《きか》の部隊に向けて矢継ぎ早に指令をおくり、近隣の日本軍占領地へ進撃し、敵軍を武装解除して降伏させること、ソ連軍に呼応して熱河・遼寧《りようねい》・吉林《きつりん》などへ進駐することなどを命じた。戦後という名の新たな戦いの始まりだった。

先にも見たように、共産党の軍事力、特に兵装はかなり貧弱であり、降伏した日本軍一〇〇万の軍事物資、兵器を鹵獲・接収できるかどうかは死活問題であった。もちろん、そんなことは蔣介石もお見通しである。かれも直ちに、共産党系部隊による降伏受理を禁じ、原駐留地での待機を命じた。地理的に見て、そもそも共産党の軍は華北を中心に、日本軍占領地に近い場所に展開していたのに対して、西南の内陸部にいる国民政府軍が接収のために移動するには、時間が必要であった。したがって、共産党軍による接収だけは、何としても阻止せねばならないのである。

だが、この時すでに一〇〇万に近い兵力を持ち、抗日戦を自力で戦い抜いてきたと自負する共産党は、蔣の命令を拒否、国民党との衝突を覚悟の上で、進駐・接収を強行しようとした。すなわち、延安の共産党中央は八月一〇～一一日に華中の部隊に対して、上海・南京・武漢・徐州などの大都市や主要交通線を占領するよう命じるだけでなく、江蘇《こうそ》・安徽《あんき》・浙江《せつこう》などの省政府主席や上海・南京などの市長の名簿も作成していた。共産党系部隊の「人民解放軍」への改称や武装蜂起による上海奪取も計画された。八月中旬の一〇日ほどは、まさに戦争終結が一転して内戦勃発となる寸前だったのである。

そこへやって来たのが、内戦回避を求めるスターリンの意見であった。おりから、国民政府とソ連の間で、中ソ友好同盟条約が調印された（八月一四日）直後だった。蔣介石は条約の締結にあたり、数々の譲歩の見返りとして、ソ連側に中共を支援しないこと、対中援助はすべて国民政府に向けられることを認めさせていた。すなわち、スターリンは、内戦勃発を機に政権獲得を狙う中共と、ソ連の在東北権益を保証してくれる国民党を秤にかけ、後者を選択したのである。蔣介石が同条約の締結日に、毛沢東に電報を打ち、内外の「各種重要問題」の話し合いのための重慶での会談を提案したことに、中ソ条約の意味がうかがわれよう。その蔣介石と示し合わせたようなモスクワからの要求について、毛沢東は後年「スターリンは革命をさせなかった」と述べて不満をあらわにしているが、アメリカをはじめ連合国も国内世論も内戦に反対している中、独り共産党だけが内戦に突き進むのはむずかしかったであろう。かくて、共産党はそれまでの強硬方針を転換し、当初は「まったくのペテン」と見なしていた重慶会談の提案を受け入れたのだった。

スターリン率いるソ連は「革命をさせなかった」代わりに、別の配慮をしてくれた。長江流域への進撃を中止し、北方へ転進した共産党に、東北部での支援をしてくれたのである。毛沢東はつとにソ連の対日参戦の時点で、東北部に近い場所にいる部隊に対し北進を命じていたが、重慶での交渉のさなかにも、東北を戦略要地と位置づけ、部隊・幹部の移動を次々と指示した。一九四五年末までに東北へ移動した人員は、将兵約十一万、党幹部二万を数えたという。表向きソ連軍は東北占領地について、それを国民政府に引き渡すことになっていたが、現実にはソ連軍関係者は国民党軍の上陸、進駐、接収を阻害し、他方で旧日本軍の武器弾薬を共産党側に融通したのであった。共産党軍に引き渡された兵器は、毛沢東の党内向けの説明（一九四五年一一月）によれば、小銃十二万挺に上った。この間、重慶で公式に内外のメディアの前に初めて姿をあらわすことになった毛沢東の動静は、世間の耳目を一手に集め、交渉の成果は一〇月一〇日に双十協定としてまとめられたが、実はもっと大事なことが遥か遠く東北で進行していたわけである。

かくて一九四五年一一月にようやく東北に進駐した国民党軍の将兵たちは、旧日本軍の兵器で武装した共産党軍に向き合うことになった。かつて抗日戦争中には小銃すら行き渡らなかった雑兵集団が、打って変わって機関銃や各種大砲を持っているのを見て、当然に国民政府はソ連に抗議したが、らちのあこうはずがない。かくて東北に大きく勢を張り、内地（本土）では守勢に徹するという「北進南防」戦略をとる間、内戦反対を唱えることで国民党軍からの軍事圧力をかわし、他方でソ連と東北との交易や日本人技術者の留用などで力を蓄えた共産党軍は、ついに翌一九四六年に国民党軍との内戦に突入したのであった。当初、両軍の兵力比は国民党軍四三〇万に対して共産党軍は一二〇万強、この兵力差を背景に、国民党軍は攻勢に出、一九四七年三月には十年来共産党の本部のあった陝西省の延安も国民党の手に落ちた。故地を放棄した共産党中央（毛沢東）は華北を移動しつつ、主力のいる東北に支援注力して反攻の機をうかがった。当時の構想は東北に広大な地域政権を打ち立て、本土の国民政府と対峙するというものであり、全国政権はまだ視野には入っていなかった。

内戦の潮目が変わったのは一九四七年後半である。元来が「満洲国」時代のラジオ放送の普及など、公共メディアの発達が本土よりも進んでいた東北で、巧みな宣伝戦により世論を味方につけ、かつ包囲戦により長春、錦州《きんしゅう》、瀋陽《しんよう》などに国民党の軍を封じ込めることに成功していた東北人民解放軍は、時に残忍なまでの兵糧攻めで国民党軍を殲滅していった。「残忍」とは、一般民衆の犠牲をかえりみず、軍民四、五〇万の立てこもる吉林省の大都市・長春を一五〇日にわたり包囲し、五万とも一〇万とも言われる餓死者を出した末に降伏させた長春包囲戦などを指す。他方、国民党はこの一九四七年に施行することになっていた憲政(つまり、国民党の一党独裁の放棄と民主的選挙の実施)が、自党の批判(経済政策の失敗や汚職)に転じていくのを恐れてそれを停止し、弾圧によって中小の民主派団体に圧力をかけたため、逆にその支持を失っていった。

国民党の失政にも助けられ、世論や中間勢力の支持、支配地域での土地革命の実施による農村の掌握、そして東北における堅固な総動員体制の樹立などの諸要因が合わさった結果、一九四八年になると国共の軍事バランスは大きく共産党に傾いた。共産党は四八年九月に「国民党の統治を覆すまで戦う」と声明、東北などに割拠して中央政府に対峙するのではなく、国民党支配を終わらせて全国の政権をとることを明らかにした。同時に、「遼瀋《りょうしん》戦役」「淮海《わいかい》戦役」「平津《へいしん》戦役」と呼ばれる大規模な会戦で国民党軍の主力を相次いで殲滅・瓦解させ、合わせてソ連から外交官や幹部官僚を招請し、政権樹立を前提とした技術的アドバイスを求めるなど、内戦終結をにらんで、本格的な建国構想をまとめていった。軍事的勝敗の帰趨が一九四九年初めまでに明らかになると、長らく国民党にも共産党にも距離を置いていた中間勢力やさまざまな政治グループも、国民党を見限り、共産党への支持を表明するにいたった。一九四九年三月、毛沢東ら中共中央の主だったメンバーと麾下の人民解放軍は、河北省の西柏坡《せいはくは》から北平《ほくへい》（その後、人民共和国建国に際して北京と改称）に入り、いよいよ全国政権を打ち立てる段取りにはいった。

この時、北平入りにあたり、毛は科挙の最終試験を受けに行くことになぞらえ、「いよいよ受験のための都入りの日だ」と周りの幹部たちに声をかけ、「戻っては来られませんな。及第せねばなりません」と周恩来が応じると、「戻ってくるとは、つまり敗北だ。李自成《りじせい》の二の舞にはなるまいぞ」と言い聞かせたという。李自成とは、明末に農民反乱を率いて北京を陥落させ、明王朝を滅ぼしながら、流賊以上にはなりきれず、ほどなく満洲族の清王朝に取って代わられてしまった人物である。かつて低い身分から成り上がって王朝を建てた者としては、この闖王《ちんおう》こと李自成と明の太祖朱元璋《しゆげんしよう》がいるわけだが、歴史の先例を好んで取りあげる中国の世論は、共産党がひとしきり世を騒がせた李自成となるのか、それとも大王朝を築くのか、固唾《かたず》をのんで見守っていた観がある。これに先だち、毛は党の中央委員会総会（七期二中全会、一九四九年三月）の演説で、党員にたいし驕慢になってはならないと訴え、その具体的な指示として、「党の指導者への祝寿を禁止し、党の指導者の名を地名や街路名、企業名にすることを禁止する」と命じていた。

それまで、中華ソヴィエト共和国という国家を建てたことはあるものの、それは敵方の包囲下にできた農村政権であって、いわば模擬国家、せいぜい実験国家であったが、このたびの政権は、全国規模の軍事的完勝を背景とし、大都市・工業地帯を持つ一セットのトータルな国家である。さらには共産党は都市を運営するのも初めて、また実質的な外交を展開するのも初めてである。

八年にわたる抗日戦争とその後息つく間もなく起こった内戦のせいで、中国経済はどん底だった。ただ、この危機的経済状態は、戦乱だけでなく、国民政府の腐敗や汚職をはじめとする失政によってもたらされたものであって、間接的には共産党を利した要因でもあった。同時に、国民政府が戦後に独裁的に強行した憲政実施が、共産党だけでなく、それ以外の政治グループや識者、有力者の失望と離反を招いたため、それら多様な勢力も共産党の指導性や優位を認める傾向が強く、共産党の政治的呼びかけに、いわゆる民主諸党派の面々が積極的に応える気運も、かつての中華ソヴィエト共和国時代にはまったくなかったものである。

こうした背景ゆえに、共産党主導の国家樹立は、迅速ながらも諸方面に配慮し、交渉と協議を経たものとなった。例えば、ソ連との関係である。国共内戦の勝利の要因としては、東北部で大がかりな動員体制を築けたことが大きいが、それは名目上中共を支援していないはずのソ連に、国際世論の批判や攻撃が行かぬよう細心の配慮をへて実行される必要があった。また、ソ連はソ連で、東アジアにおける親ソ政権が、かれらが想定した国民党によってではなく、より親密な関係にある共産党によって樹立されたことに正直驚くとともに、弟分の共産党がその新国家を樹立するにあたって、積極的に援助をおこなった。コミンテルンはすでになくなってはいたが、戦後は代わって東欧諸国が軒並みソ連の支援国、同盟国となり、新たな国際的連絡組織（コミンフォルム、一九四七年設立）も結成されるなど、大戦を通じて大国へとのし上がったソ連の国際的影響力は、飛躍的に大きくなっていた。

こうした中、一九四七年一一月の時点で毛沢東は、ソ連との関係を調整し、予想される新政権・新国家樹立に関して話し合うべく、翌一九四八年に訪ソしたいと伝え、特に意見を求めたい議題をいくつか挙げていた。例えば共産党以外の政党・政派の存在と活動を許容すべきかという問題である。毛は自分の考えとして、「中国革命が徹底した勝利をおさめた後には、ソ連やユーゴスラビアと同様に、共産党人士を除いて、あらゆる政党には政治の舞台から降りてもらう。これは中国革命を大いに強化することになろう」と述べていた。ただし、この見解はスターリンに反対されたようで、スターリンは翌年四月の返電で、その見解の未熟をたしなめている。毛はつとに連合政府的な新政権構想を表明していたが、遠からず共産党中心の政権運営が来ることになろうと予想していたようである。ただし、このスターリンの意見が効いたのか、一年後の建国の時点では、他党派との連合で積極的に政治を運営する方針にもどっている。

このほか、一九四九年半ばには、編纂中の『毛沢東選集』について、それをスターリンのもとに送ったり、信頼する劉少奇をモスクワに派遣して新国家樹立にまつわる諸懸案を事前協議させたりしている。一方、同年はじめには、ソ連の特使ミコヤン（A. I. Mikoyan　ソ連共産党中央政治局員）が訪中し、建国を控えた中共側に、種々の知恵を授けている。ソ連の政治局員クラスの指導者が中共のもとを訪ねるのはこれが最初で、いうなれば、それまで長らく国民党・国民政府を交渉相手とし、どこか中共に信を置いてこなかったソ連が、ようやく国共を天秤にかけるのをやめ、共産党を中国の主と認めたことの意思表明でもあった。同様に、政権樹立が秒読みとなった一九四九年七月に訪ソした劉少奇に対して、スターリンはかつての干渉について、「我々はあなた方を混乱させたり、妨害したりしたのではありませんか」と述べると共に、劉が「いいえ」と答えると、「勝利者は裁かれません。勝利をおさめたものは正しいのです」と、今後は中共を勝者として遇する変わり身を見せた。

図2—9

開国式典にあわせて、新たに天安門に掲げられた毛沢東の肖像画。

その後も人民解放軍の全土への進撃と国民党軍の投降、共産党以外の政治勢力の支持表明が相次ぎ、かくて同年一〇月一日午後、前日までの政治協商会議での合意事項（国旗、国歌などもこの時に制定）にもとづいて、北京で中華人民共和国の成立宣言、ならびに開国式典がとりおこなわれた。一九二一年の第一回大会から三〇年足らずで、共産党は天下をとったのだった。ちなみに、党の第一回大会に集まった十三人のうち、この時点で生存していた者は六名だが、天安門楼上で開国式典を見届けることのできた者、すなわち党の指導者として建国の日を迎えられたのは、わずかに毛沢東と董必武《とうひつぶ》の二人にすぎない。二人をのぞいた十一人のその後をたどれば、共産党の革命運動に殉じたもの三名、病死一名、そしてのちに共産党を離れたものは七名を数え、その中には日中戦争期にいわゆる汪兆銘《おうちょうめい》（汪精衛）による傀儡《かいらい》政権に加わった二人も含まれている。

もって、二〇世紀前半の中国の歩みがいかに波瀾に満ちていたかを思い描くことができよう。なお、式典は国民党軍による空襲を避けるために、午後の比較的遅い時間に行われ、軍事パレードでの航空部隊による編隊飛行は、万が一の来襲に備えた哨戒活動をかねるものだった。国民党軍との軍事的対峙状況はなお続いていたからである。国民政府（国民党）はこれより先、台湾への移転を進め、同年一二月に台北に政府を移すことを最終的に宣言した。

人民共和国建国当時の共産党の党員数は約四五〇万、内戦期に四倍ほどに急増してはいたが、それでも総人口の〇・八％に過ぎなかった。ただし、かつての全国統一時点での国民党員の総人口比は〇・一％だったし、十月革命当時のボリシェヴィキ（ロシア共産党）に至ってはそれよりもさらに少なかったから、新たな体制を担う組織としては、かなりの力量といってよい。

さらには党員の二五％ほどが二五歳以下であった。この割合は文化大革命の直前には七・五％になり、二〇〇〇年にはさらに四・六％にまで低下する。★5 一見すると、建国当時の党が生気あふれる若者たちの組織であったような印象を受けるが、それには補足説明がいる。当時の平均寿命がわずか三五歳ほどであったこと、それが二〇〇〇年には七〇歳を超えていることである。つまり、若い党員が多かったのは確かだが、人口構成比全体からみれば、当時も今も、社会の中心を担う中堅、壮年者の党といった方が正しいのである。もっとも、指導者もまさに働き盛りの頃合

★5——ちなみに、現在（二〇一九年末集計）では、基準のとり方が少し変わって、三〇歳以下の数字になっているが、それでも一三％にとどまる。

いで、中央政府主席の毛沢東が五五歳、同副主席の劉少奇が五〇歳、政務院（現国務院）総理の周恩来が五一歳、人民政府委員の鄧小平に至っては四五歳であった。

他方、党員の学歴や職業は大きく変わった。結党時の党員はほぼ知識人で占められていた（後述）が、農村での活動と戦争を経た一九四九年末では、農民の割合がほぼ六割に達し、また文化程度も大きく下がっている。高卒・大卒の学歴を持つ者は合わせても一％に届かず、逆に非識字者（文字の読めない者）が兵士を中心に、ほぼ七割もいた。むろん、中央レベルの指導者となると、全般的に高学歴で、字の読めない者はいなくなるが、人民解放軍の南下とともに各地に派遣されていった中レベル以下の幹部（いわゆる南下幹部）になると、党への忠誠心こそ厚いが、行政能力や文化的素養に欠けるようなケースもまま見られた。「解放」が喧伝され、社会がある種の高揚状態に包まれている時期が一段落すると、こうした党幹部の質に起因する摩擦が都市部を中心に起こるようになっていくのである。

人民共和国の建国を境として、共産党は政権党となり、それに伴い党の活動費は国庫からの資助を得ることになった。それまでも党は事実上の政権を持っており、政府の支出と党務の支出の違いは曖昧だったが、建国前の一時期（一九四〇年代初め）、党と政府の支出はやはり別であるべきだという議論が起こり、そのための党の財布が作られたことがある。「党産」と呼ばれる党の独自財源であり、党員が納める党費や根拠地の産品の対外交易などの収入をもとに積み立てられ、香港や上海には交易のための商社も持っていたほどである。だが、結局はそれが常制となることはなかった。民主諸党派を取り込んだ国家樹立が日程に上る中、共産党が国費をもらわないと、それら諸党派の費用を支弁する名目が立たなくなるという理由で、一九四九年一月初めに他の民主党派と足並みを揃える形で、共産党も国費を受けることが決定されたのである。

こうして、党産の経営は停止、残余金は党費や毛沢東の原稿料などとあわせて、党の「特別会計」に繰り入れられた。以後、党活動の支出補助や幹部遺族の生活保障などに充てられたほか、ソ連に事実上亡命した王明への仕送り、ソ連共産党対外連絡部への上納（野党状態の他国の共産党への資助）などに充てられたという。

参考までに言うと、その共産党に敗れた国民党は、大陸統治期、台湾撤退以後を含めて、極めて多くの「党営事業・資産」を持っていた。ただし、近ごろではそれが国民党の台湾での活動を支える裏金と腐敗・汚職の温床であったことが問題とされ、国民党への風当たりをより厳しくしている。政権党の党活動費は自力で調達すべきなのか、国庫より支出すべきなのか。国庫より出せば、それは特定の政党と政権との緊張感なきなれ合いだとして批判を受けようし、だからといって、原則論に立って政権党に独立採算を求めても、それはそれで政権党であることに由来するさまざまな特権や腐敗を引き起こし、その政党や、さらには政党政治への不信感が高まるだろう。いずれをとっても難しい問題ではある。

共産党が相当額の支援（日本でいう政党助成金）を国庫から得ているという状態は、現在も続いている。政権党とはいえ、党員から党費を徴収しているのだから、活動は国費ではなく、あくまでも党の金を使うべしという原則論は、中国ではまったくといってよいほど聞かれない。というよりも、普通はそんなことは意識もされない。党と国が一体であることは、太陽が東から昇るごとくに自明のことだからである。もっとも、党と国の会計を切り分けるのは、現実には至難だと言わざるを得ない。人民解放軍が党の軍隊でありながら、同時に国の軍隊であることを想起してほしい（本章第一節）。公表されているだけでも二〇兆円に達する軍事費の半分を、党が出すなどということがどうしてできるだろう。所得に応じて、給与の〇・五％から二％を納めることになっている党費では、党員のかなりがアリババ集団の総帥ジャック・マー[★6]並みの富豪でないかぎり、軍事費はおろか、日常的な活動費をまかなうことすら難しいのである。

　他方、共産党以外の党派にも国費が割かれているとはいえ、九千万党員の共産党に対して、民主諸党派は余りにも小さい。最も党員の多い中国民主同盟（民盟）でも、党員数は三〇万強で、共産党の三〇〇分の一に過ぎない。アリと巨像とはこのことで、割かれている国庫金となると、その割合より遥かに小さいだろうことは容易に想像される。

　さらにいうならば、たまに共産党員の党費滞納の問題が紀律の面から報道されることはあるし、党費の使途についての報道が時おりなされるが、党に国庫からどれくらいの資助が行われているのか、あるいは党費収入以外も含めた財政収支がどうなっているのかについては、公表されたということを聞かない。中国では、おもてに出せないプール金のことを「小金庫」と呼ぶが、共産党のそれは「小金庫」と呼ぶには余りに巨大なブラックボックスである。国と党との間の一体不可分性は、中国政治を分析する者がこぞって指摘するところだが、それを如実に体現する運営経費の一体構造は、このように人民共和国成立直前に確立され、今日まで続く党国体制（Party State System）の根幹をなしているのである。

1――師哲『在歴史巨人身辺――師哲回想録（修訂版）』中央文献出版社、一九九五年、二〇〇頁。
2――斉小林「装備、技術、戦術及作戦効能：百団大戦中的八路軍」『抗日戦争研究』二〇一六年第二期。

★6――中国ネット通販の最大手アリババ集団を率いるジャック・マー（馬雲）が中共党員であることが数年前に判明したが、どの程度の党費を納めているのかは明らかにされなかった。

第三章

毛沢東とかれの同志たち

1　毛沢東を知ることの意味

一九四九年一〇月に天安門上で中華人民共和国の成立を宣言する毛沢東の姿（映像）は、建国式典に出席したほかの多くの指導者たちとともに世界に配信され、毛を一躍有名人にした。これよりさき十年以上も前、まだ陝西省北部に革命根拠地を構える革命政党の指導者だった毛は、アメリカ人ジャーナリストのエドガー・スノーの初取材を受け、その取材記『中国の赤い星』は謎の人物だったかれの人となりと考えを伝えてくれはしたが、やはり本国における国家指導者としてのイメージを形作る上で、しかるべき場で、しかるべき内容を話すことによって得られる認知は、傑作ルポルタージュを上回るものなのである。

一九四九年以降、国家指導者となってのちに人々に示された毛沢東のイメージは、時によって、あるいは場によって実に多様であり、トータルとしては膨大な量に上る。とはいうものの、毛沢東の個性がうかがわれるような逸話《エピソード》ということになると、人民共和国で発表されたものは、偉人にありがちな固定化・陳腐化した物語が多く、かつてのエドガー・スノーのルポに比して、面白みに欠けると言わざるをえない。

例えば、共産党員となってまもなく、一九二二年に開催された党の第二回大会への参加の経緯について、毛はスノーに対して、参加するつもりで上海には行ったものの、「開催される場所の名前を忘れてしまい、同志たちの誰をも探しだせず、出席できませんでした」[1]と述べている。こんにち、党大会の場所がわからなかったので出席できなかったと、悪びれる様子もなく人に話せる党員は中国にはいない。毛は湖南から大会に参加するために、わざわざ上海へやって来たのであり、フラッと会場に行こうとしたら、会場がどこなのか忘れていた、などという言い訳は絶対に通用しない。だが、当時はそれで通ったらしい。ずいぶんとのんきで気楽な時代だが、逆にそれによって、毛沢東と共産党をとりまく時代の雰囲気が伝わってくるような気がしないだろうか。

現在、中国共産党が自ら語る党の歩みは、英雄たちが歩んだ苦難と栄光の道のりである。だが、ほんの少しそのベールをめくってみれば、その英雄は存外普通の若者である。ただし、その若者たちは時に普通の人間のなしえなかったことを成し遂げた。一九二〇年代はじめに共産党に入り、時に党大会をすっぽかすという失態を演じながら、それを悪びれるでもなく、さまざまな苦難を乗り越えて革命を成し遂げた毛沢東は、俗人なのか、はたまた超人なのか。そのかれは共産党という組織の中で、百年の党の歴史の中で、実に特別な存在でありながら、その時代を生きたあまたの中国青年の一人でもあった。また同時に、かれが一人

図3—1

1936年にスノーが撮影した毛沢東の写真は、写りはあまりよくないが、毛の飾らない様子がうかがえる。

で中国革命を成し遂げたわけではないとはいえ、中国共産党にとって、今日なお毛沢東が決してないがしろにできない人物であることも明らかである。

毛がこの世を去ってすでに四十年以上がたっている。そしてその四十年のあいだに中国共産党の政策は革命をかかげるものから、その革命の旗をおろすものへ一八〇度転換したと言っても過言ではない。にもかかわらず、かれの肖像がなおも中国の象徴たる天安門に掲げられていること、それはかれの存在が革命の中国と脱革命後の中国という異なる位相を超えるものであることを意味する。また、毛沢東という指導者が、今なお党指導者の師表《しひょう》、つまりロール・モデルであり続けていること、さらには共産党の政治・政党文化のかなりの部分が毛時代のものを継承していること、これらは改めて言うまでもあるまい。第一章の冒頭で共産党のＤＮＡがコミンテルンに由来すると記したが、共産党のＤＮＡのもうひとつの来源は毛沢東なのである。

それゆえ、ポスト毛の時代の末流に連なる今日の共産党を知ろうとするならば、あるいは共産党の共産党たるゆえんを明らかにするためには、かれのパーソナリティやかれの同志たちがどんな人間だったかを知る必要があるだろう。実際、人民共和国の最初の三〇年、つまり毛が生きていた時期の中国共産党の歩みは、ある意味で非常に特異なかれのパーソナリティや、かれと他の同志たちの気質や考えの違いを抜きにしては説明困難である。それゆえ、本書の後半で人民共和国の党の話をする前に、一章をもうけて毛とかれを取りまく同志たちの人間像を見ておくことにする。それはより立体的に中国共産党の歴史を理解する一助となるはずである。

2　毛沢東のパーソナリティ――どんな青年が共産党員になったのか

あらゆる歴史人物がいわゆる「時代の子」であるように、毛沢東もまた中国の近代そのものを背負わされた「時代の子」であった。その点では青年時代までのかれは、近代中国に生を享《う》け、それを変えようとした多くの若者たちと何ら変わらない。毛が他の人物と違うとすれば、その後、かれが革命活動を通じて圧倒的な存在感を持つようになり、ついには中国共産党、はては中国そのものと化すまでになったことであろう。まずもって、そのかれに凝縮された二〇世紀中国の時代性、共産党の時代性を見ておこう。

毛沢東は、一八九三年に湖南省湘潭県韶山《しょうたんけんしょうざん》の農民の子として生まれた。生家はもともとそう豊かではなかったが、父親が才覚と勤勉ぶりで田畑を増やしたため、のちに富農（あるいは小地主）と呼んでもよい暮らし向きとなった。その父の指図で、毛は子どものころから野良仕事や帳簿付けなどをさせられた。他方で読み書きを身につけ、さまざまな書物をむさぼり読んで、中国の衰退に強い危機感を持ったという。毛の郷里は省都の長沙から距離にして五〇キロほどのところ、かの辛亥革命の前の年（一九一〇年）には、その長沙で大規模な米騒動が起こり、そのさいには毛沢東も避難民などを目にして中国の行く末を案じたというから、農村と言っても、まだ世の動向がかなり直截《ちょくさい》に感じられる土地に育ったと言えるだろう。

当時の中国は人口四億と言われ、その八割以上が農村に住まっていた。毛の幼少時の支配体制は清朝である。男子であれば、農村に住む者にも科挙受験の道は開かれていたが、本気で受験させようとすれば、かなりの出費となるため、毛は科挙向きの勉強はさせてもらえなかった。家がやや豊かということを除けば、ごく普通の農民の子ということになる。労働者（プロレタリアート）主体とされてきた共産党の革命運動が、中国に根ざした農民革命を土台として成功できたのは、毛沢東が農民出身だったからだと言われるゆえんである。

本書第一章でも述べたように、毛沢東は一九二一年の共産党第一回大会にも出た最初期からの党員である。当時、全国の党員は五十数名で、前述のように、その大半は知識人であった。ここで改めて党の第一回大会の十三人の代表たちの出身家庭と学歴を見てみよう。毛沢東のように農民家庭出身だった者は六名いて、あとの七名は官僚や医者、私塾教師といったインテリ家庭の出身である。労働者出身の者は一人もいない。また、農村出身者の中でも、毛のようにある程度の資産を持つ農家の出身者が五人、小作農（佃農《でんのう》）の出身だったのはわずか一人、その一人も本家の坊ちゃんに付き添って学校に通えたくらいだから、本当に貧しい家庭の出身者はいなかったということになる。いわゆる階級意識によって、つまり実生活の中で地主や雇い主に使役・搾取され、その矛盾を感じて社会主義に目覚めていった人間は、初期の共産党員の中にはほぼいないのである。

農民出身ということがしばしば強調される毛沢東だが、こうしてみると第一回大会に参加した平均的なメンバーの一人だと言っても、差し障りはないように思われる。ちなみに、大会に参加した時の毛は二七歳だが、これまた奇しくも十三人の大会出席者の平均年齢とほぼ重なる。毛はまさに当時の典型的中共党員だった。では、かれらは何ゆえに社会主義に共感し、共産党員となったのだろうか。ごく大ざっぱに言えば、世界を変え、中国を変えるため、つまりは天下国家のためである。その思考回路は次のように説明できるだろう。

中国が衰退している、そこに暮らす民衆が苦しんでいる、それは中国が遅れた封建的社会であり、また資本主義国たる西洋列強の圧迫を受けているためである。資本主義は西洋でもすでにその弊害があらわになっており、早晩崩壊の運命にある（とマルクス以下、みな言っている）、それゆえ資本主義を導入するところから始めるのではなく、社会主義をとるべきなのだ、それが世界を変え、中国を変えるのだ、ということである。毛沢東は一九二〇年にこうした理屈を「中国と世界の改造へ」と題して雑誌に発表している。そう、意識としては天下国家をどうするかという高みに立った議論だが、なかみは相当に理詰めである。かかる意識で物事を考えられるのは、かれが相当の知識人だったからである。むろん天下国家を議論するくらいなら、いわゆる士大夫《したいふ》ならお手のものだが、マルクス主義をはじめとする社会主義の理論は、どれもかなり小難《こむずか》しい。結果として、党の創立にかかわるような面々は、揃って高学歴者なのである。

これまた第一回大会の代表たちの学歴を見るならば、大学レベルが七人、高等師範レベルが三人（毛沢東はここに入る）、中学（日本で言えば高校）レベルが一人、残りの二人は正規の近代教育こそ受けてはいないが、省レベルの科挙試験合格者（挙人《きょじん》）である。つまりは旧時なら「士大夫」「紳士」と呼ばれた支配階層、あるいはその予備軍といってよい人々で、総人口比で言えば一％に満たない超エリートである。

学歴にかんするこの数字は、その後に共産党が革命活動の実践に移り、実際に労働運動や農民運動をするようになると大きく変化するが、それでも党の中央や各地方組織のトップなど、実際に党の中枢に当たる部分の幹部が、その後も知識人によって占められることに大きな変化はなかった。コミンテルンなどでの活動はもちろんのこと、大小さまざまな会議における発言や指示・報告文書の作成など、共産党の幹部の仕事が実はかなり高度な知的行為であることを考えるならば、こうした能力を持つ知識人が党内で重きをなした理由も理解できるだろう。

かれら初期の党員たちの目標は、世界を変え中国を変えることであったが、その重点はどちらかと言えば、世界の方にあった。毛沢東は先の「中国と世界の改造へ」で、ロシア型の革命方針をとることに賛成だとした上で、「社会主義は国際的であるべきで、愛国の色彩を帯びるべきではありません」（「中国と世界の改造へ」一九二〇年）とまで述べている。

ただし、中国への期待や愛国からできるだけ距離を置こうとするこうした「国際主義」的な態度はその後、国共合作による反帝運動が盛り上がる国民革命時期以降、どんどんと薄れていくことになる。とりわけ一九三〇年代以降になると、日本の大陸侵略が露骨になるのに伴い、抗日ナショナリズムが社会運動の看板となっていったため、「愛国」意識はそれまでになく強くなった。

かつて「社会主義は愛国の色彩を帯びるべきではない」と述べた毛自身が、一九三八年には次のように述べている。

国際主義者たる共産党員が、同時に愛国主義者でもあるということはあり得るのか。あり得るし、そうあるべきだ。……なぜなら、祖国を守るために戦ってこそ全民族を苦難から救うことができ、全民族の解放があってはじめてプロレタリアートと労働人民の解放があるからである。愛国主義とは、国際主義を民族革命戦争において行うということなのである。……このような愛国主義は少しも国際主義に背《そむ》くものではない。（「新段階論」一九三八年）

つまりは、愛国主義は全民族の、さらにはプロレタリアートの解放につながり、いわば世界大の解放運動の一翼を担っているのだというロジックであり、国際主義に回収されていくと考えられているのである。さらに言えば、いわゆる「ナショナリズム」（民族主義）は、あくまでもブルジョア的価値観だというのが共産党の原則だったため、毛は代わりに「愛国主義」を使っているのだが、こうした点も含め、「愛国主義」と「国際主義」とは矛盾しないという毛の見解は、現在もなお共産党の公式見解として脈々と受け継がれている。

毛沢東が当時、国際主義の手本だと述べたのは、抗日戦争期に中国へやって来て、献身的に根拠地の医療に従事し、その中で命を落としたベチューン（H.N.Bethune）というカナダ共産党員の医師であった。ただし、殉職したかれを讃えた文章（「ベチューンを記念する」、のち文化大革命期に共産党員の持つべき精神を論じた三つの文章（老三篇）の一つとなった）の中で、毛が「これこそ我々の国際主義なのだ」と述べて強調したのは、寝食を忘れて治療に当たるその精神であった。外国人が無私の態度で抗日中国を支援してくれているという点は、たしかにベチューンの「国際主義」であろうが、ひるがえって自分たちの国際主義とはどのようなものかは述べられていない。意地悪な読み方をすれば、外国の人士でさえ、「国際主義」を発揮して抗戦中国のナショナリズムを支援してくれているのだから、中国人はそれに負けないよう奮闘せよ、そんなある種の修養論へのすり替えがなされている印象さえ受けるのである。

ところで、毛沢東の国際主義とナショナリズム（愛国主義）を考える時に、常に話題となるのは、かれが国家指導者となるまで、一度も中国を離れたことがないという事実である。一九四九年一二月に、人民共和国の元首としてソ連を公式訪問したのがはじめての国外体験で、当時五〇代半ばだった。生涯で見ても、かれはこの訪ソを含め二度しか国外に行っていない。先に見たように、出身家庭にせよ、受けた教育にせよ、毛は多くの点で、当時共産党に入った若者たちと似通った経歴を持っており、その意味ではいわゆる「ザ・共産党員」と呼んでよいのだが、外国に一度も行ったことがなかったという点だけは、極めて特異である。

ちなみに、その一九四九年当時、共産党のいわゆる最高指導部にあたる中央政治局委員は、毛を筆頭に十四人いた（その顔ぶれは次節一九二頁の表を参照）が、それまでに外国に行ったことがないのは、毛沢東と彭徳懐、彭真《ほうしん》の三人だけである。彭徳懐は貧農出身のたたき上げの軍人、彭真は六年ほども獄中にいたというそれぞれに特殊な事情があることを考慮すれば、毛の国外経験のなさは際立っている。共産党の場合は、コミンテルンの存在があるため、一九四〇年代まで、多くの党幹部が、あるいは留学のため、あるいはコミンテルンの会議に出席するため、モスクワを訪れている。例えば、周恩来の場合は、一九四九年までに、訪ソだけで三度（滞在期間は一年二カ月）、このほか日本、フランス、ドイツなどに留学・滞在経験があり、四九年以降となると外相を務めた関係もあって、ソ連だけでも一〇回以上行っている。

国家指導者となってのちの外国訪問はさておき、共産党員、さらには政治活動をする者がキャリアを積む上で、ソ連で留学や研修をすることは、当時は当たり前の経験であり、逆にソ連も含め、外国に一度も行ったことのないような人物は、共産党の上層部の中では、それだけで見識の狭い人間だと見なされることを覚悟せねばならなかった。

海外とのつながりや外国でのキャリアが幅を利かすという状況は、実は二〇世紀中国において、共産党以外にも広く見られた。大多数の民衆が一生外国と縁なく過ごす一方で、統治者が多く国外の著名な学校に学び、中には母国語よりも、英語なりフランス語なりといった留学先の言葉を使うことを好み、そうした家族・一族同士が姻戚関係を介して統治階級を形成するという状況は、今日でも世界のいくつかの国において見られる。自国の制度、とりわけ高等教育や金融機関に信を置かず、軸足のかなりを外国に置く人々が上層を形成するような、いわば植民地型の社会、それに近かったのが二〇世紀前半の中国である。例えば国民党の指導者たちは、彼ら自身、あるいはその子弟の大半が留学経験者だった。いわゆる「宋家の三姉妹」（宋靄齢《そうあいれい》、宋慶齢、宋美齢――それぞれ孔祥熙《こうしょうき》夫人、孫文夫人、蔣介石夫人）などはその典型で、幼少より親の差配でアメリカに学んだ彼女たちの場合、読み書きは中国語よりも英語の方が達者だった。

要は国民党にせよ共産党にせよ、上層のリーダーたちの大半は、遅れた中国を変える方法は外国に学ぶよりほかにはないと思っていたという点で大差はなかった。違いは、目が欧米先進国や日本を向いているか、革命の先進国たるソ連を向いているかだけだったと言ってよいだろう。その中にあって毛の場合は、逆説的にいえば、外国を知らない代わりに、外国崇拝の念も起きにくく、それゆえにかれ独自の革命思想が育まれた、ということになるかもしれない。

とまれ、マルクス主義を信奉しつつも、毛の目があくまでも中国の在地社会に向けられていたことは疑いない。いわば、毛の一身には中国近代にまとわりつく土俗的なものと舶来のものの併存、民衆世界とエリートの世界の懸隔といった、一見相容れない要素が渾然たるまま凝縮していた感があったのだった。それはモスクワ帰りのエリートたちには、マルクス主義に基づく革命運動とは異質なものの混在と映ったであろう。

ちなみに毛以後の中国の指導者で言えば、毛より十歳ほど若い鄧小平の世代あたりまではフランスやソ連への留学経験があるが、その後となると、多くは国外での生活経験をほとんど持たなくなる。江沢民《こうたくみん》が一九五〇年代に当時の友邦だったソ連に技術研修のために一年滞在したのがせいぜいで、華国鋒《かこくほう》、胡耀邦《こようほう》、趙紫陽《ちょうしよう》等々は指導者となってからの外国訪問がある程度である。その青年期に中国をとりまく国際関係が、戦争あるいは中ソ対立下の国際的孤立にあったほか、人民共和国になって自前の教育体制の中で人材養成ができるようになったという事情もある。

さらに最近となると、胡錦濤《こきんとう》、温家宝《おんかほう》、習近平《しゅうきんぺい》、李克強《りこくきょう》、いずれも自身は国内の名門で高等教育を受けてはいるが、留学などの経験はない。もっとも、改革開放後に中国から西側先進国への留学ができるようになると、かれらの子女、いわゆる高級幹部子弟が欧米、日本の大学へ留学するようになり、ある意味で百年前に似た状況が生まれつつある。表向きは自国の教育水準を誇りながらも、現実には外国での教育内容や水準を信頼するという民国的（植民地的）状況であり、同様の状況はいわゆる汚職高官が自分の資産を海外の口座や不動産に移転させているという現実にも認めることができる。

毛沢東について言えば、その子女のうち、長男の岸英《がんえい》と次男の岸青《がんせい》をモスクワに送り出している。一九三六年のことで、当時共産党指導者の子弟を秘かに保護していた上海の党組織の手配で、ヨーロッパを経由してモスクワに着いた時、岸英は一三歳、岸青は一二歳。母亡き後、身寄りのなくなった党領袖《りょうしゅう》の子息をいわば安全な場所に引き取るための措置で、岸英はのちにモスクワの軍事学校に学び、一九四六年に帰国して入党したものの、一九五〇年一一月、朝鮮戦争従軍中に戦死した。★1 毛の場合は、子女を海外の学校に就学させたとは言っても、事実上の避難である。

一九三〇年代まで、両親を革命活動などで失い、孤児となった党幹部の子女は、往々にして毛の

図3―2

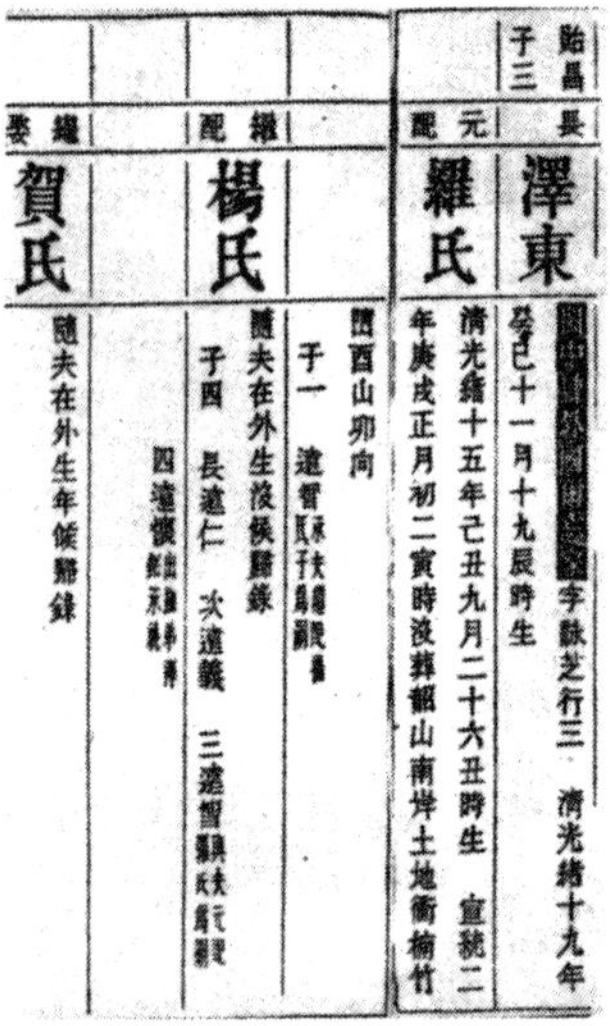

毛沢東の族譜（一族の世系を記した文書）。最初の夫人である羅氏（元配）、二番目の夫人の楊氏（継配）、三番目の賀氏（継娶）の生卒や子どもについての記載が見える。

息子たちのようにモスクワに送られ、ソ連の養護学校などで育てられることになった。党指導者の子女・遺児であるがゆえに親元を離れ、特殊な異郷の環境で成長することになったかれら「赤い二世[★2]」たちこそは、「国際主義」を体現する存在である。

ただし、帰国後のかれらの境遇は概して苦難に満ちたものだった。言葉をはじめ、中国での生活になかなか適応できないところへ、一九五〇年代後半から中ソ関係が悪化するとスパイ呼ばわりされることも起こり、さらに親の地位の変動によって、子も否応なくそれに巻き込まれたからである。

さて、毛沢東のパーソナリティに話をもどして、その二人の息子の母親、すなわち毛の妻・楊《よう》開慧《かいけい》について紹介し、毛の女性観・ジェンダー観はどのようなものであったか、そして一九二〇年代の中国青年は、どのような考えを持っていたのかを見てみよう。

本書第一章の第六節で初期共産党員の恋愛観などを当時の時代状況と合わせて紹介したが、共産党入党と相前後して楊と結婚したころの毛沢東もまた、封建的な家族制度、婚姻制度に異を唱える青年の一人だった。親の決めた結婚相手に嫁ぐ輿《こし》の中で自殺した若い娘の事件（一九一九年）に関して、当時二七歳の毛沢東が続けざまに十篇もの論評を書いているのは、意外に見えるかも知れないが、当時の時代思潮を考え合わせれば、不思議でもなんでもない。その毛沢東もまた十四歳の時に、親の決めた近郷の年上の女性と結婚している（四年後に死別）。その後、女性の従属を強いるような「暗黒社会」を批判する文章を書いて後、一九二〇年末に恩師の娘（楊開慧）と恋愛結婚した。先に当時の結婚事情として、大学進学までに男子学生の半分以上が親の決めた許嫁《いいなずけ》と結婚、もしくは婚約しており、相手を自分で選んだのは、三%にすぎなかったことを紹介した（第一章第六節）が、その数字に照らせば、毛は恋愛による結婚を実現できた、ごく一握りの先進分子だったといえよう。

もっとも、その楊との家庭生活はごく平凡なもので、何か特別に変わった試みがあったということを聞かない。楊との間に三人の子をもうける間も、毛は党の活動に大半の時間をとられ、ほぼ家庭を顧みるいとまはなかった。妻の楊も党員であったが、子育てと毛の世話に忙しかったと見えて、とりたてて何か目立つ活動をした形跡はない。その意味では、彼女の存在はあくまでも家庭を守る人であり、男社会の共産党にあっては、党幹部である毛沢東の夫人以上のものではあ

★1――岸英はロシア語通訳兼機要秘書（情報担当）として従軍した。一方、弟の岸青は精神的疾患があったため、ロシア語の翻訳をする傍ら療養を主とする後半生を送った。このほか、三男として、夭逝した岸龍がいたとされる。
★2――瞿秋白、劉少奇、朱徳、張太雷、高崗《こうこう》らの子どもたちがそれに当たる。

り得なかった。

ただし、「以上のもの」にはなれぬとしても、夫が大きな権力を持つような人物である場合、その「夫人」として認知され、相応の権勢を振るうことは可能である。人民共和国期の毛夫人、すなわち江青《こうせい》はその典型であろう。ただし、その江青を含め、党の百年の歴史の中で、中央の指導部の中核たる「中央政治局常務委員」になった女性は、ただの一人もいない。名誉職的色合いを帯びる国家副主席や副首相などには、女性が起用されたことはあるとは言え、ごく一握りの最高指導者は、完全に男性によって占められてきたのである。

さて、毛は一九二七年に共産党の武装蜂起のために農村に赴き、以後、楊開慧との連絡は途絶えた。翌年、楊を実家に残したまま、農村根拠地の女性活動家（賀子珍《がしちん》）と「結婚」している。楊は、実家に潜伏していたところを一九三〇年に逮捕され、死に処された。生前、出て行ったきりとなった毛の消息を求め、連絡を取ろうとしたらしいことが、半世紀後に実家から見つかった書状、書き付けによって明らかになっている。ただし、毛への愛・憎・恨が混然とつづられているとされている書簡をはじめとして、それら文書は、今日でも全部が公開されているわけではない。

毛沢東の家庭生活、私生活については、実際に見聞したことと見聞していないことをない交ぜにして語る「真相本」などが時折出版され、世を騒がしている。むろん、当てにならぬことも多々書かれているわけだが、そうした本が幅を利かせる一つの原因は、当の共産党が資料の公開に極めて消極的なことである。この楊開慧が残した書簡も、公開されない文書の一例で、資料が公開されないから、いわゆる「機密資料」「極秘資料」という触れ込みの怪しげな文書や暴露本があとからあとから出てくることになる。そうした事態に対する本当の対策は、それら書物の出版や流通、持ち込みを禁じることではなく、党自身が情報の公開を進めることであるということを知るべきであろう。

3 党の首脳たち――「忠臣」と「佞臣」

結党から百年におよぶ共産党の歴史を、大きく毛沢東期とポスト毛沢東期に分けることには、一定の合理性がある。毛沢東期とは、その毛沢東をはじめとして、結党期の陳独秀など強い個性を持ったカリスマ指導者が、革命と戦争、そして国づくりに邁進していく時期で、ドラマティックな出来事も多い。一方、その後となると、毛に匹敵するカリスマ性を持った指導者はあらわれず、せいぜい鄧小平あたりの「小さな巨人」がそれなりのカリスマ性を発揮する程度で、その後の胡耀邦、江沢民、胡錦濤となると、その存在感はぐっと小さくなる。

かくも大きな存在であったから、党の歴史のうち、一九七六年のその死までの五五年は、毛沢東を中心に党の歩みを語ることができる。だが、毛沢東だけで党の歴史を語ることはできない。初期で言えば、建党の推進者・陳独秀を筆頭に、北京、広東でその陳に協力して党結成を進めた李大釗、譚平山の名前を挙げられるし、陳独秀失脚後ということになると、文学批評でも名高い瞿秋白や、労働運動で経験をつんで中央の指導者に駆け上がった李立三、さらにはモスクワでの国際共産主義運動のなかで頭角をあらわした王明、張聞天、さらには毛との権力闘争を繰り広げた張国燾らの名前を挙げることができる。また、こうした各々の「誤った」路線の執行者以外の善玉としても、周恩来、劉少奇、朱徳、彭徳懐、高崗《こうこう》、鄧小平らの名前を挙げることができる。

党の首脳の任免はそれ自体が高度に政治的なメカニズムでなされ、当初はコミンテルンとの関係で見たように、おもだった党指導者の任免は、国内（党内）での手続きだけでなく、モスクワ（コミンテルン）の意向も踏まえてなされた。例えば一九三一年四月に上海で開かれた六期四中全会のように、モスクワから直々にやってきたコミンテルン代表（ミフ〔P. Mif〕）の監督・指導のもとで会議が行われ、ミフの教え子たちが指導部に送り込まれるようなことも起こっている。こうした状況に大きな変化をもたらしたのが長征であり、事実上コミンテルンの介在なしに党の指導部の交代が起こったことは、すでに述べた通りである。

長征後の共産党で起こった人事上のもう一つの変化は、新たに根拠地となった陝西省北部の現地幹部が中央の指導部に抜擢されたことである。そもそも毛沢東ら中共中央と長征部隊が最終的に陝北を目指したのは、そこに劉志丹らが一九二〇年代以来の活動によって切り開いた根拠地があったからである。黄土《こうど》高原が広がる陝西省北部は、中国でもとりわけ貧困な地域として知られる。「黄色い大地」と言えば聞こえはよいが、降水量も少なく、地味も痩せている。そこへ毛沢東らの長征部隊だけでなく、ほかの根拠地からも総計三万もの共産党系部隊が次々とやってきたわけだから、党の人員や兵員を養うだけでも、地元組織と住民に大きな負担を強いたわけである。それゆえ、陝北の地元出身の幹部グループが重用されることになるのは、ある意味で当然だった。

その代表が高崗である。かれらのグループの首領格だった劉志丹が長征部隊の到来からほどなく戦死したこともあり、その部下だった高崗が毛沢東の高い評価をうけ、劉の後継者として抜擢され、異例の昇進を遂げた。このグループには習仲勲《しゅうちゅうくん》もいた。今の最高指導者・習近平の父である。高崗は一九四五年の第七回党大会後に、十三人しかいない中央政治局委員に選出され、国共内戦時には東北（旧満洲）での地盤固めに主導的役割をはたし、東北部の党・政・軍の大権を一手に掌握、建国時には中央政府副主席に就任した。

人民共和国の建国以後の党の人事については、この高崗に率いられた東北派や彭徳懐ら西北派など国共内戦時の大軍区に起源する地域別派閥、あるいは内戦時の軍事編制（第一から第四の野戦軍）から派生した軍集団派閥がしばしば話題となる。むろんそうしたくくりで諸派の動向を見ることができないわけではない。しかしながら、これよりも強い傾向性を持ち、建国後の党人事に大きな影を落としたのが、根拠地由来の幹部と白区《はくく》幹部のあいだの軋轢《あつれき》であろう。

白区とは国民党統治区のこと、共産党が支配していた根拠地（ソヴィエト区）に対して、大都市部などいわば敵支配地域が「白区」と呼ばれる。「白区」での活動はその性質上、地下活動や情報活動が中心で、派手な根拠地の革命運動に比べれば、地味な存在である。ただし、国共内戦では、国民党部隊の寝返り工作を担当したり、進駐してくる解放軍への情報提供や受け入れをしたりと、重要な役割を担った。いわば、革命という共通の目標を持つ組織にあって、活動の場所が違っていたに過ぎないのだが、当時の党内には地下活動をしてきた白区の党員を格下と見る風潮が強かった。白区の党員は「長征」のような経験もなく、「整風」によって鍛えられてもいない半人前の党員だという偏見を持っていたからである。

かくて、人民解放軍を引き連れて各都市に入城してきた根拠地幹部の中には、その手助けをしてくれた白区幹部を広場に集め、説教めいた訓話を行うような者も多かった。さらに、例えば南京では、中央から送られてきたという現地党員への対応方針、「ランクを下げて任用する、起用をなるべく手控える、職務を現地に限定する、次第にふるい落とす」（降級安排、控制使用、就地消化、逐歩淘汰）にもとづいて、百人余りが党籍を停止されるという事態さえ起こったという。

一方、農村での経験や戦闘などに長けてはいても、字もろくに書けないような根拠地幹部に対し、相対的に高学歴で文化水準の高い白区幹部は、その粗野で傲慢な振る舞いに違和感を覚えつつも、それにあらがえないような心理状態に置かれた。ところが他方で、建国以後に党の活動の重点が軍事から経済再建や行政へと移り、党員にもある程度の専門性が求められるようになるにつれ、実際の活動では白区幹部が重用される傾向が強まった。事情は中央でも同様であって、政府各部門の実務に専門性や教養が求められると、農村での経験だけでは手に負えない工作が増えていき、白区幹部の重用にさらに拍車をかけた。それを党中央のレベルで体現したのが、白区での活動歴が長く、その統括をした経験のある劉少奇に連なる人脈、例えば彭真、薄一波《はくいつぱ》、安子文《あんしぶん》、劉瀾濤《りゆうらんとう》らである。これに反発する幹部の中には、このままでは党中央は白区党に乗っ取られてしまうと、真顔で毛沢東に諫言する者さえいた。

こうした肌合いの異なる幹部集団をいかに制御していくかが、毛沢東ら党首脳の悩みどころだった。政権党となった共産党がまず手をつけたのが、内戦時に設けた六大軍区の再編である。内戦最終盤の一年余りのあいだに、北から南へそして西南へと人民解放軍が全土を席巻していく中、共産党の支配地域は急速に拡大し、組織は肥大化していた。それら地域を軍政両面にわたって管轄するため、東北、華北、華東、中南、西北、西南の六つの軍区が作られ、それぞれに有力な党幹部が責任者として君臨したが、これは放っておけば、地域ごとの割拠を招きかねない。そこで建国から一年ほどのあいだに、それぞれの軍区の責任者に中央の部署の仕事を割り当てるなどの措置によって、その大権と地盤を手放すようにし向けたのである。この措置は、同時に中央の指導者間の主管部門の固定化を回避する一手でもあった。すなわち、東北王と呼ばれた高崗が一九五一年に中央に呼びもどされて国家計画委員会の長に就任したことによって、周恩来が一手に引き受けていた国務の管掌事項のいくつかと、劉少奇が担当していた財政経済委員会のいくつかを分担することになり、権力のリバランスがはかられたわけである。

もっとも、これによって高崗の中央における存在感は、いや増した。内戦勝利の原動力となった東北の地盤の主が、中央政界に位置を占め、新中国建設の要《かなめ》となる国家計画委員会を仕切ることになったわけで、それはかれの地位が劉少奇や周恩来をしのごうとする兆しとも言えた。当時の高が、かりに毛の後継者を論ずるとすれば、自身がそれにあたると考えたのも無理はないし、当時の毛の人事差配が高の予想と食い違うものでなかったのも事実であろう。[2]もっとも、高はおのれの地位の上昇を頼んで、劉少奇や周恩来をはじめとする党内の実力者に取って代わる画策をしたとして失脚、一九五四年に取り調べの過程で自殺した。地盤であった東北を「独立王国にしようとした」「反党分裂活動をした」というのがその罪状であり、自殺はその罪科を認め、贖《あがな》うことを拒否したという意味で、党と人民に対するさらなる裏切り行為だというのが共産党の見解である。ただし、その企みなるものの実際については、なお明かされない謎を残す。陰謀に加担したとされるもう一人の有力者饒漱石《じょうそうせき》の名をとって、「高饒《こうじょう》事件」と呼ばれるこの事件は、その後、人民共和国で幾度か起こることになる有力指導者の謎の多い失脚事件の第一号であった。

政治の世界で失脚するということは、その人物の功績を、あるいはその存在さえ、公的な記録・記憶から抹殺することを意味する。一九四九年の建国式典の模様を描いた歴史画『開国大典』を見てみよう。一九五三年に制作された当初、建国の宣言を読み上げる毛沢東を祝福するように居並ぶ天安門上の指導者たちの中には、高崗の姿があった（図3―3、Aの矢印の人物）。ところが、かれの失脚という事態を受けて、この絵を描いた董希文《とうきぶん》という画家は絵の修正を命じられ、画中の高崗を塗りつぶすことを余儀なくされたのだった（同B）。やがて文化大革命が起こり、劉少奇が打倒されると『開国大典』の劉少奇（Bの矢印の人物）も別人に姿を変える（同C）という措置がとられることになる。[★3] 文芸、芸術の役割について、毛沢東は前述のように、延安整風時期に文芸講話を発表し、芸術が政治に奉仕する必要性を訴えたが、つまりその奉仕とは、この絵画のように、折々の政治課題に応えることを意味したのだった。

高崗のほか、共産党の有力指導者であったにもかかわらず、その名が抹殺され、こんにちの中国でほとんど名の伝わらぬ大物指導者に康生《こうせい》がいる。一九三〇年代半ばまで主にモスクワの中共

図3―3

A 『開国大典』のオリジナル版

B 高崗失脚後の『開国大典』(部分)。

C 劉少奇失脚後の『開国大典』(部分)。

駐コミンテルン代表の一人として、王明の片腕のごとき存在だったかれは、その王とともに一九三七年一一月末に延安に帰国した後、鞍替《くらがえ》えして毛に親しく仕えるようになった。かれはモスクワ時代に培ったと見られる諜報や粛清にまつわる特殊技能と中国の古典文化に関する深い造詣で毛沢東に一目置かれ、党内での粛清運動、例えば延安の搶救《そうきゅう》運動で恐ろしいまでの手腕を振るった。いわば粛清のプロである。それでありながら、穏やかな人柄や学識ゆえに、「東海聖人」とまで讃えられ、毛の息子岸英が戦後にソ連から帰国すると、その教育係にもなっている。かつての王朝でいえば、皇太子の教育にあたる「師傅《しふ》」である。

康生は持病で体調が安定せず、人民共和国では政治の表舞台に出ることは多くなかった。それでも、病状がいささか改善した文革期には、再びその威望を買われ、中央政界に復帰し、毛の庇護のもとで粛清の専門家ぶりを発揮した。一九七三年には党の副主席にまで昇りつめたものの、その二年後に癌で病死、一万五千人が参列した追悼式では「中国人民の偉大なる戦士」という称号を贈られた。だが、その称号は毛沢東の生きている間だけの限定版だった。その主《あるじ》たる毛沢東が死ぬと、康生は生前の悪行（行きすぎた粛清）を次々に暴露され、結局一九八〇年には、かれを党から永久に追放（除名）することが決定された。追悼式で与えられた称号は取り消され、代わりに「反革命集団の主犯」、国外からは「中国のベリヤ」[★4]というあだ名が与えられることになる。その後、死者への鞭打ちは、革命公墓からの遺灰の移動、いったん革命史跡とされた生家の指定取消し……と続いていった。

図3—4

文革の指導者を讃える宣伝画。

かくて、墓から遺灰が追い出されたように、生前のかれの姿は可能な限り歴史からも抹殺されることになった。今日、共産党史関連の写真資料集をめくっても、そこに康生の姿はほとんど残っていない。意図的に取り除かれているのである。だが、不正常なことであっても、それが半世紀近くも続くと、歴史は上塗りされてしまうと見えて、最近ではどうかすると、中国の学者でも、康生を知らぬ場合がある。

上の図3—4は一九六六年に制作された文革指導者を讃えるポスターで、左から康生、周恩来、毛沢東、林彪、陳伯達、江青と描かれているが、このうち周と毛を除く四人は、その後に共産党の公式の歴

★3——なお、この「開国大典」という作品は、その後文化大革命が終わり、劉少奇の名誉が回復されると再度描き直され、劉少奇が、ついで高崗が復活することになる。現在、この大型油絵は中国国家博物館に展示されている。

★4——ベリア（Beriya）はソ連での粛清運動に主導的役割を果たしたソ連共産党の指導者。

建国時共産党首脳たちのその後（網がけは毛逝去時までに迫害死あるいは失脚）

		1955年　　1966年　　1976年
朱　徳	(1886-1976)	――――――――――――病死
劉少奇	(1898-1969)	――――――――迫害死
周恩来	(1898-1976)	――――――――――――病死
任弼時	(1904-1950)	―病死
陳　雲	(1905-1995)	――――――――1969実質失脚――1978復活――病死
康　生	(1898-1975)	――――――――――――病死　1980（除名）
高　崗	(1905-1954)	――失脚・自殺
彭　真	(1902-1997)	――――――1966失脚――――――1979復活――――病死
董必武	(1886-1975)	――――――――――――病死
林伯渠	(1886-1960)	――――病死
張聞天	(1900-1976)	―――――1959失脚―――――――病死
彭徳懐	(1898-1974)	―――――1959失脚――――迫害死
林　彪	(1907-1971)	補充――――――――亡命・墜落死
鄧小平	(1904-1997)	補充――――――1968（失脚二度）―1977復活――病死

史からは「追放」されている。毛を皇帝になぞらえれば、その四人は毛の寵《ちょう》を受けてよこしまな野心を起こし、党と人民に災いした「佞臣《ねいしん》」ということになる。一方、それら「佞臣」がはびこる中で、耐え難き恥辱に耐えながら、人民を塗炭《とたん》の苦しみから救い、党を守った「忠臣」こそが周恩来だということになるだろう。

人民共和国の成立した一九四九年時点で、党の最高指導部を意味する中央政治局委員は十三人いた。間もなく病死した者もいるので、五五年に二人補充されたが、それら計十五名のうち毛以外の指導者のその後を簡単にまとめると上の表のようになる。

網がけをした人物は、毛の逝去した一九七六年時点で、失脚中、もしくは迫害死などの不正常な死をとげた指導者であり、八人を数える。また、董必武と林伯《りんはく》渠《きょ》の二人は事実上実権のない長老格で、朱徳も一九六〇年代以降はそれに近い。任弼時は建国式典にも出られないほど重病であったし、康生はすでに述べたように、毛が死ぬまでは羽振りがよかったが、死後に党を追われたような人物である。つまりは十四人のうち、毛の時代をまともに生き延びられたのは、周恩来ただ一人と言ってよいのである。毛のもとで働くのは、ある意味で命がけであり、並大抵のことではなかった。

では、その「忠臣」たる周恩来は、なぜ毛沢東についていけたのか。また、毛が指導部の有力者を次々と粛清し、さらに経済分野で失政をかさねながらも、最終的に党の誰も反対できなかったのはいったいどうしてなのか。

周恩来は日本、フランスへの留学経験を持ち、毛と同様に党の初期から活動してきた実務型の党幹部である。一九二〇年代の国民革命時期から上海武装暴動や南昌蜂起といった大きな事件にかかわり、毛沢東らが農村ゲリラ戦によって革命根拠地を拡大していた時期には、主に党中央で党務を取り仕切り、留ソ派と土着派毛沢東とのあいだに極端な対立が生じないよう腐心した。ただし、そうした周旋型の調整は、「調和主義」だとして、留ソ派からも土着派からも批判されている。「調和主義」、これは周に終生つきまとったレッテルであり、元来極端に走ったり、衝突したりすることを嫌う周の気質でもあった。その後、周は「長征」途上の遵義会議で毛を指導部に入れることに同意、それ以後、周は次第にナンバーワン指導者となる毛を支え、共産党の対外交渉を一手に担う実務の実力者となった。

人民共和国では、中央政府の総理（首相）に就任、一九七六年の死までその任にあった。高崗、劉少奇、林彪などナンバー・ツーと呼ばれた毛沢東の後継候補者たちが、毛によって次々と排斥される事態の中で、独り周のみが終始毛沢東に信任され、失脚することがなかったのは、大躍進にせよ、文革にせよ、周が基本的に毛に逆らうことをせず、他方で毛沢東も、時に周に不満を持ちながらも、周の実務能力を高く買っていたからであろう。つとに延安時代に、毛は徹底的にその「調和主義」を批判して周を屈服させ、毛沢東思想への忠誠を誓わせている。毛への屈従は、晩年により顕著になっていくが、それは革命の理想を掲げてここまで来た以上、今さら変な理屈をつけて反旗を翻すことはできないというある種の強烈な「晩節」意識であったように思われる。毛に最後まで付き従うという「晩節」の重要さについて、周は文化大革命がまさに始まらんとしていた時に、次のように言っている。

毛主席に従わなければならない。毛主席は今日指導者であり、百年後も指導者である。晩節が忠でなければ、すべてが帳消しなのだ。[3]

また、最晩年（一九七五年）、癌《がん》の摘出手術を受けた直後に毛に送った手紙では、術後の様子を伝えつつ、遵義会議以来四十年におよぶ毛からの大恩に謝したうえで、「病床にあって過去を顧みながら反省を繰り返し、晩節を全うする」覚悟だと結んでいた。[4] その規範意識に照らして言えば、途中まで毛に従ってきたのに、結局「晩節」を全うできなかったのが、劉少奇であり、彭徳懐であり、林彪なのだということになろう。その周恩来の「節」が、共産主義者としてのものだったのか、あるいは毛にかしずく僕《しもべ》としてのものだったのか、それを弁別するのは難しい。毛個人への臣従にしか見えない周恩来の「節」も、おそらくかれにとっては、中国の共産主義運動が紆余曲折と苦難の末にたどり着いた唯一の道と分かちがたく結びついていたに違いないからである。それゆえ、毛から離れることは、共産党人としてあるまじき転向なのだった。

　当時、庶民は毛を「毛主席」、あるいは単に「主席」と呼んだ。「毛沢東」とは呼ばない。余りにも畏《おそ》れ多いからである。昔からの同志には、例えば彭徳懐のように、時に親しみをこめて「老《ラオ》毛《マオ》」、つまり「毛さん」と呼ぶ強者《つわもの》がいたようだが、例外中の例外である。★5 これとは対照的に、毛沢東の秘書を務めた田家英《でんかえい》や中央の指導者への全般的サービスを行う中央弁公庁主任を多年にわたって務めた楊尚昆の日記や書簡には、毛を指して「主」「主座」、あるいは「主公」とする呼称がしばしば出てくる。[5] 普通は「主席」と呼ぶところ、その「主」に敬いの意味の「座」「公」をつけていると解釈することもできるし、そもそも古来臣下が君主を呼ぶ場合にも、主公、主座と言ったから、それにならったとも解釈できる。「主席」の意を盛りこめば、「主席殿」だし、旧来の意味を引き継ぐなら「お上《かみ》」「上様《うえさま》」といったニュアンスである。毛の側近がこうだから、それより遠い関係の党の他の指導者ならば、旧時の皇帝に相対《あいたい》するようなものだっただろう。先の周恩来の毛宛て書簡も、その筆致は臣下から皇帝に奉るごとくに恭しいものである。

★5——その彭徳懐も正式に書簡を送るさいには「主席」という言葉を用いた。もっとも、その意見書は非常に鄭重なものではあったが、毛の逆鱗に触れ、彭徳懐の失脚につながり、粛清の引き金となった。

では、そのカリスマ性はどこに由来するのか。性急な社会主義化や文化大革命のような、今日から見て無謀な企てをする毛に、結局多くの指導者が付き従ったのはなぜか。答えは難しいが、あえて単純化してひとことで言うならば、それは「この人に従っていれば、これまでも最後には上手《うま》くいったじゃないか。失敗に終わることはなかったじゃないか。結局は、この人についていけば大丈夫なんだ」という経験則から来る漠然とした全幅の信頼感ではなかったか。そして、その信頼感の裏返しとして、毛に批判されることを極度に恐れ、毛沢東への忠誠に名を借りた保身の行動パターン（批判の刃やその火の粉がおのれに及んでくるのを極端に忌避するがゆえに、不幸にもスケープ・ゴートにされてしまった同志を「搶救」と称して進んで鞭打つ行動様式）が延安整風以来定着した結果、毛沢東への批判がましい言動には、集団的ヒステリーのごとき攻撃がなされ、高崗以来、彭徳懐、劉少奇、林彪と次々にその標的にされてしまい、気がつけば昔からの同志で残ったのは、周恩来ただ一人になってしまったのである。

コラム⑥　毛沢東「作詞」の歌——毛主席詩詞歌と語録歌

人民共和国で毛沢東への個人崇拝が進み、また文化活動への政治干渉が強まると、歌詞のちょっとした言葉遣いが政治問題化するような事態が見られるようになった。それゆえ、全党・全国規模で推奨する歌の場合は、周恩来あたりが歌詞をチェックして万全を期すようなことも起こっている。毛沢東賛歌の代表作《大海の航海は舵取りに頼る》（王双印《おうそういん》作、一九六四年）は、そうした曲の代表である。

こうした傾向が極端化したのが文化大革命の時期であった。毛沢東崇拝が全土にあふれ、音楽、絵画、書法など芸術のあらゆる分野が毛沢東を讃えるようになった。毛崇拝の最も極端な歌が、毛の詩歌や文章そのものを歌詞にする「毛主席詩詞歌」と「語録歌」である。これならば、歌詞にクレームをつけられる心配がない。毛が旧詩を作るということは早くから知られていたが、未発表のものを含むかれの詩詞十八首が一九五七年に、『詩刊《しかん》』という雑誌にまとめて発表されると、それらを歌詞にした歌曲がさまざまな作曲家によって大量に作られた。

中でも抜群の才能で詩詞歌を量産したのが、李劫夫《りごうふ》という音楽家である。延安の人民劇社などで活動したこともあるかれは、東北の瀋陽《しんよう》音楽学院などで教鞭を執る音楽家で、一時「右派」とされかけたが、持ち前の多作ぶりを発揮して、一九五八年から毛の詩詞に次々と曲をつけていった。そして数年の間に、当時知られていた毛の作品三七首すべてに曲をつけたのである。一首に対して複数の曲をつけたものも合わせると、総計五七曲にのぼるという。このころ全国で作られた「毛沢東詩詞歌」の中から優秀作品を百点厳選した本が、一九九三年に人民音楽出版社から出版されたが、そのうち、李劫夫の作品は三五点を占める。実に三分の一強がかれの作品なのである。

毛詩詞歌の天才として知られたかれは、一九六三年に発表したオリジナル曲《我們走在大路

李が隔離審査中に描いた自画像

上》（我らは大いなる道を行く）で名声を不動のものにし、その後文革が始まると、さらに『毛主席語録』の文章を歌詞にして曲をつけた。いわゆる語録歌である。詩と違って語録所収の毛の言葉は散文である。例えば、「我々の事業を領導する核心的力は、中国共産党である」という文を歌詞にして、曲をつけることになる。一般的に、歌詞が先にある場合、作曲する者の自由度は少なくなると言われる。歌謡曲用の歌詞ですらそうなのだから、散文にしてかつ絶対に歌詞をいじれない語録に曲をつけるのがいかに大変か、音楽家でなくともある程度想像はつく。その困難を克服してかれが作った語録歌は、何と一三〇曲、超人としか言いようがない。あるいは当時の毛沢東へ捧げる崇拝のエネルギーは、李のみならず、多くの常人を超人に変えたのかもしれない。その努力が認められ、かれは一九六九年には党の第九回大会の代表に選ばれた。

だが、語録歌を量産したことが、かれの悲劇の発端となる。毛語録の編纂の音頭をとったのが林彪、李は林彪が語録再版にさいして書いた前言も曲にした。前言は八百字以上もあり、歌い終わるのに七分以上もかかる大作、歌というよりも合唱付きの交響曲のようでさえある。さらに一九六八年には林彪の接見を受け、その後に林彪の詩詞にも曲をつけた。林は当時毛沢東の後継者だと公表されていた人物、林彪の言葉に曲をつけて讃えても、何の不都合があろう。だが、しばらく後、李は突如身柄を拘束される。林彪がクーデター未遂の末に死んだのだった。李は、党と毛主席を裏切った極悪人林彪に加担したとされ、隔離審査を受けることになったのである。政治に仕え、政治に翻弄されたこの稀代の「紅色音楽家」は、五年に及ぶ監禁生活の末、心臓発作によりこの世を去った。毛の死から三カ月後、六三歳だった。

4　毛沢東と文——書斎の中の皇帝

かつての同志が、あるいは失脚、あるいは不遇・非業の死によって姿を消す中、晩年の毛沢東が熱心に取り組んだのは、自分の詩の作品を集成することだった。一九七三年暮れ、毛は身辺の世話をする秘書（看護長）に命じて、自らのすべての詩詞を清書させた上で、推敲・校訂をしている。それも一度ならず、二度も。時に毛沢東八〇歳、並々ならぬ執念と言わねばなるまい。毛が二〇世紀中国の政治家、革命家の中で指折りの書家、詩人であること、さらには自らの文章や詩について、細かく校訂をする一種の完璧主義者であったということは、かれの性格を知る上で重要なことである。

共産党の初期の幹部がほぼ知識人によって占められていたということから容易に推測できるように、党の第一世代の指導者には濃厚な士大夫意識が残っており、それゆえいわゆる中国伝統文

図3—5

北京の中南海の毛沢東の寝室兼書斎

化の代表たる旧詩や書などをたしなむ幹部も少なくなかった。中でも、毛沢東は書物、とりわけ中国の古典書をこよなく愛したことでも知られる。本書冒頭で、脚を切った劉少奇のベッドのエピソードを紹介したが、生前の毛沢東のベッドにも特色がある。広いベッドの片側半分には書物が置いてあるのである。ベッドに横になって本を読む、それがかれの習慣だった。

毛沢東は愛書家であるばかりでなく、書、詩に非凡な才能を見せ、名作と呼ばれる作品をいくつか残している。古来、「文」への敬意が社会の基層にある中国では、政治家の器量、あるいは指導者としての資質は、多分にその人の持つ「文」の水準によってはかられると信じられてきた。「文」の素養としてとりわけ重要なのは、「詩」と「書」である。官僚登用試験である科挙の科目に、常に「詩」があったのは、おのれの抱負や気概、さらにはこの世の森羅《しんら》万象《ばんしょう》を、古典を踏まえた定型詩のスタイルで表現できるかどうかによって、その人の資質、もっと大げさに言えば、その人の全人格がはかれると考えられたからである。古典を理解し、文章や詩歌に長《た》け、おのれの考えを美しい文字でつづれる人は、当然に良き政《まつりごと》を行うことができると

図3—6

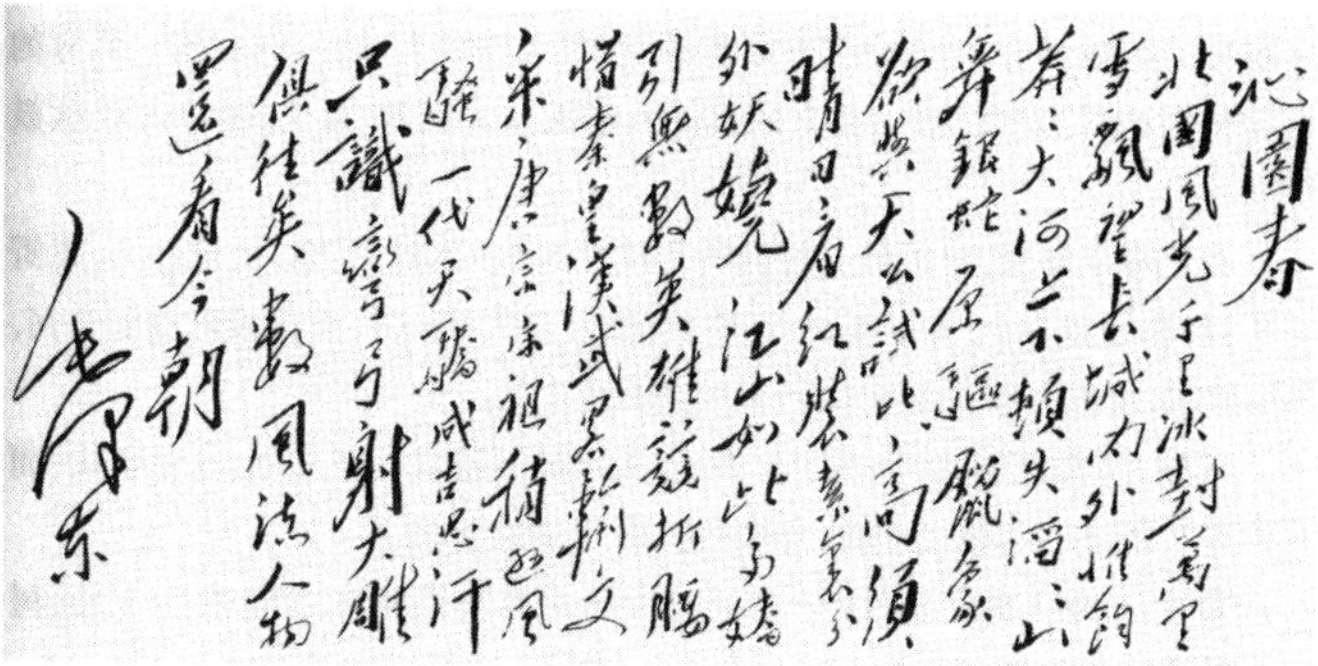

毛の自作自筆の「沁園春　雪」

誰もが信じていたし、恐らく今もそう信じられている。この点、毛沢東はまぎれもなく、中国の多くの人を心服させるほどの実力を持つ「文」の人であった。

ちなみに、晩年まで続けられた集書によって蓄えられた毛沢東の蔵書は、先の寝室のものも含めて、約九万冊を数える。それはどれほど多いのか。例えば、筆者の勤務する京大人文研は、九〇年の歳月をかけて集めた中国書（漢籍）コレクションを、国内外でも有数のものだと自負しているが、現在約三十六万冊である。毛の九万冊が個人の蔵書として、いかに大きなものかが知れよう。そして、それら漢籍に対する深い理解の上に、書や詩詞の作品をのこしたのだった。[6]ちなみに上の図3—6は、その詩を毛が自ら墨書したかれの詩「沁園春　雪」である。

毛沢東の地位が確固不動のものとなると、こうした作品の複製が中国全土にあふれることになった。毛の字や文章はそれ自体が物神化して、「一字一句が黄金のように光り

図3—7

秘書たちと『毛沢東選集』第4巻の編集作業をする毛沢東。

輝く」とうたわれ、やがて誰の手にも行き渡るようになった。一九五〇年代前半に刊行の始まった『毛沢東選集』（全四巻、以下『毛選』と略称）と、一九六〇年代に出現した『毛沢東語録』（原文は『毛主席語録』）がそれである。「語録」というカテゴリーは中国の歴史上、『近《きん》思《し》録《ろく》』『伝習録《でんしゅうろく》』のようなものがよく知られているし、『選集』に至っては、少々有名な物書きなら、誰もが出版すると言ってもよいだろう。だが、毛沢東時代の『毛選』は単なる著作集ではなく、『毛語録』も単なる名句の抜粋集ではなかった。

一九四四年に中共系の新聞社（晋察冀《しんさつき》日報社）が独自の『毛沢東選集』を刊行して以来、各地で統一を欠くままに刊行されていた毛の著作集は、人民共和国の建国を控えた一九四九年、公式の選集編纂に向けて動き出すことになった。共産党における個人名を冠した選集の発行は、党指導者としての明確な認知であり、中国革命が誰の功績なのかを内外に示すセレモニーでもあった。著作集がそのようなものであるからには、収録すべき文章の選択に始まって、必要な字句には注釈の作成、不正確な記述や字句には修正や削除をほどこさねばならない。さらにはレーニン、スターリンら他の革命家への言及が適当かどうかという高度な政治的配慮はもちろんのこと、昔の主張が今の政策や方針と違う時には、齟齬をきたさないように内容を書き換えるなどの、慎重な改訂作業が欠かせないことになる。

つまり選集というのは、自分がかつて書いたものを、その時のまま収録した歴史資料ではなく、選りすぐった文章を永遠に残すべく仕上げた決定版なのである。少なくとも、毛にとっては選集とはそういうものだった。それゆえ、『毛選』の準備のために、ソ連からイデオロギー担当の専門家を顧問として派遣してもらい、国内からも政治、思想、歴史などそれぞれの分野の精鋭が集められ、毛自らも校訂や修正、さらには注釈の作成にあたるという態勢がとられたのである。

中国には「文章は経国《けいこく》の大業《たいぎょう》、不朽の盛事《せいじ》」（曹丕《そうひ》「典論」）という言葉がある。普通は、すぐれた文章は国を治めるための重大な事業であり、永久に朽ちることがない、という意味に解する。毛の自らの文章へのこだわりを見て浮かんでくるのは、まさにこの言葉である。文章とは国の舵取りに直接にかかわる非常に重要なことであって、逆に言えば、国を治める上で無用な誤解を引き起こすような文章を残してはならない。詩にせよ、文章にせよ、そうした意識がかれをして完璧な「定稿」へ向けた改訂作業に駆り立てたと言ってもよいだろう。

『毛沢東選集』は一九五一年に刊行が始まり、六〇年まで四巻が出た。収録されたのは、一九四九年までに執筆されたものだった。当然に年月がたてば、一九四九年以降に発表したものも、第五巻以降に収録されることになろう。実際、第五巻の準備作業は行われていて、毛亡き後の一九七七年に、一九五七年までの毛の著作を収録した第五巻が刊行されている。ただし、一九四九年以降の毛の著述は、文化大革命を含め、中国に厄災をもたらした主張に満ちているため、その主張やそれを選集に組み入れることが問題視され、改革開放政策開始後の一九八二年に発行が停止された。それゆえ、公的には『毛選』は今でも第四巻までが正規の版とされているのである。

一方、『毛語録』は一九六四年に解放軍の部隊に配布されたのがはじまりで、毛著作から重要な字句、文段を抜粋したものである。文庫版よりも少し小さめの赤い表紙の本で、「紅宝書《ホンバオシュー》」とも呼ばれ、朝な夕な、日常生活も含め、活動の節目節目にリーダーの先導でみなが関連部分を唱和するようになった。『毛選』にせよ、『毛語録』にせよ、そこに書いてあることは、毛直々の指示だとされ、強い規範性を持った。ちなみに『毛選』はこれまでに公定版だけで、総計三億冊が発行され、『毛語録』に至っては、文化大革命の十年間だけで、五十数億冊が発行されたという。世界の総人口が三十数億の時代にである。

上記のような党指導者の文集、著作集に対する保護あるいは管理は、程度の差はあれ、今日なお行われている。『毛選』の時代は、毛沢東独尊であったから、党のほかの指導者の文集、著作集が正規に出版されるということはなかったが、毛がこの世を去り、文化大革命が事実上終了すると、周恩来、劉少奇、朱徳ら、人民共和国の元勲たちの著作集が相次いで刊行されていった。編纂の責任者となったのは、一九八〇年に正式に発足した中共中央文献研究室である。毛沢東の場合は、専門のグループ「毛沢東選集出版委員会」が組織されて編纂にあたったが、周、劉、朱に関しては、中央文献編輯《へんしゅう》委員会という組織（常設の機関としては中央文献研究室）が担当し、一九八〇年の『周恩来選集』を皮切りに、それぞれの選集を出版している。

こうした著作集について興味深いのは、それら国家指導者の文集についても、こんにちでも、伝記や年譜を含め、編纂、出版にあたる機関・出版社が指定されていて、民間や大学、あるいは一般の研究機関が独自に著作集やそれに類するものを編むことは禁止されていることである。[7] すなわち、かりに毛沢東ら指導者の若いころの文章や詩など、どんなに貴重な資料が見つかっても、それを見つけた者が新発見文書と銘打って資料集などに編纂して印刷することはできないということである。

この規定は、現在では、国家指導者全般に拡大して適用されている。[8] 現在のところ、国家指導者の文集の最新のものは、習近平の著作集で、二〇一四年以来刊行が続いている。現在まで三巻が出ており、その発行の様式はかつての『毛沢東選集』を彷彿《ほうふつ》とさせるが、この手の著作集を個人が編纂・発行することは禁じられているわけである。

図3—8

習近平の著作集。日本語版も刊行されている。

もっとも、習の著作は近年、「重要論述」として、政治・社会・イデオロギーなどほとんどの領域について次々と発表され、そのたびに党員たちは否応なくそれの学習を強いられているので、わざわざ独自に習の文章を編纂しようとする者がいるとは思われないが……。

共産党の指導者にとって政治や思想を語る文章を執筆することは、その人に指導者の資質があることを示す重要な行為である。また自らのところに上がってくるさまざまな案件や報告に対し、党指導者が決裁や指示を出すことも多いわけだが、そうした文章執筆をどれほど指導者自身がこなしているかは、なかなか外には伝わってこない。

少なくとも毛沢東に関する限り、党指導者となった後でも、かれは文章をできるだけ自分で書くよう努めていた。もちろん、党中央の名義で発するような指示や通達といった公文書は、それを起草する者がいるわけで、すべてが毛の執筆にかかるわけではない。だが、『毛選』に収録するような、自らの意見や主張を表明するものや報告は、大半が毛自身の手になるものだと言ってよい。さらに、毛は情報が自分のところに上がって来ているのかにも神経質で、一九五三年には「今後、中央の名義で出す文書、電報はすべて自分が目を通してから発出するようにする」という指示さえ出すほどだった。[9]

自分の名義の文章は自分で書く、もともと毛は文章を書くのが好きだったこともあり、率先実行するだけでなく、ほかの指導者たちにもそれを求めた。一九四八年に出した党内通達では、中央レベルの党指導者にも、「秘書に肩代わりさせるのではなく、責任を持って自分で報告を書くこと」を命じ、建国後にも「すべてを秘書に任せきりにしてはならない」と繰り返している。それゆえ、毛時代の党幹部は大変だった。例えば、軍人あがりの幹部で、そもそも文章を書くという習慣のない者にとって、それは苦行にも等しいからである。逆に、報告を自分で起草するのに熱心な幹部を毛はかわいがり、抜擢したとも言われる。その代表として、よく名の上がるのが鄧小平である。毛は、上がってきた報告を読んだ感想をしばしば報告書の余白に書き込んだが、鄧小平のそれには「なかなか素晴らしいので、××へ転送するように」といった按語《コメント》がしばしば付けられている。先に『毛選』編纂時の書き換えについて述べたが、それも逆に言えば、自ら書いた文章なればこそ、毛はそれの修訂に執念を見せたのだという解釈もできるだろう。

毛以降の党指導者ということで言えば、上述の鄧小平が比較的自作、自筆にこだわった方で、その後の江沢民は揮毫《きごう》、つまり毛筆であれこれ題字や献辞を書くのは得意だったが、執筆となると、鄧小平にも及ばない。その後も指導者が自ら文章を書くということは、毛沢東を鑑《かがみ》として折々に奨励されてはいるが、実際はかけ声倒れに終わるようである。ちなみに、『毛選』所収の文章は、実は毛のものではないといった「暴露」記事が時折ネット上にあらわれたりする。毛の文章へのこだわりや『毛選』の影響がある意味でケタはずれであったためだろう。

図3—9

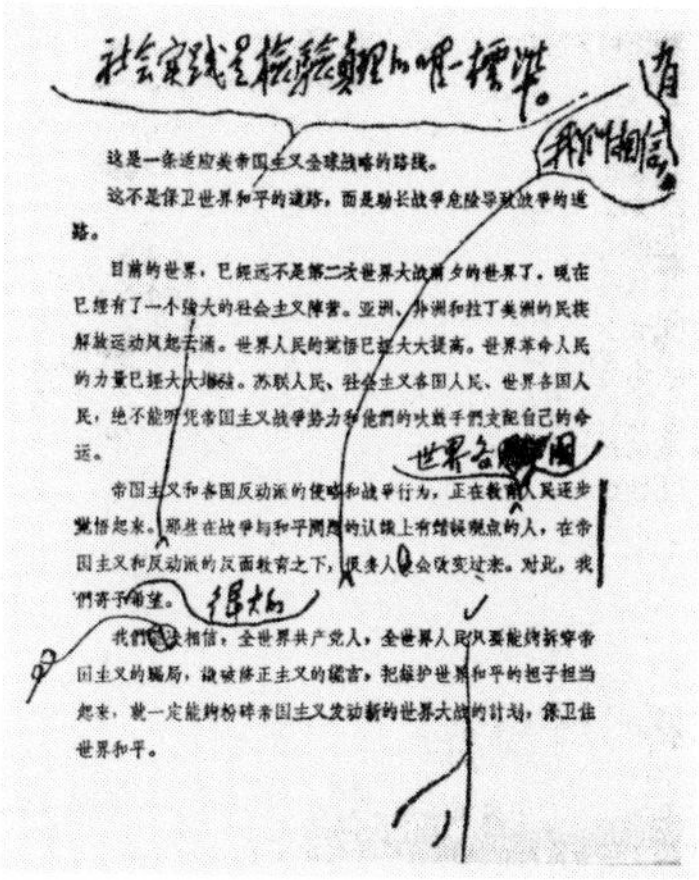

这是一条适应美帝国主义全球战略的路线。

这不是保卫世界和平的道路，而是助长战争危险导致战争的道路。

目前的世界，已经远不是第二次世界大战前夕的世界了。现在已经有了一个强大的社会主义阵营。亚洲、非洲和拉丁美洲的民族解放运动风起云涌。世界人民的觉悟已经大大提高。世界革命人民的力量已经大大增强。苏联人民、社会主义各国人民、世界各国人民，绝不能听凭帝国主义战争势力和他們的吹鼓手們支配自己的命运。

帝国主义和各国反动派的侵略和战争行为，正在教育人民逐步觉悟起来。那些在战争与和平问题的认识上有错误观点的人，在帝国主义和反动派的反面教育之下，很多人会改变过来。对此，我們寄予希望。

我們坚决相信，全世界共产党人，全世界人民只要能够拆穿帝国主义的骗局，识破修正主义的谎言，把保护世界和平的担子担当起来，就一定能够粉碎帝国主义发动新的世界大战的计划，保卫住世界和平。

中共中央名義で発表される予定の原稿（1963年11月に出された「五たびソ連共産党中央を評す公開書簡」）に毛沢東が行った書き込みと修正。

一方、毛沢東時代に、文学の世界で規範とされたのが魯迅である。つとに「狂人日記」や「阿Q正伝」によって名声を確立した魯迅は、一九三六年秋に上海で逝去するまで、左翼系知識人が幅を利かす文壇の柱石的存在であった。入党こそしなかったが、その立ち位置は共産党に近く、党にとっては、むしろ党員でないことに魯迅の価値があったというべきだろう。とりわけ晩年には、共産党は魯迅を通じて党の声を発信すべく、かれの信頼厚い文学畑の党幹部を魯迅のもとに遣わしている。毛沢東は早くよりその作品や社会批評を高く評価し、また魯迅もまだ見ぬその共産党の領袖を慕っていたという。★6 魯迅死後の一九四〇年に、毛は魯迅を「偉大なる文学者であるのみならず、偉大なる思想家にして、偉大なる革命家である」「魯迅の方向こそ中華民族新文化の方向だ」と定式化し、それが人民共和国での公式評価となった。最大級の評価だと言ってよいだろう。

かくて、文学の世界は、もともと強い政治の磁場に置かれてきたこともあり、人民共和国では、魯迅との関係を基準に文芸関係者も序列づけられることになった。ちょうど『毛沢東選集』が政治規範の源であったように、『魯迅全集』も文芸・文化全般の物差しとなり、中国現代文学の歩みは、魯迅を中心に、あるいは魯迅の歩みとして描かれることになったのだった。その影響は中国一国にとどまらない。戦後日本の学校教育で、魯迅の作品「故郷」がほとんどの国語教科書に載るほど持ち上げられたのも、そうした中国国内の評価と決して無縁ではない。

文革中、いわゆる文芸作品がほとんど出版されなくなっても、魯迅の著書だけは出版され続けた。もっとも、当時の中国での「故郷」の読み方は、登場人物の階級分析（誰が抑圧階級で、誰が被抑圧階級か）をするというものだったから、それは国語というよりも、むしろ思想教育の教材だったと言う方が正しい。魯迅もまた政治に奉仕させられたのである。

これより少し先、一九五七年に反右派闘争（本書二六二〜二六三頁）が呼びかけられ、多数の知識人・文芸関係者が「右派」のレッテルを貼られ、社会の一線から追放される事態となっていたころ、「聖人」魯迅をめぐって毛の周辺では、こんな議論が交わされたという。すなわち、ある人から「もし魯迅が生きていたならば、今どうなっているでしょう」と問われた毛沢東は、少し考えたあとでこう語った。「監獄に入れられても、なお書こうとしているか、〔大勢を察して〕沈黙しているかのどちらかだろう」。毛が本当にこう語ったのかについては、疑問も残っているが、毛のパーソナリティと当時の反右派闘争の文脈（どんな偉いインテリでも、党に盾突く者には容赦しない）からして、あり得る発言だと、わたしは考えている。

表向きの魯迅崇拝はありながら、その魯迅の精神を受け継いで社会への批判的眼差しを持ち続けた者はどうなるか、それをまざまざと示したのが反右派闘争であった。ほかの時ならいざ知ら

★6——魯迅が共産党（あるいは毛沢東）に対して、どの程度のシンパシーを持ち、支持していたかについては、議論が分かれる。共産党が長征の末に陝西省北部にたどり着いたさい、魯迅は中共指導者たちに、高級贈答品であったハムを贈って慶賀したという逸話があり、実際にハムは送られた模様だが、それは死の床にあった魯迅を見舞った共産党の文化工作員（馮雪峰）がその意を受けて、代わりに送ったという代物だったので、果たしてどこまで魯迅の真意であったかは不明である。

ず、反右派闘争の嵐が吹き荒れていた時に、この問いを投げかけられた毛がその質問の意図を読み間違うはずはない。たとえ聖人だろうが、あるいは聖人にしてもらったのだから、魯迅はおのれの立場をわきまえるべきだ。これが人民共和国における魯迅の位置だった。

5　毛沢東の遺産――法と歴史

毛沢東がこの世を去った一九七六年は、共産党と人民共和国の歴史の大きな節目である。毛の死により、文化大革命は実質的に終わりを告げ、若干の政策調整期をはさんで、改革開放政策が始まるからである。毛の生きていた時代の中国と、今日の中国とを比べれば、まったく別の国と言ってもいいほど変化したが、党の方は、その果たす役割や活動のメカニズムということに限定すれば、実は本質的には大きく変わってはいない。つまり党のＤＮＡはこの毛沢東時代からなお多くを引き継いでいるのである。ここでは、こんにちの中国共産党を理解する上でも鍵となる「党」の本質的な属性のうち、法や歴史に対する考え方を毛のそれと合わせて紹介・検討しておこう。

中国が三権分立制を採っていないということはよく知られており、中国自身もそれを認めている。三権分立は数ある制度の一つに過ぎず、それを採らないことは体制や統治に欠陥のあることを意味しないし、それどころか、国情に合わない三権分立は採用してはならないのだとまで踏み込むのが共産党の言い分である。

また、法による支配についても、さすがに共産党が正面切ってそれを否定するには至っていないが、実質的に法治主義ではなく、人治主義を採っていることは、しばしば指摘されている。毛沢東時代はそれが極端であったのに対し、毛の後はそれが合議制、あるいは集団指導体制にシフトして薄まったに過ぎず、今日では「習近平による新時代の中国の特色ある社会主義思想」が持ち上げられ、再び特定指導者の意向が法の前に立ちはだかるようになった。党指導者はさておいても、少なくとも党が法律の上にあること、また「法治」が「法の支配」ではなく、「法を利用した〔党の〕支配」を意味していることは、今も昔も変わらない。事実、一九五八年に人治主義と法治主義をどう見ればよいのかと問われた時、毛沢東は党の幹部を前に、次のように語っている。

> 法律で多くの人を治めることはできない。多くの人は習慣を養うことで治まるのだ。……憲法はわたしも参加して制定したものだが、わたしは覚えていない。……我々の決議はすべてみな法である。会議も法だ。……我々の各種法規や制度はその大多数、九〇％は関係当局が作ったものだが、我々は基本的にそういったものには頼らず、主には決議や会議に依拠する。……秩序を維持するのも民法や刑法には頼らない。人民代表大会や国務院の会議は、向こうは向こうでやってもらうことにし、我々は我々のやり方でやるのだ。[10]

最高国家権力機関たる人民代表大会や国家統治の最高準則であるはずの法律や憲法をまるで人ごとのように見なし、共産党の会議とそこでの決定（決議）をその上に置くこの姿勢、読者はこの発言自体の「無法」ぶりに驚くかもしれないが、これは独り毛だけの認識であるのみならず、当時の中国の常識だった。

そもそも共産党は人民共和国の建国にさいして、旧来の六法全書を廃止しており、法典の体系を持っていなかった。刑法に相当するものは、五〇年代の初めに出された「反革命処罰条例」と「汚職処罰条例」の二つのみ、体系をもった「刑法」が一九七九年に公布されるまで、すべての刑事犯はこの二つの条例で裁かれたのである。上記の談話で毛は「民法や刑法には頼らない」と言っているが、そもそも当時はそんな「法」自体がなかったわけで、そんな中で法治を強調することは、あべこべに、誤った「ブルジョア法権主義」として批判される、それが毛沢東時代だった。「六法全書」のない時代、それの代わりになったものをあえて探せば、前節で述べた『毛選』がそれに近かったと言えるかもしれない。

例えば、かりに人民共和国に、かつてトロツキストとして活動した人がいて、何かの拍子でその人が過去を暴かれたりしたとする。職場や地域では、すぐにそれを審査することになるわけだが、その際にそうしたトロツキストの政治的評定などが『毛選』（付録や注を含む）や語録に載っていれば、それを毛沢東の裁定と同様に見立てて、処分の当否や程度を決める、そんなことが実際に起こっていた。

毛沢東の死後、いったんは『毛選』の第五巻が出版されながら、のちにそれが撤回されたり、あるいは一九五〇年代に刊行された『毛選』四巻本が一九九一年に改訂され、特に注釈部分が相当に書き換えられたりしたこと、これらはいずれも『毛選』の持っていた規定性が強かったがためになされた措置である。いわば法的規範、あるいは法の代用として参照される指導者の文章や党の文献・決議案、『毛選』はそうした性格を持っていたがゆえに、ある意味で法案のように、あるいは法典編纂のように、繰り返し慎重に改正されたのだった。

党の会議が法の上に立つという考えは、この時に突然示されたわけではない。一九四〇年代前半の延安整風時期、つまり共産党が政権を握る以前から提起されていたものであり、さらにその来歴をさかのぼれば、前述（本書一四一頁）の『全連邦共産党（ボ）歴史小教程』に類似の考え方——党があらゆるものを指導する——が見えるものである。

党の優位性は、毛の死後、いったんは政治改革によって是正せねばならない課題だと認識されたこともあったが、結局実現を見ぬどころか、最近では逆に、「党・軍・政・民・学、東西南北中、党は一切を指導する」という言葉すらまかり通るまでになっている。一党独裁なのだから、党優位の価値観は当たり前だろうという解釈もあり得るかもしれないが、それがここまであからさまに強調されるとなると、それを共産主義やマルクス主義自体に起源すると説明するのは難しくなってくる。先に中国共産党のＤＮＡは、マルクス主義そのものというよりも、むしろロシア共産党、コミンテルンのボリシェヴィズムに由来し（第一章第二節）、さらにそのもう一つの来源は毛沢東だと述べたが、党があらゆるものの上に立つ存在であるという観念こそは、それをよく表していることが知れよう。

ちなみに、法治、人治をめぐる上記のやりとりで、毛が持ち出したのは、中国古代の韓非子《かんぴし》（法家）と孔子（儒家）だった。毛沢東研究の大家スチュアート・シュラム（Stuart R. Schram）は、一九四〇年代以降、とりわけ一九四九年以降の毛沢東が、マルクス・エンゲルスの言葉や理論に依拠する思索から、次第に中国の歴史を引証して、現実問題を考えるようになっていったと述べている。[11] 中国の歴史、あるいは歴史一般に対する毛の見方をよく知る泰斗ならではの識見と言うべきであろう。毛が九万冊もの書物を有する愛書家だったということはすでに紹介したとおりだが、その中でも歴史がかれの得意分野だった。毛沢東の歴史への執着は並大抵ではなく、それは古代史からかれ自身がくぐり抜けてきた革命の歴史にまで至る該博な知識と、毛一流のこだわりに支えられていた。

共産党に、党と革命の歴史に関する決議がある――それも二つも――のを、読者はご存じだろうか。一つは、毛沢東が全党の指導権を確立する過程で、数年におよぶ準備作業ののち、一九四五年四月に中共六期七中全会で原則採択（全会一致の採択は八月に七期一中全会）された「若干の歴史問題に関する決議」であり、もう一つは毛沢東亡き後、一九八一年六月に党一一期六中全会で採択された「建国以来の党の若干の歴史問題に関する決議」である。似たような名前で紛らわしいが、前者は全文約二万七千字、後者も三万五千字余り、いずれも全篇これ歴史にかんする叙述と評価になっている。

政党が自党の歴史を叙述することに意を用いるのは当然だが、共産党、および毛沢東における その重要性は特別である。前者の取りまとめが一九四〇年代前半に数年をかけて行われた際、それを聞き知った国民党の大物政治家・王世傑《おうせいけつ》は、周恩来に「なぜそんなに時間をかけて歴史の総括をするのか」と尋ねたという。国民党ではありえないし、普通の政党はそんなことはしないというのが王の言い分だった。[12] 確かに、ある政党が長期にわたる準備と議論ののち、歴史叙述と評価を決議文書として採択するというのは、かなり特異なことと言ってよかろう。それも二度もである。

二つの歴史決議のうち、前者は建党から抗日戦争までの時期の共産党の歴史を、四回にわたる「誤った路線」と毛沢東を中心とする「正しい路線」との路線闘争の過程として総括したもので、「路線」の語が二百回近くも使われている。特にやり玉に挙がっているのが、留ソ派、すなわち、ソ連・コミンテルンの権威を笠に着て一九三〇年代前半の党中央を牛耳《ぎゅうじ》った一派(延安整風時期には「二十八人のボリシェヴィキ」と呼ばれた[★7])、中でもかれらの首領たる王明だった。毛にとって最初の歴史決議は、自らの絶対的権威を確認してくれる証文であると同時に、自身で練りに練って生みだした歴史教科書だったと言ってよい。毛はこの決議に盛り込まれた党史上の種々の出来事を話題にすることを終生このんだ。外国の要人相手の会見で話題にすることもあれば、党中央の幹部相手に昔語りするように弁じることもあった。

だが、そうした過去への言及が時として、特定の同志の過去の行いを蒸し返して断罪する仕打ちとなったり、ある案件が過去に失脚した指導者に結びつけられたりすることも珍しくなかった。大躍進政策への諫言で毛の逆鱗《げきりん》に触れ、一九五九年の廬《ろ》山《ざん》会議で、満座のなか毛に面罵された彭徳懐は、三〇年も前の農村での遊撃戦時代のことまで蒸し返されているし、習仲勲の失脚事件(小説『劉志丹』事件、一九六二年)は、習が原稿をチェックした歴史小説に、失脚した高崗を彷彿とさせる人物が登場することが罪状の一つだった。この場合は、小説に仮名で登場させることすら「党の裏切り者」高崗の名誉回復を目論《もくろ》む陰謀行為だと見なされたのである。当時、歴史とは政治そのものだった。

前述のように、歴史決議は共産党の歴史を正邪の路線闘争史と見なす点に特徴があるが、この決議のあと、高崗・饒漱石、彭徳懐、劉少奇、林彪など、「誤った路線」の幹部たちが失脚するたびに、党史における路線闘争の回数は増していき、一九七〇年代初めにはついに十の多きに達した。いわゆる「十大路線闘争」説、つまり共産党の歩みを十回の路線闘争に集約する歴史叙述である。[★8]それを主唱した毛沢東は、「路線」の重要さを「路線が正しいか否かがすべてを決めるのだ……路線こそが綱目だ、……路線問題や原則問題をわたしは絶対に誰にも渡さない」とまで言い切っている。[13]のち一九七三年の共産党第一〇回大会の政治報告において、周恩来がおおやけにこの十大路線闘争説を説明して、公式の見解となったわけだが、別の見方をすれば、かつて共に戦った者たちを一人一人指弾することによって、周は一一番目の路線闘争のターゲットにならずに済んだとも考えられよう。

毛は生前に主宰した最後の政治局会議（一九七五年五月）でも、なお「二十八人のボリシェヴィキ」を持ち出して批判を繰り返した。ここまで来るとこだわりの域を超えて、偏執に近いと言った方がよいかもしれない。ただし、あまりに極端なその歴史観は、十大路線闘争にしても、「二十八人のボリシェヴィキ」にせよ、一世を風靡《ふうび》したものの、毛の死後まもなく下火になり、一九八〇年代はじめには、そうした呼称の使用自体をやめる取り決めがなされることになった。「路線」で歴史を語るという毛沢東時代の思考方法は、日中戦争にかんする歴史認識にも微妙な影をおとした。毛沢東時代には、日本の戦争や侵略の責任がとりたてて強調されなかったという指摘があるが、より正確に言うならば、それは敵方（日本）への敵意・憎悪よりも、中国の側が戦争をどう闘ったかの「路線」の方がずっと大きく強調されたせいだったと見る方が事実に近い。

★7――王明ら留ソ派「二十八人のボリシェヴィキ」（あるいは「二十八人半のボリシェヴィキ」）の呼称は、モスクワにおけるそのグループ結成の故事にちなむ。この呼称は多分に象徴的なもので、「二十八人」の内訳も一定しているわけではない。

★8――その十回とは、⑴陳独秀の右傾投降主義路線、⑵瞿秋白の左傾冒険日和見主義路線、⑶李立三の左傾冒険主義路線、⑷羅章龍の分裂主義路線、⑸張国燾の分裂主義路線、⑹王明の一度目は左傾の、二度目は右傾の日和見主義路線、⑺高崗・饒漱石反党集団の分裂主義路線、⑻彭徳懐の右傾日和見主義路線、⑼劉少奇のブルジョア階級司令部、⑽林彪反革命集団、である（『建国以来毛沢東文稿』第一三冊、中央文献出版社、一九九八年、二四一～二五〇頁）。

つまり、抗日戦争期の中国には、共産党の「全面抗戦の路線」と、国民党や蔣介石集団の「片面抗戦（あるいは消極抗戦）の路線」という「二つの路線」の対立があったことが強調され、相対的にそれが日中の根本的対立を覆い隠す作用を及ぼしたわけである。それゆえ、毛が死に、抗戦を路線闘争とする観点が後退してしまえば、当然のように侵略者日本の存在が浮き彫りになってしまうわけである。

その間、こうした「路線」をめぐる歴史叙述の変転に泣かされたのが博物館である。北京の天安門広場の東側に、西側の人民大会堂と向かい合うように国家博物館が建っている。先に紹介した高崗、劉少奇ら指導者の姿が消えていく政治絵画「開国大典」などは、現在ここが収蔵・展示している。この中国第一の博物館は、人民共和国建国一〇周年を記念して建てられたもので、当初は中国歴史博物館と革命歴史博物館の二つからなっていたが、一九八〇年代までは、いつ参観に行ったら展示を見られるのかとからかわれるほど休館が多かった。「路線闘争史観」の出現・拡大、その後の撤回などが目まぐるしく起こり、そのたびに博物館の展示内容が変更を余儀なくされたためである。上海にも同じように「上海革命歴史博物館」を建てる計画があったが、こちらは一九五〇年代初めに準備室が発足したものの、結局、半世紀以上も準備室のままだった。理由は北京と同じである。

かくて、毛時代には近現代史、とりわけ革命史や党史は、極めてセンシティブな領域となってしまった。また、歴史の評価は一度党の決議の形で確認し、毛の無謬性や成敗是非《せいばいぜひ》と合わせて確定していたため、その認識を軌道修正し、かつ最初の決議の作成者たる毛沢東の後半生を評価するには、再び党の決議によって歴史叙述を決め直すよりほかなかった。それが一九八一年のもう一つの歴史決議である。決議の起草・作成には、当時の最高指導者鄧小平のほか、イデオロギー部門の指導者たち、例えば胡喬木《こきょうぼく》、鄧力群《とうりきぐん》、あるいは党の重鎮クラスの陳雲《ちんうん》らがかかわった。中でも最初の歴史決議のさいに、毛を補佐してその制定にかかわった経験と党史についての知識を持つ胡喬木が重要な役割を果たしている。

第二の歴史決議は、大躍進以後、特に文化大革命に至る時期の毛に、重大な誤りがあったと断じるものとして知られているが、その誤りも含めて毛の全生涯を見た場合、「中国革命における功績はその過失を大きく上回っている」と評する。その意味では、この一九八一年の決議は、前決議を修正・改訂するものではなく、形式的にも内容的にも、前決議を継承・補完するものにほかならない。主人公はやはり毛沢東であり、決議の冒頭に、三千字ほどの「建国前二十八年の歴史の回顧」というまえがきに相当する文章があること、その内容が基本的に前決議を踏襲するものであることが、両者の継承・補完の関係をよく物語っていよう。

ただし、最初の決議のキータームであった「路線」の語は、第二の決議では使われなくなった。より正確にいうならば、使われてはいるが、それは「党内での正常な意見の相違が路線の誤りとされた」というように、かつて「路線」の語が過度に強調された、という否定的文脈の中で用いられている。毛沢東時代が遠い昔となった今、共産党自身が「路線闘争」の語を使わなくなったこともあり、共産党の指導権をめぐる角逐は、「権力闘争」という言葉で解説されることが多くなった。主義主張ではなく、より直截な権力欲が共産党の行方を左右しているというニュアンスである。ただし、忘れてならないのは、共産党がかつて党史に関する全党の認識統一を決議によって行ったために、毛死後の歴史認識の転換（路線を論じない）もまた、同様に決議という手段をとらざるを得なかったということである。ひとたび歴史を決議という党の檻《おり》に入れた以上、次もそのまた次も、歴史は檻に入れておかねばならない。党の歴史において何を書くべきか、何を書いてはいけないかは、今もなお共産党の専権事項なのである。

さらについでに言えば、共産党の編纂する公定の歴史は、余計な紛糾を招かないという政治的配慮から、党の負の歴史を人身御供のごとくに特定の「悪役」の責任に帰し、詳述や原因究明を避ける傾向が強い。例えば、延安整風時の「搶救運動」の行き過ぎた粛清は康生一人が、文化大革命の文化破壊は江青ら四人組が、同じく行き過ぎた毛沢東崇拝は林彪が……といったあんばいである。だが、少し考えればわかるだろうが、中国革命の功業が毛沢東一人のものでないのと同様に、共産党の数々の誤りもそれらの「悪役」だけが招いたものではありえない。歴史はあくまでも党のため、大局のためのものであり、それが無用の紛糾や詮索を招くものであってはならないのである。そのあたりの事情を鄧小平は「重大な歴史問題にあたる場合は、大まかにやるべきで、細かにやってはならない。……みなが前向きになれるようにするのが大事で、過度に紛糾をきたすのはよくない」[14]と説明している。

毛沢東の存在や影響は、革命家としてはもとより、政治家、詩人、文人、歴史家など、極めて広範な領域にわたっており、それゆえに与えた影響の大きさも並大抵ではなかった。だが、いずれの領域で活動するにしても、老齢ゆえの疾病や精神活動の衰えは必ずやってくる。一九七〇年代に入ると、つまり八〇歳を迎えるあたりから、毛は身体の衰えが目立つようになった。それまでは、かれのところに上がってくるさまざまな報告書や決裁書類に、手書きで指示や意見を書き込むことをならいとしていたが、そのころになると、その字も乱れていく。一九七五年には深刻な状態となっていた老人性白内障の手術を受け、目は見えるようになったが、翌年には居室から出るのが難しくなり、不明瞭な発話を秘書が聞き取ってその意思を伝達するのが精一杯となった。

したがって、毛の最晩年のころの中国は、もはやかれの死を待つよりほかに、社会が大きく変わっていくことを期待できないほど沈滞した歳月であったと言えるだろう。それは毛という生身の人間に政策決定権が過剰なまでに集中し、それを果たそうにも肉体的に果たせず、かといって誰も代わりになれないという政治システムが行き着いた末期的状態だったと言い換えてもよい。統治者の老いと判断能力の低下によってすくんでしまう社会と国家、それに伴う指導者の孤独と不安、そしてそれが引き起こすさらなる沈滞、それは政権の交代ルールを持たない体制では、避け難く周期的にやってくるものである。

コラム⑦「紅い歌」の浮沈——李劫夫と王双印のその後

「紅色音楽家」李劫夫の話をもう少し続けよう。自らは何ら陰謀やクーデターなどに関わっていないのに、林彪を讃える歌を作り、林宅に招かれて一度接見を受けたというだけで、李劫夫は林彪反革命集団の共犯者扱いされ、長期にわたって隔離審査を受けるという不条理な仕打ちを受けた。その境遇には、まこと同情を禁じ得ない。

かれの「失脚」はすなわち、かれの多くの歌の失脚でもあった。李の隔離審査がなされた一九七一年一〇月を境に、かれの作曲した《我們走在大路上》や毛詩詞歌、語録歌は一斉に演奏・放送禁止となった。なにせそれまで大ヒットとなった曲ばかりであり、その埋め合わせは容易ではなかったが、詩詞歌にせよ、語録歌にせよ、李のほかにもあまたの音楽家が膨大な数の作品を作っていたから、使えなくなった李の曲の代わりは何とか見つかった。だが、最大のヒット曲といってよい《我們走在大路上》は、容易に代わりが見つからず、何気なく口ずさんだ者が、「林彪の名誉回復を企んでいる」という罪状で処罰されるようなこともあった。

李が不遇の中でこの世を去り、文革も終わった後、李の遺族たちは処分の不当を訴え、一九八一年にようやく名誉回復を勝ち取った。一世を風靡したあの名曲の数々が再び流れるようになったのである。一九八三年、党の中央宣伝部は改めて、《我們走在大路上》は歌って構わないという通達を出し、八五年には『劫夫歌曲集』がカセットテープで発売された。さらに追い風となったのは、九〇年代に入って高まった毛沢東ブームである。中央唱片総公司が李劫夫の作品を収録した『紅太陽――毛沢東頌歌』というカセットを発売するや、たちまち五〇〇万部を数える超ミリオンセラーとなった。市場経済下で海賊版も相次ぎ、ついにはその遺族が著作権料の支払いを求めて訴訟を起こすほどになっている。かれの作った数々の作品がどれほど好まれたかは、一九九七年の香港返還時に、時の最高指導者・江沢民が万余の市民とともに、この歌を合唱したということにあらわれているだろう。李の在りし日には及ばぬとしても、泉下の李を喜ばせるのに十分な人気だった。

このように政治の波に翻弄されて評価が激しく上下した作曲家としては、李と同様に爆発的に広まった毛沢東賛歌《大海の航海は舵取りに頼る》(一九六四年)の王双印《おうそういん》を挙げることができる。しがないアマチュア音楽家だった王は《大海……》が認められて大出世、全国人民代表となり、高級幹部が住まう住居をあてがわれるまでになった。先の李劫夫の不運が林彪の接見を受けたことだったのに対し、王の不運は文革中に視察に訪れた江青のために歌を披露して、その歓心を買ったことだった。当時の江青は模範劇をひっさげ、毛沢東の正しい革命芸術路線を指導しているとされていたわけだから、彼女が視察でやって来たら、誰だって歌の一つも披露しようというものである。果たして、四人組が打倒されると、王はこれまた、江青ら「四人組反革命集団」に忠誠を誓った賊徒として、一〇年におよぶ隔離審査を受ける羽目になったのである。

王が李劫夫よりも運がよかったのは、一〇年の隔離審査を耐え抜き、一九八七年に自ら無実の裁定と党員資格回復の決定を聞けたことである。さらには大ヒット曲《大海……》の作曲者として、その著作権を認められたことで、かれは名誉と著作権料の両方を手に入れることができた。かれが隔離審査を受けていた一〇年の間に世の中は様変わりし、著作権や印税という考え方が発生していたのである。まさに人間万事塞翁《さいおう》が馬を地で行く一生だったと言えるであろう。

1――E. Snow, *Red Star over China*, 1st revised & enlarged ed., New York, 1968, p.158（松岡洋子訳『中国の赤い星（増補決定版）』筑摩書房、一九七五年、一〇九頁）。
2――「建国後毛沢東心目中的接班人」（林蘊暉『国史札記　事件篇』東方出版中心、二〇〇八年）。
3――「周恩来の中央政治局拡大会議での発言」一九六六年五月二日（高文謙『晩年周恩来』明鏡出版社、二〇〇三年、一一一頁）。
4――「周恩来の毛沢東あて書簡（一九七五年六月一六日）」（同前、一三頁）。
5――高華『革命年代』広東人民出版社、二〇一〇年、二七一頁。
6――書家、詩人としての毛沢東については、先に武田泰淳、竹内実『毛沢東―その詩と人生』（第二版、文藝春秋、一九七五年）、最近では、拙編『中国近代の巨人とその著作――曾国藩、蔣介石、毛沢東』（研文出版、二〇一九年）の中で「毛沢東――書家として詩人として」と題して論じたので、ご関心のむきはそちらを参照されたい。
7――「中共中央批転中央宣伝部、中央文献研究室「関於毛、周、劉、朱和現任中央常委著作的出版、発表及審核辦法的請示報告」的通知（一九八二年七月五日）」（中央宣伝部辦公庁編『党的宣伝工作文件選編（一九七六～一九八二）』中共中央党校出版社、九六五～九六六頁）。
8――「中共中央辦公庁関於厳格執行編輯出版党和国家主要領導同志講話選編和研究著作有関規定的通知（一九九八年一二月二八日）」（『中国共産党党内法規選編』法律出版社、二〇〇一年、四二二～四二三頁）。
9――「対劉少奇、楊尚昆破壊紀律擅自以中央名義発出文件的批評（一九五三年五月一九日）」（『毛沢東選集』第五巻、八〇頁）。
10――「北戴河会議における毛沢東の講話（一九五八年八月二一日）」『学習資料』（発行情報ナシ）一四〇頁。

11――Stuart R. Schram, *The Thought of Mao Tse-Tung*, Cambridge University Press, 1989, p.140-145（北村稔訳『毛沢東の思想』蒼蒼社、一九八九年、一八六～一九〇頁）。
12――『胡喬木回憶毛沢東（増訂本）』人民出版社、二〇〇三年、一〇頁。
13――『建国以来毛沢東文稿』第一三冊、中央文献出版社、一九九八年、二四一～二五〇頁。
14――一九八〇年の鄧小平の談話、『鄧小平文選』第二版、第二巻、人民出版社、一九九四年、二二七～二三二頁。

第四章

人民共和国の舵取り

1　巨大政権党の今昔

中華人民共和国の建国を境に、共産党は在野もしくは反体制革命政党から国政を担う政権党になった。以来、その統治は七十年以上に及び、反体制政党であった時期（二八年）の倍以上の時間が経っている。その間、若干の動揺はあったものの、統治者の座から降りることはなく、また「人民民主独裁」の建国理念のもと、国政を党の指導下に置いてきた。そのため、この七十年余りの党の歩みは、すなわち中国という国家の歩みとほぼ重なる。つまり、中国の歴史から党の部分だけをとりだして論ずることはできないのである。それゆえ、本章以降は人民共和国の歴史とオーバーラップする点の多いこと、あらかじめご了承いただきたい。

一九四九年までの内戦で国民党の勢力を大陸からほぼ一掃したことによって、共産党に対抗しうる政治・軍事勢力は姿を消した。しかしながら、共産党は一〇月一日の建国を前に各党派・有識者らと進めた政権樹立協議の合意書（共同綱領）で、共産党が前面に出ることを意図的に控え、各界有識者・各政治グループの意向を尊重する姿勢を示した。度量のある対応だったとも言えるが、各界有識者の支援・協力がやはり必要だったということでもある。日本との八年に及ぶ全面戦争とその後息継ぐ暇もなく勃発した内戦で、国土・経済の荒廃はいちじるしく、その復興のためには、経済や科学技術をはじめとして、共産党だけでは対応不可能な専門領域も多く、かれら党外の人士の協力を仰ぐ必要があったわけである。また、当時の中国の経済的たちおくれ、社会経済の未成熟などに鑑み、社会主義に向かうことも「共同綱領」では、提起されなかった。

これに対し、七十年後の共産党は、中国社会がなお貧困層などをかかえる「社会主義初級段階」にあると規定しながらも、自前の人材で国政や内外の諸課題に対処できる陣容を整え、一九八二年に改定した憲法でも、「党」の指導性、優位性をハッキリと打ち出している。建国当初、重要な政治的同盟者であった民主諸党派は、現在もなお存続しているが、その政治的重要性は七十年ほどの間に、いちじるしく減少したと言ってよいだろう。言うなれば、一応は異なる政見をもつ政治勢力の存在を容認していますよ、という体裁作りのために生かされているに過ぎない。こうした共産党の存在の大きさは七十年の歳月をかけて、時に急激に、あるいはゆるやかに進行したものである。それゆえ、過去の共産党を評価・分析するさいに、今日の尺度をあてはめて、当時の党をとりまく状況を考えようとすると、とんだ勘違いをすることがある。

違いということで言えば、まず何よりも頭に入れておかねばならないのは、人民共和国は「冷戦」（すなわち世界的な準戦時体制）の中で産声を上げ、「イデオロギー」の時代の中で成長をはじめたということである。「イデオロギー」、すなわち独善的世界認識とそれに付随する社会的知識の体系は、マルクス・レーニン主義型共産主義運動に広く見られるもので、中国の場合は、共産党のみならず、その敵役《かたきやく》であった国民党もかなりの「イデオロギー」政党であった。その両党は離合をつうじて、互いをイデオロギー的に解釈することを、戦後に先がけて経験していたが、戦後にできあがった冷戦構造に巻き込まれることによって、それがより鞏固《きょうこ》になった。冷戦的思考パターンともいうべき、一種の強迫観念（敵の存在を前提とし、それが体制転覆を企んでいるとする認識、その企みは政治のみならず、文化、経済をはじめとするあらゆる領域で常に進行している）は、実は現代の共産党指導者にも受け継がれているものである。こんにちの目から見れば、妄想としか思えない勘ぐりや疑念が当たり前の常識だった時代、それが一九五〇年代の世界だった。

ただし、共産主義自体のイデオロギーの要素は、この七〇年の間にかなり希釈されてしまった。今から一〇年ほど前に行われた知識人党員（北京大学）を対象とする社会意識調査[1]によれば、「社会主義はある種の美しい理想であり、現実からかけ離れている」という命題に対し、「非常に同意する／同意する」と答えた人の割合は、共産主義青年団員で八〇％を超え、党員でも七〇％に達している。当然に入党する目的も変化しており、「共産主義の理念を信じるがゆえに入党した」党員の比率は、五〇代以上の世代ではほぼ五割だが、三〇代では三割強、二〇代になると二割強にまで落ち込む。理念への希求に代わって、二〇代の若者が入党理由に挙げるのが、「自己実現」（一八％）、「就職に有利」（九・四％）である。

先に、延安整風を通じて、革命と党に自らを捧げて悔いぬ党員となった若き女性・沈霞を紹介したが、もはや彼女のように献身的な党員を期待することはできない。自分が何かほかにやりたいことがあって、そのために入党してよりよい環境や条件を得たいのである。その点では共産党はなかなかに使える組織体であり、入党の理由として「組織としての先進性」を挙げる党員は、どの世代でも二〇～三〇％ほどいて、世代間の格差はあまりない。おのれのすべてを捧げる党から、おのれの役に立ってくれる党へ、数十年の間に構成員の意識がここまで様変わりした組織を、党名が変わらぬからと言って、同じ視点や基準で分析・記述するのは至難の業《わざ》である。

習近平は党結成百年を前に、さまざまな場で「初心を忘れず、使命を胸に刻む（不忘初心　牢記使命）」という号令をかけている。かれの言う初心とは、「中国人民の幸福をはかり、中華民族の復興をはかる」ことだというが、その初心はいつのころのものなのだろう。少なくとも一九二〇～二一年の結党時の文書には、共産主義の理想は書いてあっても、中国を、あるいは中華民族をどうこうするなどといったレベルのことは書かれていない。では、一九四九年の建国時の理念なのだろうか。毛沢東を讃えたそのころの歌《東方紅》（コラム⑨参照）には確かに、毛は「人民の幸せを考える」という一節があるが、それとて中国に限定した話ではなかった。

ならば、その「初心」とは一体どのようなもので、今日までにどう変わってきたのか。本章の課題はそれを明らかにすることである。それでは、一九四九年人民共和国建国のさいの初心、当時の建国の理念と現実の実際は、果たしていかなるものだったのか、見てみよう。

2　戦争の中の船出――新生国家の原体験

中華人民共和国の開国式典を終えて間もない一九四九年一二月初旬、毛沢東は列車で北京を発《た》ち、モスクワへ向かった。毛沢東五六歳、初の外国旅行は中央人民政府主席・党主席としてのソ連公式訪問であった。訪ソの目的は表向きスターリンの七〇歳の祝賀行事参加だったが、実際にはソ連の首脳たちと中ソ関係の緊密化を確認し、あわせて建国間もない中国へのソ連の特段の支援を条約締結などの形でとりつけることだった。それが焦眉の急であったことは、国家元首自身の訪問、四川など西南内陸部ではまだ国民党軍との戦闘が続く中での出立であったことなどからもうかがえる。

モスクワでのソ連側の応接は、必ずしも毛らを満足させるものではなかった。新たな中ソ条約の交渉をしぶるようなソ連側の姿勢が毛をいらだたせたのである。スターリンは毛がモスクワに到着したその日の午後に会見してくれたが、条約については、一九四五年に国民政府との間で締結した条約（中ソ友好同盟条約）をもとにした修正、あるいは改訂を提案し、毛ら中国側を困惑させていた。この条約はソ連側の特権を認める条項（いわゆるヤルタ密約）を日本の降伏直前に中国側に飲ませたもので、中国側は不満を抱いていたものである。毛沢東は中国の体制が変わった以上、条約も新たに結び直したいという意向を伝えたにもかかわらず、一週間後の再会談でも、スターリンは条約の件を話題にしなかった。

結局、交渉のために周恩来を北京から呼び寄せ、スターリンと腹を割って会談したのは、年も明けて三週間もたってから、条約を締結して北京にもどった時には三月になっていた。条約は新たなものを結び直す形式に改められたものの、ヤルタ密約に盛られたソ連の権益は一部が新条約

（中ソ友好同盟相互援助条約）に秘密の附属条項として引き継がれた。ただし、ソ連から中国への大規模な経済・技術・武器支援、借款なども合わせて合意され、中国側が冷戦体制の中でソ連を明確に選んだことの見返りは、確かに得られたのだった。

新国家誕生直後に最高指導者が三カ月も国を離れるのは異例である。条約締結を中ソのメディアは大きく報じたものの、長い交渉期間は、中ソ首脳が容易には信頼関係を築けなかったことを暗示していたと言えるだろう。だが、その関係を強いものにせざるをえない事態が起こる。毛の帰国から三カ月後（一九五〇年六月）に勃発した朝鮮戦争である。

中国革命の成功も刺激となり、北朝鮮の金日成《キムイルソン》は南北分断状態を打開するための武力統一に踏み切ろうとした。開戦にはやる金日成の強い要求に、スターリン、毛がそれぞれ、ソ連が同意するなら、中国が同意するならと牽制しあいながら認めたこの戦争が、国連軍（主力は米軍）の介入を招くのみならず、建国一周年にあたる一九五〇年一〇月には、北朝鮮軍の敗走によって、中国への直接的軍事圧力として迫ってくる事態となったのである。

建国から一年、それまでの国民党支配が経済政策の破綻や汚職などで民衆の怨嗟《えんさ》をかっていたこともあって、共産党の統治は清新なイメージをもって迎えられた。また、人民共和国政府を承認する国も、ソ連や東欧社会主義国だけでなく、イギリスをはじめ北欧、インドなど着実に増えていたし、人民解放軍による「台湾解放」も時間の問題だと見られていた。そこへ降ってわいたのが、予期せぬ朝鮮戦争とそれへの参戦である。平和な環境での国家建設が不可能となったことで、その後の中国の歩みは、まったく別のものになってしまった。

共産党指導部の多くは、介入した場合のリスクが大きすぎるとして参戦反対を主張した。ソ連が参戦しない状況（直接交戦が世界大戦につながりかねないという理由でソ連は出兵を拒否）で、中国が単独出兵するのは、確かに相当に無謀だった。だが、他方で出兵見送りは、金日成と北朝鮮軍を見捨てることを意味し、ひいては誕生したばかりの新中国が次の標的になることを覚悟せねばならない。毛沢東は当初より介入を強く主張、途中かなりの逡巡《しゅんじゅん》もあったが、最後には消極論を押し切って、一〇月九日に参戦（義勇軍の派遣）を決定した。ソ連から武器の供与と限定的ながら航空支援を得られる見通しが立ったことが最終的な決断をうながした要因であった。当初派遣された義勇軍二〇万には、それまで人民解放軍に所属して中国で戦ってきた在華朝鮮人兵士のほか、内戦で共産党側の捕虜となった旧国民政府軍人も、半ば強制的に充当されていた。中には、朝鮮の戦場で今度は国連軍の捕虜になり、巡りめぐって台湾の「国民政府」のもとにもどるという数奇な運命をたどった者もいる。

最大時一二〇万に達した義勇軍の力で、国連軍を押し戻すことはできたものの、やがて戦局は膠着、建国間もない新政権は軍事的緊張とそれに伴う支出を抱えたまま（停戦協定は一九五三年）、つまり準戦時体制による国家運営を強いられることになった。参戦によって新国家と毛沢東が得たもの、失ったものを見てみよう。まず、「抗米援朝」と呼ばれた一種の戦時動員運動は、「帝国主義のアメリカと戦う義戦」を演出することによって、共産党の動員力や社会への浸透力を著しく高める契機となった。また対外的にも、米軍と互角に戦うことによって、革命中国は国際社会の中でその地位を確立し、大きく認知される存在となった。

毛もまた、国難にさいして果断に行動のできる指導者としての威望《いぼう》を勝ち得た。隣国を放っておけば、次は自分たちがやられるかもしれない。毛の決断はそうした大局的判断だけでなく、出兵条件をめぐるソ連との慎重な折衝などを経て総合的になされたものであったが、出兵慎重論を唱えた指導部内の多くの幹部が、毛への尊敬の念を新たにしたことは言うまでもない。数々の試練を乗り越え、常に党を勝利に導いてきた頼もしいリーダーにして、隣国の同志を見捨てず、責任を果たそうとする国際的な指導者——共産党の首脳たちの毛沢東への無条件の尊崇はここに決定的となり、同時に毛に判断を委《ゆだ》ねてしまう心性も確立したわけである。

他方で、戦費負担、対外関係を含め、中国へのマイナスも決して小さくはなかった。戦死傷者数には諸説あるが、停戦までに四十二万（失踪者・捕虜を含む）を出し、戦争負担は国家予

図4—1

宣伝ポスター『アメリカの侵略者は必ず敗れる（1951年）』。左側のソ連兵は第2次大戦でナチス・ドイツ軍など1200万を破り、人民解放軍もアメリカの支援を受けた国民政府軍800万を破ったとする。

算の半分を超えた。また、国連決議を受けて派兵された米軍（国連軍）と戦う形となったため、国連および国際社会から「侵略国」制裁決議を受け、中国は戦略資源や高度な技術製品の禁輸国に指定された。さらには、時間の問題とみられていた台湾への派兵も、それまで台湾海峡への不介入を声明していたアメリカが中国の参戦に合わせて態度を一変させ、海峡を封鎖してしまったため、メドが立たなくなってしまった。海軍力のない当時の中国にとって、この封鎖は大きな打撃であり、他方で台湾に移転した国民政府にとっては、神風のごとき僥倖《ぎょうこう》となった。かくて、アメリカを含め広く国際社会と関係を構築するという選択肢は失われ、代わって、否が応でもソ連を中心とする東側の陣営に属するという立ち位置を選択するよりほかになくなったのであった。条約締結時の交渉におけるわだかまりで始まった感のある中ソの絆は、ソ連が多くの軍事物資、兵器の供与をしてくれたため、朝鮮戦争によって一気に強まった。

ついで中国国内への影響ということで言えば、準戦時体制に伴い、社会の幅広い人士を糾合し、無理のないペースで経済回復を進めていくという、つまり建国時の総方針（共同綱領）のような悠長な段階論は早くも過去のものとなり、早急な社会主義体制の構築を図るべきだという声が党内を中心に広まっていった。戦争を通じて近代戦備の立ち後れを思い知らされた中国政府首脳にとって、軍需のかなめとなる重工業分野の経済建設は、国家が先導して取り組むべき第一の事業と考えられた。それができなければ、国家の命運すらおぼつかなくなる、こうした考えを否定する者は、おそらく当時はいなかったであろう。国防の要《かなめ》である重工業推進のために社会主義建設を急げという方針転換はこうした雰囲気の中で醸成されていったのである。

一方、国内の社会情勢を見るならば、必需品配給、商品投機の取り締まりによって、朝鮮戦争参戦時までにインフレは終息し、民間企業と市場経済にようやく活気がもどっていた。参戦後には、当然のように増産と節約が呼びかけられ、朝鮮での好戦況の報が建国直後の士気高揚とあいまってその復興を後押ししていたが、それと並行して行われたのが、これまた戦時ではありがちな、敵対勢力と見なされた者の摘発処分であった。外の戦争が朝鮮半島だとすれば、内の戦争が国内の敵対分子のあぶり出しになるわけである。新政権発足直後から、かつて共産党弾圧に加わった者への報復的検挙や各地に残存する反共産党勢力への取り締まりが、反革命鎮圧の名目で進められていたが、一九五一年末からは、経済活動における投機、官民の癒着や腐敗・汚職を摘発する「三反運動」「五反運動」[★1]も加わって、民衆動員と宣伝による批判キャンペーンと摘発が続けられた。

同様の新気運と秩序・治安・社会統制の動きは、農村においても見られた。一九五〇年に制定された土地改革法によって、共産党が大きな目標として長らく掲げてきた土地改革が順次全土で行われ、地主から没収された土地が、三億人の農民に分配されていったのである。土地を与えられた農民たちは、新政権、とりわけその象徴である毛沢東に絶大な信頼を寄せた。と同時に、農

★1——三反は「反汚職」「反浪費」「反官僚主義」、五反は「反贈収賄」「反脱税」などを掲げた。

民たちはそれを実現してくれた毛の分身とも言うべき党組織と土地改革工作隊をあがめ、そして畏怖した。なぜ怖れたのか。土地改革などにさいして、地主・土《ど》豪劣紳《ごうれっしん》などのほかに、在地社会に巣くう民間結社、特に秘密結社の性質を持つ一貫道《いっかんどう》などを徹底弾圧したからである。これは農村ではことのほか有効だった。多くの「反革命」嫌疑者が殺されたが、その摘発・処刑のやり方を見ると、「反革命」鎮圧とは、悪をなす結社の撲滅よりも、むしろ党の力の誇示とそれへの畏怖を末端社会に浸透させることに主眼があったのではと思わせるほどである。

　これとならんで社会を大きく変えていくことになる婚姻法（男女の平等、個人の意思に基づく結婚）が制定されたのも一九五〇年である。伝統という名の種々のしきたりに縛られてきた結婚や家庭の姿は、この法律によって大きく変貌することになり、新政権のもとで社会の刷新が進んでいることを内外に印象づけていった。一九五〇年代前半のベビー・ブームは、よく知られているように、のちの人口圧力を考える上で大事なことだが、結婚する人間が純粋に増え、子どもがどんどん生まれてくることは、それだけで新しい社会が悪くないことの何よりの証左だった。上記の土地改革の順調な実施とあわせて、国政の統治全般に共産党がかなり自信を持ったのも当然であった。ここに社会主義への早期の移行が可能である、あるいは早期の移行をしなければならないという前倒し論が登場するのである。

　もちろん、こうした急進方針、あるいは楽観的見通しに対して、異論がないではなかった。民国期から独自の農村社会教育事業に取り組んできた著名な哲学者（新儒家）、梁漱溟《りょうそうめい》が一九五三年九月の政府の会議の席上、重工業も大事だが、農民生活の改善がまだ不十分なままになっていると意見したのは、その一例である。だが、毛はその苦言に次のように答えている。

農民生活の改善は小さな仁政だが、抗米援朝や重工業の発展は大きな仁政である。もちろん両方やらなければならないが、重点をどっちに置くべきかと言えば、当然に大きな仁政の方だ。

満座の中でこのように皮肉られた梁漱溟は、国家指導者には雅量が必要だと抵抗したが、返ってきたのは、「偽君子」の「間違った意見を聞く雅量は持ち合わせていないが、あんたを政治協商会議の委員に留め置いてやるぐらいの雅量ならある」という暴言だった。毛には、自分（共産党）こそが中国の実情を最もよくわかっているという自負があり、とりわけ農民問題や国政への口出しは、釈迦に説法と映ったのだろう。

ただ、物事の重要性に大小、先後をつけること、あるいは運動を指導するにさいして、具体的な目標を掲げる姿勢は、実践を重視する毛の基本的思考方法だったようで、闘争や批判運動での摘発目標や数値を毛沢東（党中央）が指示するという、のちに顕著になる傾向は五〇年代初めの反革命鎮圧運動の時点で、すでに見てとることができる。すなわち、一九五一年初めに、上海市の党委員会からの反革命鎮圧状況の報告が上がってくると、毛はそれに対し、「上海のような大都市なら、今年一年の間に、おそらくは一千から二千人を処刑しなければ、問題は解決できないだろう。春のうちに三百から五百人を処刑して敵の気焔《きえん》をそぐこととし……最重要な反動分子については、できるだけ春までに、百から二百を処刑しておくように」と指示を出している。[2] この指示はそのまま実行に移され、四月末に上海では二八五人の反革命分子の銃殺刑が行われている。[3] 人間をこのように数値に置き換えて把握することは、後の「反右派闘争」でも右派の割合は五%だと規定したように、毛の特徴的な社会認識だった。

　こうして、新民主主義をかかげて政権の座に着いた共産党政権は、一九五二年後半から翌年前半にかけて、社会主義化へ大きく舵を切っていく。一〇年ないし一五年で社会主義化を達成するという見通しが示され、次いで一九五四年二月に開催された党の七期四中全会で、それを明文化した「過渡期の総路線」が採択されたのである。その半年後、第一回の全国人民代表大会（間接選挙によって選出された人民代表による議会）によって採択された「中華人民共和国憲法」でも、社会主義社会を築き上げることが国家目標として明文化された。建国当初、遠い将来のこととされたものが、わずか五年で早くも姿を現してきたわけである。社会主義化の中核にあたる計画経済を担う組織「国家計画委員会」は、一九五二年に設立されていたが、それが大きな力を持つようになった。

　ちなみに、中国での計画経済はこの時に初めて構想されたわけではない。実は国民政府の時期、日本との戦いが総力戦になることを想定して、そのための人的・物的資源を計画的に生産・動員するための政府機関として「資源委員会」なる組織が一九三五年に設置され、実際に官営の重工業建設や戦略資源の輸出にあたっていた。当時、ソ連の五カ年計画が世界的に注目を浴びていたこともあり、同委員会もソ連にならって計画経済の研究を行っていたのである。資源委員会は抗日戦争期間中、工場の移転、疎開を指導することにより、実際の鉱工業の運営のノウハウを蓄積していたが、その幹部職員の一部は、一九四九年以降国民党に見切りをつけて大陸に残り、旧国民政府の資産引き渡しや人民共和国の経済立て直しに力を貸すこととなった。新政権もかれらの専門技能を尊重し、同委員会のテクノクラートでもあった銭昌照《せんしようしよう》、孫越崎《そんえつき》らを、人民共和国政府の中央財政経済委員会の実務者として留用していた。

ただし、かれらには「国家計画委員会」の仕事は回ってこなかった。ソ連からの専門家（顧問）が計画経済の指導に当たることになり、かれらは元国民党員だったということもあり、過渡期の総路線以後、一線の仕事からはずされて、政治協商会議の委員という閑職に回されたからである。他の政府機関でも、この時期には建国時に起用された各部署の専門家（非党員）が重要ポストから退き、共産党員主導の人事配置に変わるということが起こっていた。いわば、建国時には影の薄かった「社会主義」が、「過渡期の総路線」によって大きな姿をあらわしたように、非共産党人士に政権を開放し、相対的に目立たぬよう努めていた共産党員が、いよいよ一線の仕事を壟断《ろうだん》していくようになるわけである。これに合わせて、党のやり方が次第に社会へ拡散・普及していき、人々の日常生活を変えていった。共産党の統治は社会生活と人々の暮らしをどう変えていったのか、次節ではそれを見ていこう。

コラム⑧　国歌になった救国映画の歌――《義勇軍行進曲》

オリンピックなどですっかりおなじみの中華人民共和国の国歌は、《義勇軍行進曲》という。歌詞は次のとおり。

起《た》て！　奴隷たることを望まぬ人々よ！
我等の血と肉で　我等の新しき長城を築くのだ！
最大の危機がせまる時　中華民族は　一人一人が最後の叫び声を上げる。
起て！　起て！　起て！　我々すべてが心を一つにして　敵の砲火をついて進め！
敵の砲火をついて進め！　進め！　進め！

かなり戦闘的である。また、歌い出しが、メロディも歌詞も《インターナショナル》によく似ている。なので、共産党の国の国歌だからと思う人もいるかもしれないが、そうではない。もとは、一九三五年に封切られた救国映画『風雲児女《ふううんじじょ》』の挿入曲で、その後広く歌われるようになった流行歌なのである。歌詞が戦闘的なのは、もとの映画が日本の侵略から中国を守れと鼓舞するものだからだが、その「日本」が歌詞に出てこないのには、当時の国民政府が抗日運動を抑制していたという事情がある。映画自体の興行成績はよくなかったが、歌は普及しつつあったラジオ放送にものって、抗日戦争の全期間をとおして広く歌われた。

先に清朝や民国の国歌をとりあげたさいに、それまでの中国の国歌には、民族共通の体験・記憶が反映されておらず、人々のナショナリズムを喚起できなかったと述べた（コラム②）が、一九三〇年代に中国を襲ったのが、日本の侵略と亡国の危機という強烈すぎるほどの民族的な体験・記憶であった。まさに日本との戦争こそが、「民族の共同体験」となり、それまでの歴代政権が頑張ってもなし得なかった全民族のナショナル・シンボルである国歌を生み出したのである。作詞は当時、上海で活動していた文学者の田漢《でんかん》、作曲は映画会社の音楽担当を務めていた聶耳《じょうじ》という青年だった。

一九四九年の人民共和国建国時に、新国歌の募集に応じた作品がどれも決め手を欠く中、結局はそれにふさわしいと衆目一致したのが、圧倒的人気を誇る《義勇軍行進曲》だった。ただ、意見が分かれたのは歌詞の扱いである。日本との戦争は終わったのだから、新時代の国歌らしい歌詞に修正した方がよいという声もあったが、あの歌詞でなければ気持ちが入らないという意見は根強く、結局は将来の再制定に含みを残しつつ、とりあえずそのままとされている。

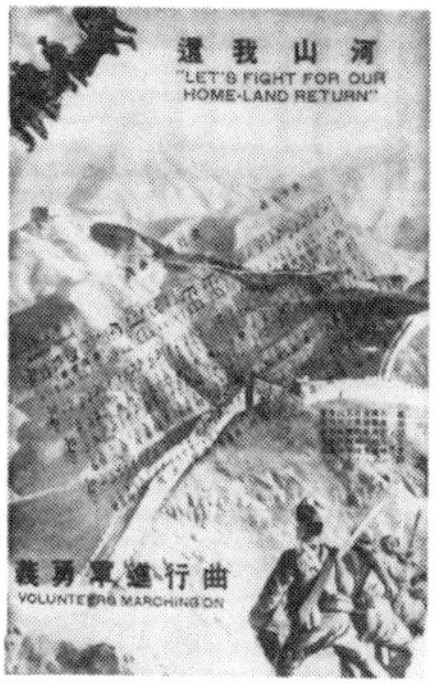

上海のグラフ雑誌『電通』（1935年）で紹介された《義勇軍進曲》

だが、《義勇軍行進曲》にはその後、人民共和国の政治の荒波に翻弄されるという運命が待っていた。作詞者であった田漢が文化大革命で反動ブルジョア文化人として批判されたのである。それは田漢の作品たる歌詞が国歌のそれとしてはふさわしくないということを意味した。かくて、田漢の失脚後、国歌は歌詞なしの演奏のみとなり、歌詞が必要な場合は、代わりに《東方紅》（コラム⑨参照）が使われるようになった。やがて毛が死んで文革が終わると、やはり歌詞はあった方がよいという華国鋒政権の意向で、今度は歌詞が全面的に改められた。「我々すべてが心を一つにして　敵の砲火をついて進め」は、「我々すべてが永遠に　毛沢東の旗を高く掲げて進もう」と書き換えられるといった具合である。だが、もとが「あの歌詞でなければ」といわれた歌詞だったから、修正版は極めて不評だった。こうして、田漢が名誉回復されたことも手伝って、華国鋒退陣後に、歌詞は当初のものに復され、今日に至っている。

習近平指導部の時代に入り、愛国主義の潮流が高まるにつれて、国旗・国歌に対する尊重が求められるようになり、二〇一七年には「国歌法」が制定された。同法は国歌の替え歌を歌う等の行為を、国歌への侮辱として禁止しており、二〇二〇年には香港でも同趣旨の「国歌条例」が成立した。香港の人々にとって、この国歌を歌うかどうかは、今や踏み絵となっている。

3　改造される人々——イデオロギーと運動に満ちた社会

建国直後の社会の清新な雰囲気と高揚感、そして荒療治ともいうべき反革命・反動勢力の摘発と容赦のない処刑によって、治安は劇的に改善された。清末以来、絶えることのない戦乱と貧困、それに伴う人口流動と銃器・武器の拡散によって、二〇世紀前半には都市部・農村部を問わず、治安が極限まで悪化していたことを思えば、これほど短期間に見違えるほど治安が良くなったことは、奇跡と言ってもよかった。この新しい世に対して、つい数年前までの民国の世は、たちまち「旧社会」「暗黒時代」と呼ばれるようになっていった。

ただし、そんな旧社会で、悪ければ悪いなりに保たれていた強者・弱者の均衡、因襲とも伝統ともつかない習俗や信仰、血縁から地縁にいたる複雑で多様な人間関係、そして良きものと悪しきものにかんする観念、こうしたものは、社会の強制的掃除によって、急速にこそぎ落とされ、社会の様相を変えていった。新しい時代、新しい社会を迎えた人々も、それにふさわしい「人民」に生まれ変わることを期待された。「人民」とは、革命を担うべく期待される階層・階級の人々を指す呼称で、中国のすべての人々が自動的になれるものではない。資本家階級、地主階級、あるいは反動的立場の人々は、人民の扱いをうけない、つまりは教育や福祉、あるいは政治的権利など「人民」が当たり前に受けられる諸々の権利を持たない存在として、「人民独裁」を受け入れなければならないのである。それは時として尊厳ある人間の扱いを受けない、さらに極端な場合は命を奪われることを意味した。それゆえ、人民か否かの境は、あるいは階級の区分は非常に厳格に設定されていた。

建国から二十数年の間、「階級」は中国に暮らす人間の属性の最大のものだった。階級が良い、つまり貧しい農民であったり、貧困な都市労働者やその子弟であることは、それだけでその人が優れたプロレタリアート的属性を身につけていると評価された。逆に資本家や地主階級の者たち、あるいはブルジョア家庭の出身だとされた人々は、それだけで社会的に排除され、辛酸をなめることになった。子どもや若者にしてみれば、出身は選べないから、多くが原罪感に悩まされることになる。また、少しでもそうした境遇から脱出すべく、階級の敵である親との関係を断絶・清算したりすることも珍しくなかった。★2 それによって自分が「人民」の側にいることを証明しようとしたわけである。もっとも、敵対階級の親との関係を断っても、革命の側の隊列に入れるとは限らなかったが。

こうした階級による人間の線引きと合わせて社会の基盤を形成したのが、すべての人を何らかの組織に所属させ、その組織を通じて生活全般のサービスを提供するという都市部での社会の運営方式である。中国語ではこれを「単位《ダンウェイ》」と呼ぶ。例えば、会社・工場や役所、学校、軍隊等々、人々が日常生活を送るために所属するものは、すべて「単位」である。日本語の語感としては「所属」が一番近い言葉かもしれない。人民共和国では、都市部のあらゆる人間は、大小さまざまな「単位」に属することとされ、「単位」のない者は生きていけなかった。食糧の配給切符などの生活物資をはじめ、住まいや医療、社会保障など、人間が社会生活を営む上で必要なモノやサービスがすべて「単位」を通じて供給されたからである。さらに映画の上映会のような娯楽も、集会などの政治動員も、「単位」が中心となって実施された。

「単位」制度の起源は、先に計画経済のはしりということで紹介した国民政府期の資源委員会が、傘下の国営企業で働く者のために整備した制度らしいが、ソ連にも類似の制度があり、それも参照された模様である。すでに抗日戦争の時期から延安などの共産党支配地域では、その萌芽《ほうが》的な制度が試行されているので、人民共和国の建国後に、その制度が広く中国都市部に浸透していったと見てよいだろう。いわゆる「解放」前には、特定の所属のない、あぶれ者や定住性のない人々が国中に大勢いた。乞食・娼婦もいれば、行商人や日雇い労働者のように世渡りしていく者もいた。こうした人々が、基本的にどこかへ半ば強制的に所属することになったということになる。「単位」を持つことによって、人々の暮らしは安定的なものとなり、いわゆる「ゆりかごから墓場まで」生活・福利が低額の支出で保障されるようになった。政府に計画経済担当の部署があるとするならば、その指令による統制計画経済が機能するようにする社会的基盤が「単位」なのである。

他方で、この「単位」社会は、政権や党組織にとって、民衆を政治運動に動員したり、都市住民を管理したり、さらには民衆相互の監視により、治安維持と支配を容易ならしめる上で、絶大な効果があった。そもそも生産と生活の場が同じになること自体が、その住民に対する管理につながるわけだが、人民共和国における都市住民の管理は、「単位」に「個人檔案《とうあん》」が結びつくこ

★2――文化大革命期に流行した革命歌の一節には、「天地がいくら大きくても、党の恩情の大きさには及ばない、父や母への親しみも、毛主席への親しみには及ばない」とあった。

図4—2

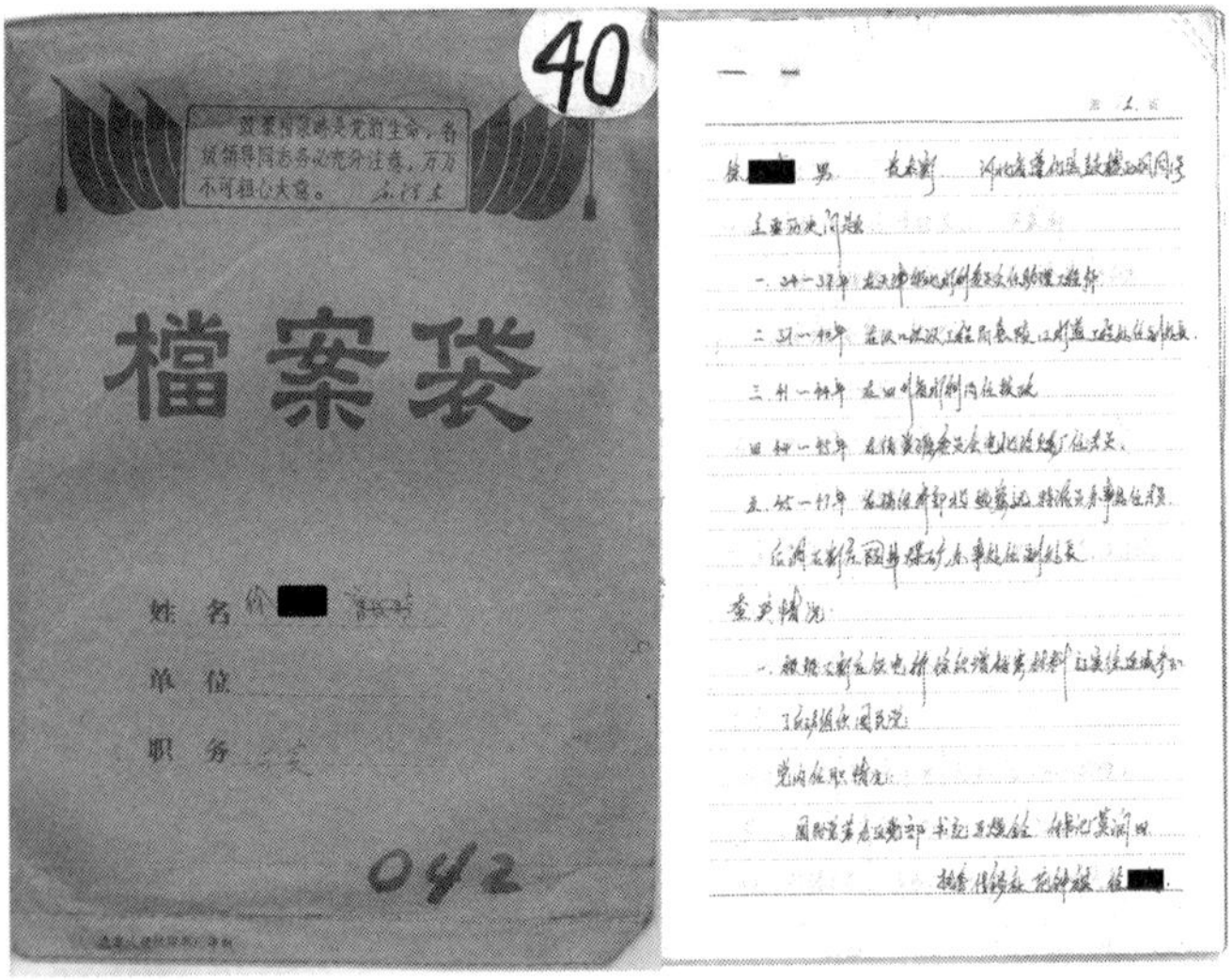

個人檔案が収められている「檔案袋」とその中身。これは河北省石家荘の資本家のもので、経歴問題として、かつて国民党員として活動したことがあると記されている。

とによって、非常に堅固なものとなった。「個人檔案」とは、すでに第二章第五節で説明したように、共産党による党員管理・把握のために一九四〇年代前半に整備された、本人閲覧不可の身上調査記録だが、これが一九四九年以降は党員だけでなく、都市住民にたいしても作成されるようになったのである。就職・転職すれば、「個人檔案」も新たな「単位」に移管され、それへの情報記入追加はその人が死ぬまで続く。「単位」のおかげで詳しい「個人情報」をもれなく集めることは、極めて容易になった。例えば、朝鮮戦争への介入により、中国が「侵略国」と認定され、西側の国々との交易・交流ルートが狭められるのに伴い、海外に家族・親族がいることは警戒視され、檔案書類の「海外関係」欄に、そのむねが記録されるようになった。外国勢力に内通している可能性ありというわけである。

こうした「単位」制度が導入され、配給制の食糧・食品の安定的供給を受けられたため、計画経済や工業建設によって都市部への人口の流入があっても、都市部では物価は低く抑えられ、比較的低い賃金でも生活することができた。このような都市住民への全般的厚遇に対して、それを養う位置に置かれた農村への政策は、経済的にも社会的にも、差別的なものだった。土地改革によって、農民には土地と生産手段、家畜、役畜などが分配されたが、移動・移住、職業選択の自由は基本的に与えられなかった。農民と都市住民とは、戸籍そのものが別立てになっており、その間の壁は容易に乗り越えられないようになっていたのである。農村に暮らす者が都市に移り住もうとしても、農村戸籍では都市生活に必要な「単位」に入ることができない以上、都市での暮らしは無理だった。例外は、農民の優秀な子弟がいて、大学に入り、そのまま都市部で仕事口を見つけた場合など、ごく一部である。

元来、近代の中国は、人の移動がかなり盛んな場所だった。内外への動きとしては、苦力（クーリー）を含む移民はもちろんのこと、国内でも貧困や飢餓から逃れるために、あるいはよりよい働き口をもとめて、人々は実によく移動している。それが人民共和国では一転して農村と都市の間に高い障壁が設けられ、空間的にはつながっている両者が、制度的には切れているかのような様相を呈した。重工業建設を進める都市部の住民に対しては、「単位」の中に生活と生産を同居させ、生産性を最大限に発揮させるようにし、他方でその都市に無秩序によそ者が流入してこないようにする、農民は原則として農村に閉じ込めておく、これが一九五〇年代に慌ただしく社会主義に舵を切ったときの総方針だった。建国から数十年間は、長い中国の歴史の中でも、人の移動が極端に抑えられた時代だったと言ってよかろう。

このほか一九五三年から、農民が収穫した食糧のうち、自家消費分以外はすべて政府に売り渡すことになったが、売り渡し量はなるべく多く、買い付け価格は低く抑えられた。つまりは、政府は安く買い付けた農業産品を国内では都市部に安価で供給し、国外へも輸出することによって、工業設備をはじめとする社会主義建設の原資を調達したわけである。また、都市部に供給される農産物の価格が抑えられたことで、都市部の労働者の賃金を低く抑えることも可能になり、国有企業は相対的に大きな利潤を上げられる構造ができあがった。それを国家財政に上納させることで、政府は重工業建設の資本を積み立てたわけである。要は、農民からも労働者からも剰余価値を供出させることができたと要約することができるだろう。それは搾取とは見なされない。人民の代表たる政府がやっているのであって、いわば自分で自分の貯金箱からお金をとっても、窃盗とは呼ばないというような理屈である。

人民共和国に暮らす「人民」は忙しかった。生産活動はまだしも、党が次々と「運動」の指令を出し、そのたびに人々は「人民独裁」を行う活動に参加しなければならなかったからである。

建国直後の「反革命鎮圧運動」に続き、一九五一年末から翌年にかけては、「三反運動」「五反運動」が起こされ、そのたびに私営企業の経営者などが「独裁」の対象として、審査や批判を受けた。同様にこうした運動で常に圧力をかけられたのが「知識人」であり、かれらも「新しき人」になるべく、自らに巣くうブルジョア階級思想を一掃するよう求められた。これを「思想改造」という。

思想改造の方法は色々で、土地改革を指導する工作隊に随行して農村にしばらく滞在し、一連の「闘争」(処刑を含む)を実見させられることもあれば、職場である大学の「告発大会」で周囲の同僚や学生から批判を受け、釈明したり、自己批判(「点検」あるいは「検討」という場合もある)したりするようなこともある。例えば、北京の名門、清華大学で英文学(ディケンズ)を教えていた楊絳《ようこう》女史(のちに著名な翻訳家、エッセイストとなる)は、一九五一年に同大で開催された大規模な「告発大会」で、女子学生から突然に名指しで、「授業で労働者のことはおっしゃらず、恋愛の話ばかりなさいます」などと告発された。ディケンズの小説を素材に恋愛心理を講ずると、このような批判が学生から出てくるのである。この時、楊は別段弁解したり、自己批判をしたりすることもなく会は終わるのだが、同僚の中には「授業で本当に恋愛の話なんてしたんですか」と尋ねてくる者もいれば、その後に彼女を避けるようになる同僚も出てきて、次第に追い詰められた気分になっていくのであった。

この時期、公開の場で告発されるほどではないとしても、教室や職場での何気ない発言が、ブルジョア的言論や反党的言辞だと見なされて、党組織に内報（密告）されるようなことは、日常的に起こった。もっとも、残念ながら、これは単に過去の話ではなくなっている。特にこの数年の中国では、大学の講義の内容が「不適当」な場合、監視員のごとき学生や、あるいは講義室を巡回する職員によって、大学当局に通報されることが当たり前のように起きている。違うのは、「告発大会」のような大衆集会がないだけで、そのような行状が本人のあずかり知らぬまま、個人檔案に記されること、また場合によって処分を受けることは、今も昔と変わらない。

さて、さまざまな政治運動にせよ、批判大会にせよ、そうした運動への参加をうながす共産党の声が、実効性をもって末端にまでとどくには、工夫や技術がいる。共産党は元来が宣伝活動を極めて重視し、それに長けた組織である。人民共和国における共産党の宣伝といえば、はでな色使いのポスターがよく知られているが、実際の影響の大きさという点でいえば、拡声器を利用した有線放送を挙げるべきだろう。中国ではこれより前、南京国民政府期の一九二八年に、中央放送局が正式にラジオ放送を開始してはいた。だが、一九三四年時点でのラジオ放送聴取者は全国でも推計九万弱で、それも上海や南京のある江蘇省《こうそ》が全体の八割近くを占めていた。全国に電波を届かせるのが難しかったこともあるが、なんと言っても、ラジオ受信機が高価で、買える階層が限られていたことが原因である。

これに対して、共産党統治期の放送の特徴は、公共の場に拡声器を据え付けて放送を流し、さらに安定的な受信ができるよう、有線としたことである。当初は街頭や広場に設置したラッパ型のスピーカーが中心だったが、やがて小型の有線受信機が各戸に設置されるようになった。放送内容は天気予報やニュース、娯楽・音楽、あるいは政治宣伝で、全国版の放送を転送するだけでなく、地方や村からのお知らせや指令も流すことができる。家の受信機はともかく、戸外のスピーカーの方は、勝手にはスイッチを切れないから、宣伝や動員の手段としては、はなはだ使い勝手のよいものだった。

都市部から始まったスピーカーの設置は、一九五〇年代半ばには農村に移り、一九五七年には、全国で九四万台のスピーカーが、党の声を有無を言わせず伝えていた。その数は翌年には三百万台を超え、六〇年にはさらに倍に、文革終結時（一九七六年）には、なんと一億一千万台に達した。[4]これは各戸に設置された小型の受信機も含んだ数だが、当時の中国の人口（およそ一〇億）比で単純にならせば、一〇人あたり一台のスピーカーが、日々党の声を伝えていたわけである。今ではもうほとんど残っていないが、筆者が北京大学に留学していた一九八〇年代半ばにはなお健在で、朝な夕な、決まった時間に、大

図4—3

宣伝画『赤いスピーカーが家々で鳴る』（1972年）。ラッパ型のスピーカーのほかに、箱型の有線受信機も作られ普及した。

学キャンパスにプロパガンダ放送が流れていたのを思い出す。

娯楽や情報に接する機会の少ない農村での教育やプロパガンダに、有線放送が果たした役割は大きい。民衆はそれを通じて内外で起きていることを知り、指導者の肉声を聞いた。むろん、放送が伝える内外のできごとは、巧みに選択されたものであって、党や政府に都合の悪いことを流したりはしない。とは言え、刷り込み効果というものは確実にあり、党のイデオロギーや世界観、価値観は、繰り返し放送されることによって、人々の頭に刷り込まれ、中国人民としての共通認識を形成していくことになった。旧社会の地主や資本家がいかにひどい人間で、貧しい人々をいかに虐げていたか、帝国主義者は中国をどのように奴隷化しようとしたのか、そしてそれを打ち破るために、共産党がどんなに英雄的に闘ってきたか。たとえ自分たちが直接に見聞・体験していないとしても、中国のあちらこちらであったとされる物語を、臨場感のある放送を通じて繰り返し聞くうちに、それはあたかも自分の体験の一部のように思われてくるのである。放送によって、中国の人々は人民としての共通記憶を持ったといってもよいだろう。

4　姿をあらわした社会主義——中国型計画経済と反右派闘争

建国早々に朝鮮戦争で米軍と対峙し、武器をはじめとする軍事の近代化や重工業の立ち後れを痛感したこと、また国際的にも、いつまた戦争が起きるとも知れない冷戦体制の中に置かれたこと、これは中国が一九五三年に社会主義へと舵を切る大きな原因であった。同時に、国内の治安・経済の回復が顕著な半面、農業生産が期待したほどに伸びなかったことも、共産党の首脳たちが社会主義への移行の大幅前倒しを決定する要因となった。確かに土地改革は全国で予想以上に順調に進捗し、多くの農民が土地を所有するに至ったが、それはただちに農業生産の増加にはつながらなかった。土地の分配は膨大な数の小農を生みだしたものの、農業の特性上、規模が小さすぎると経営の効率は下がってしまうからである。

農業生産を発展させるには、土地を集約して経営を大規模化・集団化するのが捷径《しょうけい》だというのが、かつてそれを行ったソ連のやり方であり、それにならった中国の結論だった。実はソ連は一九三〇年代に農業集団化を強行し、多くの餓死者を出していた。それを教訓として、中共党内には集団化は慎重に行うべしとする意見もあったが、農村にはすでに新たな階層分化が起こりつつある以上、それを放置することもできないという毛沢東らの意見がとおることとなった。集団化には、それをどれくらいの速度で、どれくらいの規模まで推し進めるのかという問題が付きまとうわけだが、その答えを共産党は持っていなかった。長年、農村に根拠地を構え、農民とともに戦ってきたと自負する毛沢東ら共産党首脳たちではあったが、かれらの経験はあくまでも地主の土地を貧しい農民たちに分け与えて、その支持を得るというものであって、農業生産をいかにのばすかという長期的・経済的課題に向き合ってきたわけではなかった。農業の集団化というソ連型モデルの社会主義像を超える構想は、当時のかれらにはなかったのである。

かくて、一九五三年に第一次五カ年計画が実施に移されると、農村での集団化はあっという間に進んだ。毛が、集団化に慎重な声に対して、歩みが速いことに泣き言をいう「纏足《てんそく》をした婦人」（一九五五年）のようなものと一喝したことも影響した。それまで「生産互助組」という名の営農集団（二〇〜三〇戸が農繁期に協同作業）レベルだったものが、一九五六年末には二百〜三百戸レベルの高級合作社（土地共有）が中心となった（全農家の八七・八％）。かつてのソ連のような集団化への抵抗はほとんどなく、共産党は自身の統治が農民の支持を得ている証しとみて自信を深めたが、実はその後、この集団化によって農業の生産性が上がることは結局なかった。農業従事者一人あたりの食糧生産量は、一九五三年に九六三キログラムだったのが、一九七七年には九六〇キログラムとまったく伸びていないのである。これが農業技術自体の限界でないことは、同時代の日本の生産量が中国を七割も上回っていること、またその後（文革後）に集団化をやめた後に生産量が大きく伸びていることからも明らかである。むろん、集団化の意義は生産量だけでなく、水利や圃場《ほじょう》整備など集団化体制のもとで行われた土地整備にも関わり、単純な比較はできないが、集団化＝生産向上という図式自体に不備があったことは否めないであろう。

一方、工業建設に目を転じると、ソ連の全面的な支援と技術協力もあり、重点であった重工業プロジェクト一五〇件が企画・実行され、またこれと並んで民間企業の国営化へ向けた措置も次々ととられた。「公私合営」の名の下に企業活動に政府が参加するようになったことはその一例である。すでにこれ以前に、生産物の価格や賃金水準などで民間企業のもつ裁量権が大きく低下していたこともあり、商工業における全般的な集団化と国営化は短期間で進行した。
かくて、経済の公営化により民間セクターがなくなることが社会主義化だと理解されていた中、一九五六年初めには各地で「社会主義達成」の大がかりな記念祝賀行事が行われ、同年九月の党第八回大会でも社会主義化が基本的に完成し、今後の課題が生産力の発展であることが確認された。かくて翌年には、第一次五カ年計画も超過達成され、共産党指導者たちは、国の舵取りに手応えを感じていったのだった。

図4—4

第1次5カ年計画に際して作成された「第一個五年国民経済計画草案図表（1953-1957年）」

さて、共産党の支配する国では、いずこも判で押したように「五カ年計画」を掲げる。北朝鮮の党のように、六カ年、七カ年と一定しない国もあるが、それはさておき、中共の「五カ年計画」に代表される計画経済は、本家ソ連のそれと比べるとどのような特徴があったのだろうか。まず特徴的なのは、中国の五カ年計画がソ連のそれに比べ、工業（特に重工業）建設に大きく偏重していたことである。ソ連の第一次五カ年計画（一九二九～）における工業向け投資は全体の二七％で、農業向け投資（三八％）を下回っていたが、中国のそれは工業向けが全体の約五八％と突出しており、対して農業向けは八％に届かなかった。その点では、まさに工業発展（特に重工業）のために練られた計画だが、これは中国の当時の経済が圧倒的に農業中心であり、それをいかに工業化するかが課題だったと言い換えてもよいだろう。五カ年計画を開始した当時、ソ連では労働者不足に悩まされたのに対し、中国では労働力は過剰であった。要は高度な経済発展段階へ達する社会主義建設というよりも、農業に依存する後進的経済状態からの脱却、これが中国の計画経済の眼目であったということができる。

その他、中ソの計画経済の違いとして指摘しておくべきは、中央政府の統制の範囲が、中国は狭く、ソ連は広かったという事実である。一口に計画経済と言っても、中央で統制計画を立てる部署がどの程度まで物資の需給をコントロールするかによって、計画の程度はさまざまである。中国の場合は、ソ連に学んだといっても、統制にはおのずと限界があり、その統制の及ぶ範囲はかなり狭かった。例えば、ソ連の計画経済の中枢司令塔であるゴスプランは毎年約二千種類の統制品目をリストアップしていたというが、それの中国版「国家計画委員会」が管掌したのは、第一次五カ年計画当初の一九五三年には一一五品目、その後の一九五六年でも三八〇品目だったという。この数字は、その後減少し、文化大革命の末期、一九七五年には一六〇ほどに落ち着く。

むろん、これだけの品目では現代社会は成り立たない。他の品目はどうなっていたかと言えば、省や市といった地方政府、あるいは工場、企業が統制、もしくは供給・調達などを担っていた。つまりは、かなり「緩い」計画経済だということになる。もっとも、元祖たるソ連のように多くの産品を統制すればうまく行くとは限らず、むしろ硬直化した計画経済のもとで、長期にわたって経済の伸び悩みが起こったことを考えれば、「未熟」な計画経済だったから融通が利き、地方や企業に裁量の余地が生まれたと言えなくもない。実際、こうした緩く分権的な体制のもとで育まれた経済活動への順応性があったから、改革開放の時期に、中国は市場経済にうまく適応できたのだという議論が実際にある。とはいえ、第一次五カ年計画が重工業に偏重し、農業・農村にほとんど近代的な投資を行わなかったことのきしみは、やがて顕在化することになる。

社会主義建設において中国がモデルとし、また実際に多くの支援を受けていたソ連では、この間大きな変化が起きていた。中国革命にも大きな影響を及ぼしたスターリンが一九五三年に世を去ったのである。毛沢東ら共産党首脳は、スターリンに対して尊崇と不信の念が入り交じる複雑な感情を持っていたようであるが、その死後、フルシチョフ（N. Khrushchev）指導下のソ連共産党の大会（一九五六年）で、大量粛清をはじめとする生前のスターリンの罪業《ざいごう》を暴く「スターリン批判」がひそかになされ、やがてその詳細が伝わってくると衝撃が走った。毛は「フルシチョフはとんでもないことをした。その内容もやり方も間違っている」と断じて、それに唱和しなかった。のみならず、社会主義国となった東欧の国々で反共産党の民衆運動が起こったことに対して、ソ連が露骨に武力介入をすると、共産党は新指導部のソ連に警戒と不信の念を強め、「一枚岩」だったはずの中ソ関係は、次第に冷えこんでいくことになった。

そんな中で共産党の打ち出したのが、党に対する批判や自由な論争を奨励する「百花斉放《ひゃっかせいほう》、百《ひゃっ》家《か》争鳴《そうめい》」（一九五六年五月〜）と呼ばれる政策だった。「百花斉放」「百家争鳴」（以下「双百」と略称）は、いずれも中国の古典に見えるフレーズだが、党外からの自由闊達《かったつ》な議論、多様な考え方や意見の表明を奨励することが提唱されたのである。先に紹介した知識人に対する思想改造の要求のように、共産党の対知識人政策は、かれらを党のイデオロギー政策に従わせ、それを受け入れない、もしくは反抗的な態度をとる者がいる場合には、断固処断するというものであった。一九五四〜五五年にかけて起こった文芸理論家・胡風《こふう》への批判、およびその「反革命罪」による逮捕は、その典型例である。胡風は魯迅とも親しかった左翼系文学者で、思想改造の強要に異を唱えていたが、それが問題視され、毛自身の指示で逮捕され、その後友人たち百人ほどが連座させられたのである。

それゆえ、その翌年に「百花斉放」「百家争鳴」が党の政策として提唱されても、当初それに附和する者は少なかった。だが、党に対して意見・注文をつけることが党の求めに応えることだとなれば、意見を表明せざるを得ない。社会における党（党員）の独善的振る舞いが目立ってきたことも手伝い、各界の知識人、専門家からは次第に党への厳しい批判が出だした。当初の双百は、自由闊達な議論を抑え込むような社会主義体制はつくらない、ソ連のような秘密警察は使わずとも、民衆が党に心服してくれるはずだという自信を背景にして打ち出された政策であったようだが、その提唱から一年後の一九五七年六月、毛沢東は党批判を行った者を中心に「右派分子への反撃」を命じた。こちらから「遠慮なく批判してくれ」と頼んだ者に対して「反撃」するとは妙な理屈だが、それを毛は「蛇を穴からおびき出す」策略で、陰謀ならぬ「陽謀」だと説明した。

「陰謀」にせよ「陽謀」にせよ、毛の説明によれば、一連の政治運動はあらかじめ仕組まれたものだったということになるが、そうは簡単には言えない。なぜなら、「双百」運動のさなか、共産党が政権党となってはじめて開催された大会となった党八回大会（一九五六年九月）では、明かに双百の方針に沿う党改革の気運が見えるからである。前回の第七回から十一年を経て開催されたこの党大会では、党運営の近代化の萌芽《ほうが》とも言いうる新機軸がいくつか打ち出されている。一つは前回大会のさいに党規約に盛りこまれた「毛沢東思想を指針とする」という語が削除され、さらに名誉主席制が設けられて毛への個人崇拝の色合いが薄められたことである。ソ連でのスターリン批判を意識したものと言ってよかろう。この党規約改正の説明に立った大会秘書長の鄧小平は、「集団指導体制の堅持、個人崇拝への反対」を訴え、「個人が重大問題を決定するのは、建党の原則に違反し、必ず誤りをもたらす」と説明していた。

党運営の分業化や集団指導体制確立の決意をふくめ、こんにちの目で見てもなお意義あるそれら大会の基調までが「敵分子」を引きずり出すための方便だったとは考えにくい。恐らくは「双百」で噴出した党への批判の言辞が、「党の天下」への非難に及ぶほどエスカレートしたために、想定外の事態に対して、不安に駆られた毛らが強権を発動したと見るのが妥当であろう。

「双百」で、請われるままに党に意見した民主諸党派の指導者や知識人たちを待っていたのは、

「右派」というレッテルを貼られ、職場や責任あるポストから追放・更迭されるという不条理な仕打ちだった。毛が「右派」の比率を「一％、三％、五％から一〇％ほど」と曖昧ながら数値化したため、それを受けてなされたそれぞれの部署(単位)でも、機械的に「右派」がノルマのように決まった比率で作り出された。「反右派闘争」である。「闘争」とは言いながら、実際には、「右派」のレッテルを貼られた人物に対する社会的・政治的制裁にほかならない。

右派とされた者の中には、過酷な自然条件の工事現場や労働改造施設に送られた者も少なくない。人民共和国の重大な人権侵害として長らく問題視された「労働改造」処分に関する関連規定のいくつか(例えば「労働教養に関する指示」)は、実はこの「反右派闘争」に関連して制定されたものである。労働により人間を生まれ変わらせる(矯正・改造)という理念のもと、ソ連では収容所(ラーゲリ)が設けられていたが、同様の処分が中国でも制定された。労働改造、あるいは労働教養と呼ばれるものがそれである。日本語のニュアンスとしては、労働矯正処分と言った方がイメージしやすかろう。中国での「右派」に対する処罰は、いわば「言論」や「思想」に対して、このような恣意的な適用が可能な行政処分の形で執行されたのだった。

当時「右派」と認定された者は、全国で実に五十五万人に上る。見識・知識のある多くの人材が社会の一線から葬り去られてしまい、このののち中国には、共産党に対して本気で物を言う人物はいなくなってしまった。ちなみに、前節で学生から告発された英文学教員として紹介した楊絳女史だが、彼女も双百運動の中で、上司・同僚らに自由に意見を出すよう熱心に勧められたが、あれこれ理由をつけて、結局は何も発言しなかったため、幸いに「右派」にされずに済んだ。哀れむべきはその同僚たちだった。彼女に意見を出すよう勧めたことが、反党活動をするようそそのかしたと見なされ、「右派」にされてしまったのである。これ以後、彼女は夫の銭鍾書《せんしょうしょ》(著名な作家)と共に、自分の考えを口にしたり、積極的に何かをしたりすることを慎重にさけて生きるすべを身につけていく。知識人の悲しい生き方だった。

このほか、「右派」処分の適用外とされた一群の人々がいた。優秀な自然科学者と技術者である。とりわけ優れた業績をあげた理系の専門技術者は、この反右派闘争の対象にしないという通達が出ている。先端科学の領域が国防・軍事など国家の安全保障に直結することを想起するなら、その理由は明らかだろう。先端科学技術の分野の専門家は、その後の大躍進運動や文化大革命でも——一部に被害者は出たものの——おおむね保護の対象となっている。中国の国防軍事技術のキーワードに「両弾一星《りょうだんいっせい》」というものがある。両弾とは「原水爆」(原子弾)と「弾道ミサイル」(導弾)のこと、一星は「人工衛星」を指す。いずれも宇宙開発を含む高度な軍事技術だが、これらの開発にあたった国防部第五研究院の技術者や留学帰りの研究者の多くは、政治運動の直撃や動員を受けぬよう、さまざまな保護・配慮を受けている。

かくて、中国は一九六四年に原爆実験を成功させ、次いでその二年後には、核弾頭を搭載可能な弾道ミサイル「東風」の発射に成功、そして一九七〇年には人工衛星「東方紅一号」の打ち上げにも成功したのだった。こんにち、長征ロケットをはじめ、活発化する中国の宇宙開発の出発点である。こうした前史もあり、中国では今日でも、子どもが政治の影響を受けにくい理系に進むことを望む親が多い。

5　大飢餓と大動乱——大躍進と文化大革命の発生

共産党の第八回大会（一九五六年）が、「毛沢東思想」を規約から削ったり、集団指導体制を謳ったりするなど、個人崇拝の色合いを薄めて政党運営の近代化を図ったのもつかの間、翌年の「反右派闘争」はそうした気運をしぼませてしまった。また、第一次五カ年計画が重工業に偏重して経済発展がバランスを失い、食糧や消費財の供給、交通運輸の整備などが立ち後れた反省に立って、当初、第二次五カ年計画（一九五八〜六二年）では、日用品の生産や農林水産業にも応分の配慮をすることが示されていたが、これにも見直しが加えられた。「社会主義化の速度は遅すぎる」という党中央の一部の声を受けて、毛をはじめとする急進派が、社会主義化をさらに進めることによってこそ生産性は高まり、国防の面でも独力で安全保障をはかる必要があるという見解を打ち出したのである。こうして、第八回党大会で以後毎年開催するとされた党の全国大会（第八回大会第二回会議）が、国際情勢の変化などを理由に、一九五八年五月に開催されたのである。

この第二回会議では、はたして社会主義を「多く、速く、立派に、無駄なく建設する」という急進方針が採択された。「十五年でイギリスに追いつく」ことを掲げて、鉄鋼や食糧などの大増産を目指した、いわゆる「大躍進」運動がこうして始まった。「十五年で……」とは、先にソ連のフルシチョフが米ソの体制競争の目標を「十五年でアメリカを追い越す」という表現で表明していたからである。ただし、そのフルシチョフはアメリカとの対話にも乗りだし、平和共存を模索していたから、国際政治で反米・反帝の立場を明確にしていた中国は、ソ連がアメリカにすり寄ることに対して、不信感を募らせつつあった。

鉄鋼と食糧の大増産を掲げた大躍進のもう一つの目玉が人民公社だった。人民公社は、農村地域の大型の包括的共同体（おおむね八千～一万戸の郷《きょう》のレベルに設立）で、それまでの集団化の単位だった合作社をより拡充しただけでなく、既存の郷レベルの地方政府の機能を吸収したことに特徴がある。すなわち、人民公社は集団化した共同営農の大きな生産単位であるのみならず、政治や生活全般（福利、教育、農業税徴収、さらには民兵組織）など幅広い領域をカバーする権能を持つものとなった。それゆえ「大躍進」で増産の号令がかかると、この「人民公社」がそれにあたるということになったわけである。

それを後押ししたのは、毛の意向をくみ取り、かれへの忠誠を誇示せんとする地方の党幹部たちだった。先にも述べたように、中国の計画経済では、権限がかなり地方へ委譲されており、地方の幹部たちは競い合うように生産目標値を引き上げていった。一九五八年の当初の鉄鋼生産量の目標値（生産実績ではない）は、大躍進期間の八カ月の間に二倍に増え、翌年の目標はそれのさらに二、三倍に増えた。つまり十五年で追いつくはずだったイギリスの鉄鋼生産に、二年で追いつくことになるという狂気の沙汰《さた》となった。

食糧は主に農村の担当だが、鉄は都市部でも作られた。ろくな技術も設備もないのに、ともかく鉄を増産せよというのだから、それ自体無体《むたい》な話だが、党の指令である以上、取り組まざるを得ない。「土法高炉《どほうこうろ》」という小規模の在来工法がもてはやされ、はてはそこらの鉄製品が供出されて鋳つぶされ、使い物にならぬ鉄が国中で大量生産された。農業分野でも、一見革新的農業技術の導入と映る「深耕密植法《しんこうみつしょくほう》」などが、驚異的収穫をもたらすと紹介され、実行に移された。「深耕密植」とはその字のごとく、深く耕して土壌を整えれば、苗を隙間なく植えても大丈夫で、増産につながるという、一種の疑似科学農法だった。

このほか、人民公社は農村社会を高次な段階である共産主義社会へと橋渡しするものとされ、その理想の見やすい具体例として、無料で食事を出す公共食堂が各地に設置された。各戸での炊事の手間を省ければ、それだけ生産活動に従事できる時間も増えるし、何より「労働に応じて取る」状態から「必要に応じて取る」状態へ進むのは、人類社会が共産主義段階へ踏み込む一大進化なのである。新聞で報道される増産達成の数値は、虚妄と捏造を積み重ねて、どんどん跳ね上がった。

結果は正視できないほど無残だった。食糧は増産されず、かといって強制買い上げの割り当てが減じられることもなかったから、公共食堂で散々食い散らかし、鉄のごときものを大量生産したあとにやって来たのは、深刻な食糧不足、そして飢餓だった。鉄作りに人手を割かれて農作物の収穫がおろそかになったこともあり、一九五九、六〇年は二年続きの大幅減産となった。もっとも、大幅減産の事実は、今日では歴史文献を使ってある程度実態を把握できるが、虚報や誇大報告が横行していた当時においては、手を打とうにも拠《よ》るべきデータがなかった。

この間、一九五九年夏に避暑地廬山《ろざん》（江西）で開催された中央政治局拡大会議と中央委員会総会（いわゆる廬山会議）では、古参幹部で毛とも関係の深い彭徳懐（当時、国防部長）が政策の見直しと極左的風潮の是正を求める私信を毛に送ったところ、それが毛の怒りを買い、逆に反党活動を行ったとして糾弾されるという事態となった。実は廬山会議を前に、毛は国家主席の座をおりて劉少奇にそれを譲っており（党主席は継続）、その会議も大躍進の是正を議題とする手はずだったが、それが是正どころかより強力に推進されることになったのである。こうして大躍進の無謀な試みは翌年も繰り返され、おびただしい餓死者がでた。飢餓・栄養失調による死者は、三千万を超えると見積もられている。大失政である。

図4—5

画報『漫画』1958年11月号の表紙。棉花収量（7000万担＝約420万トン）がアメリカを上回ったことを誇っているが、実際はその半分で、60年にはさらに半減した。

なぜこんな常識外れの政策が実行されたのか、馬鹿げた数値や目標に疑義を挟むことがなぜできなかったのか。毛沢東ら共産党の指導者は、素人じみた鉄の作り方やまがいものの農業技術で、生産が二倍にも三倍にもなると本気で信じていたのか。誰もが抱く疑問である。これに対しては、毛ら中央の指導者に上がってくる情報や報告がそもそも当てにならないものだったため、かれらは正常な判断ができなかったのだ、という説明がある。確かに虚報を含め、中央指導者の意向に迎合せんとした成果報告が多数あったことは事実である。積極性を見せなければ、前年のように「右派」だと言われかねない。そんな恐怖心が数字をさらに大きくさせただろう。だが、先の彭徳懐の諫言のように、事態がとんでもない方向に進んでいるという情報は、大躍進開始から間もなく、指導者たちに届いていた。毛沢東も自らの秘書や護衛官を地方へやって、実情を包み隠さず報告するよう命じており、もどってきた者たちは悲惨な状況を毛に報告している。にもかかわらずである。なぜなのか。

かれら毛の側近たちは、悲惨な状況だけを毛に伝えたのではない。かれらが同時に告げたのは、大躍進の号令に農民たち、在地の幹部たちがいかに懸命に取り組んでいるか、党と毛主席のために不眠不休で頑張っている情景だった。人民の熱情に水を差してはならない——これは毛が社会主義建設の一日も早い実現というおのれの信条をまじえて、常に語っていた言葉である。悲惨な状況のみを見て、だからやめろと命じるのは、民衆の熱意に冷水を浴びせることにほかならない。そんな信念とも妄想ともつかない心情が大躍進の災禍を空前のものにした。ゆえに、古くからの同志に、それが現実離れした虚妄だと指摘されたとき、毛はこれまた常軌を逸するほど激昂《げっこう》し、彭徳懐とかれの意見に同調した張聞天ら数名を「反党集団」と呼び、その政治的地位を奪ったのである。

ただし、同時に指摘すべきは、大躍進の推進にせよ、廬山会議での彭徳懐弾劾にせよ、周恩来、劉少奇をはじめとして、党内にはそれにあえて反対する声はなく、逆に林彪のように、うまく行かないのは主席の言うとおりにやろうとしないからだと毛をかばう者が少なからずいた、ということである。一九六〇年に至り、ようやく劉少奇らが中心になって政策転換を行い、その後一九六二年に開催された党員七千人を集めた会議の場で、劉少奇は大躍進の失敗を「三分の天災、七分の人災」と総括、毛も自らの責任に言及するに至った。だが、それでも毛を擁護する声は小さくなかった。周恩来は会の発言で「ここ数年の過《あやま》ちや失敗は、我々が……毛主席の貴重な指示に従わなかったからです」と言い切っている。

のちの文革もふくめ、晩年の毛がパラノイアとも言うべきある種の病的気質だったということは、しばしば指摘される。むろん、毛を論じる場合、かれが病的状態にあったか、どの程度の病態であったかは大きな問題だが、より根本的問題は、病気という本来的には個人の問題が、組織や国政運営そのものに影響してしまうという政治体制の方にあるだろう。毛に責任があるとすれば、それは何らかの病気を抱えていたことにあるのではなく、そうした指導者を交代させたり、休ませたりするしくみを自身が作らなかったことにあるだろう。毛の独尊を可能にした中央の指導者たちの心性については、先に第三章第三節で説明したが、毛は自ら暴君になったというよりも、暴君となることを支持されたのである。

ともあれ、行き過ぎた社会主義化を若干見直す、いわゆる「調整政策」という比較的穏健な政策が一九六〇年代前半にとられた。市場経済の一部復活、農業税の引き下げ、強制買い上げの価格の上積み、自留地《じりゅうち》での自由な作物生産や家庭副業の承認、軽工業への配慮などにより、社会は落ち着きをとりもどした。おおよそ五年を単位として経済成長を見ると、一九六〇年代前半のGDP（国内総生産）成長率は一五％で、後の改革開放期などよりも実は高い。それ以前の大躍進がマイナス成長だったことの反動という側面はあるが、農村部へのてこ入れは確かに効果的だったと言ってよいだろう。他方、政治の面では、一九六二年に毛の提起で社会主義教育運動が進められたが、無用な混乱を引き起こすことのないよう、劉少奇らがコントロールしたため、社会を揺さぶるようなことにはならなかった。

これに対して緊迫したのは、中国をとりまく国際情勢である。同盟国ソ連との関係は、スターリンの死後もしばらくは保たれていたが、アメリカとの平和共存を進めるフルシチョフ政権に対し、中国は帝国主義と結託する修正主義だと反発、一方、中国の進めた大躍進を、ソ連は現実を見ない「空想的社会主義」だと批判し、それぞれが社会主義イデオロギーに基づいて互いを激しく非難するようになったのである。こうして、中ソ同盟の要《かなめ》でもあった「国防新技術協定」は一九五九年にソ連側によって一方的に破棄され、ソ連による対中支援の象徴だったソ連人技師も翌年一斉に帰国し、中ソの対立は決定的となった。この間、いわゆるアジア・アフリカ新興国への働きかけによって、中国は国連未加盟のマイナスを補い、存在感を示してはいたが、かつて周恩来とネルーが一九五四年に「平和五原則」で合意したインドとの間でも国境紛争が起き、一九六二年にはそれが軍事衝突へとエスカレートするなど、国際的な孤立は否めなかった。

とりわけ中国の国内政治にも大きく影響したのは、中ソ対立である。朝鮮戦争以来のアメリカの軍事的脅威は、一九六〇年代初めの時点では、ベトナム、朝鮮半島、台湾などを挟む間接的なものであったが、ソ連とのそれは接する国境が七千キロ以上もあるだけに、より切実で直接的だった。それゆえに第三次五カ年計画(一九六六〜)では、三線建設と呼ばれる内陸部での軍需工業基地建設が優先的に進められた。かりに第一線(国境部、沿海部)が破られ、それに続く平野部(第二線)が侵攻を受けても、奥地の第三線にある重化学工業が長期抗戦を支えるという戦略構想である。のちには大規模な戦争に備えて、大都市を中心にあまたの防空壕が作られた。こうした緊迫した中で発生し、先の大躍進以上の衝撃を内外に与えたのが、一九六六年に火のついた文化大革命である。

毛は大躍進の失敗を認め、いったんは大人《おとな》しく調整政策の成り行きを見守っていたが、その間も階級闘争を忘れてはならぬ、資本主義から共産主義への過渡期たる社会主義時代にも階級闘争はいっそう熾烈に闘われ、それが党内にも反映するのだと強く主張していた。国内での経済活動の回復と農業の生産向上をもたらした農民への優遇策も、毛に言わせれば、社会主義とは正反対の姑息なやり方、あるいはせいぜい一時的な弥縫策《びほうさく》に過ぎず、そのような策を続ければ続けるほど、真の生産力の向上をもたらす社会主義の実現は遠ざかってしまうのだった。社会主義の仮面をかぶりながら、実はそれを「修正」して堕落させるのが、外にあってはソ連のフルシチョフであり、内にあっては「調整政策」を推進する劉少奇らだった。

毛はさらに、芸術や学術の分野でも社会主義改造が不十分だと見なし、そうした分野を所轄する党官僚もブルジョア思想や修正主義に毒されていると見なすようになっていった。こうした内外あい呼応した「修正主義」を一掃するために、これまで自らが率いてきた共産党という組織そのものを根本から刷新すること、それが一九六六年に発動されたプロレタリア文化大革命（以下、適宜「文革」と略称）であった。毛沢東流の大衆運動方式を評価し、経済政策の面でも毛の考える社会主義推進論に賛同する党指導者は、確かにほかにもいた。先にも述べたように、そうした意味では、毛は孤立した独裁者だったわけではない。だが、かれが党そのものの刷新まで視野に入れていることを感じ取って、それに共感できた同志はほとんどいなかった。一九六六年に大動乱・文化大革命が起こった時、党の指導者のほとんどが事態の意味を理解できなかったのは、そのゆえである。

文革は一九六五年に発表された歴史劇「海瑞罷官《かいずいひかん》」に対する批判を発端とし、その批判に相応の発表の機会を与えなかったとして、翌年に北京市長の彭真が批判を受け、前後してブルジョア階級の反動思想を一掃する大がかりなキャンペーンとして幕を上げたものである。毛沢東は『人民日報』などで、若者たちに旧きものや権威を打ち壊すよう煽動し、六六年八月には「造反有理《ぞうはんゆうり》」(反逆には道理がある)と述べてさらに煽《あお》った。北京で始まったこの運動は瞬く間に全国に波及するとともに、共産党指導部の変動を引き起こした。混乱を収拾しようとした劉少奇(党副主席)は逆に自己批判を迫られ、八月にはその職務を解任され、やがて「党内最大の実権派」「中国のフルシチョフ」などの罪名を着せられていった。★3

人々がこのたびの運動はそれまでのものとは大きく異なるとハッキリ意識するようになったのは、六六年五月の末に誕生して以来、急速に拡大・流行化した若者たちの自発組織が街頭行動に出て、旧きものの徹底破壊をはじめたあたりからであろう。軍装に「紅衛兵」と染め抜いた赤い腕章をつけ、赤い小さな本を手にした十代後半から二十代の若者たちが八月ごろから街頭で示威行動に出たのである。かれらが手にしていたのは『毛主席語録』、すなわち『毛沢東語録』だった。それは、大躍進の失敗によって毛の指導力に陰りが見えはじめたとき、党中央でほぼ唯一毛への支持を表明し続けた古くからの同志たる林彪(彭徳懐解任後に国防相に就任)が、人民解放軍の政治教育資料として作成し、一九六四年に解放軍の部隊に配布したのがはじまりである。毛の旧友としては、忌憚なく剛直に意見してくれたのが彭徳懐とすれば、同じ旧部下でも、毛への恭順によって寵を得ようとしたのが林彪であったと言えるであろう。

★3——一九六八年に党を除名された劉少奇は、間もなく迫害によって死に追い込まれた。

図4―6

『毛沢東語録』をかざしながら文革のスローガンを叫ぶ紅衛兵。

急進学生らが主張を発表する手段として使っていた壁新聞（大字報）をかりて、毛沢東自身も八月に「司令部を砲撃しよう――わたしの大字報」を発表し、ついで各地から集まった紅衛兵の若者たち約百万人を天安門広場で閲見した。閲見大集会は一一月まで八回にわたって行われ、計一千万人が参加した。毛がこの大群に煽られ、大群もまた毛に煽られ、収拾のつかない民衆運動となって拡散、社会秩序の大混乱となった。党内では多くの元老格幹部、現役幹部が、また学校・企業や少数民族地域でも知識人や官僚、宗教関係者たちが、屈辱的な仕打ちにさらされ、時にそれは暴行や殺害にまで及んだ。多数の貴重な歴史的文物や遺跡も破壊された。

若者たちが、時に毛沢東の思惑を超える規模と激しさで行動を起こしたことの背景は複雑である。あえてその理由を一つ挙げるならば、それまでの人民共和国が、多くの人に息苦しさを感じさせる閉塞社会であったということが考えられる。個人檔案や密告制度などによる社会管理、出身階級による差別等々が日常となる一方で、革命の先人の英雄譚や共産党の歴史は、学校教育やメディアを通じて絶えず若者たちに刷り込まれ、かれらに革命をして世を変えることを夢想させていた。それが今や、毛主席が直々にそうせよと励ましているのだから、かれらが勇躍せぬわけはなかろう。

それゆえ、紅衛兵たちのエネルギーは、旧きものの破壊や権威の打倒という方向に暴発すると同時に、共産党の支配原理や社会制度の不合理への批判という形の異議申し立てを生みだしもした。例えば、遇羅《ぐうら》克《こく》という臨時工の若者が発表した「出身論」（一九六六年一二月）である。資本家の家庭に生まれたかれは、先天的な出身階級にもとづく血統主義が「人為的な溝」を生みだし、露骨な差別の根源になっていると述べ、人民共和国の社会原理そのものを告発したのだった。ただし、紅衛兵や労働者たちが加わって業火のように広がった文革の熱狂の中、そうした内省が深まる余地はなく、遇羅克も一年余り後、逆に反動的主張をまき散らしたという誣告《ぶこく》を受けて逮捕され、反革命罪で死刑に処されている。

各地では、自分たちこそ毛の教えの忠実な実行者だと主張する造反組織が乱立し、はては武力抗争すら始めるようになった。ところによっては、自動小銃や迫撃砲が使われるほど武闘がエスカレートする中、正常な経済活動や日常生活は停止し、国家の運営にすら支障を来すような異常な事態となった。当時の中国社会における組織らしい組織が、共産党以外には皆無だったため、その組織がマヒ状態となることは、社会における唯一の制御システムが失われることを意味したわけである。

対応に苦慮した毛沢東らはその後、人民解放軍による社会秩序の回復をはかり、他方で、一九六八年あたりから都市部の青年たちを半ば強制的に農村部や工場へ派遣・移住させることにした（「下放《かほう》」という）。農民や労働者に学ぶという理屈だったが、実際は不穏分子たる都市部の青年の厄介払いであった。文革による生産体制・経済制度の混乱のせいで、都市部ではかれら若年労働力を吸収できなかったからでもある。文革の前後を含め、農村に送り込まれた若者は、一六〇〇万〜二千万人と見積もられている。

都市部から追い出されたのは、青年たちばかりではない。かねてより何度も思想改造をしてきた知識人たちは、今度も標的にされた。職場でひとしきり糾弾集会に引きずり出されたり、家捜《やさが》しされたりという迫害を受けた後、かれらは「五七幹部学校」なる再教育施設に送りこまれた。「五七」とは、文革の精神――全国を革命化した大きな学校にしよう――にかんして、毛沢東が林彪に説明した書簡の日付（一九六六年五月七日）で、その指示書簡の精神にもとづいて二年後に地方の農場などに施設が設置されたのである。全国の党幹部や知識人のほとんどは、その「学校」に行って再教育を受けるよう命じられた。名は学校とはいえ、事実上は軍の管理する労働収容所であり、場所によっては流刑地であった。

何とか反右派闘争をかいくぐった前述の楊絳女史も、文革が始まるや、転任先の社会科学院（外国文学研究所）で「ブルジョア学術権威」と認定されて屈辱的な仕打ちを受けて後、河南省の「幹部学校」に行く羽目になった。ちなみに、彼女がまだ幸いだったのは、ほかの収容者と同様に「牛鬼蛇神《ぎゅうきじゃしん》」（人でなし）の扱いを受けながらも、一九六九年末から二年間割り当てられた苦役が便所掃除などの軽労働にとどまったことである。一九五七年の反右派闘争は何らかの行いによって右派だとされた者が対象となったものだが、文革時の迫害は、ブルジョア知識人だというだけの理由でなされたものだった。彼女のように、五七幹部学校に送られた者は党の幹部や知識人などで、その数は数百万、一説に約一千万人と言われているが、公式のデータは発表されていないし、まともな統計があるのかも明らかではない。先の下放にしても、この幹部学校にしても、文学作品の素材になるのがせいぜいで、中国国内では今なお自由な研究や統計資料の整理公表は許されていないからである。なお、この文革で劉少奇に次ぐ「党内第二号実権派」とされて失脚した鄧小平も、「幹部学校」ではなかったが、江西省のトラクター工場へ下放され、約三年間軟禁状態で労働に従事させられている。

文革初期の造反・奪権運動によってガタガタになってしまった既存の党組織や行政組織に代わって各地で組織された権力機構が、革命委員会である。一九六七年から翌年にかけて各省、市で成立した革命委員会は、人民解放軍、革命的幹部、革命的大衆の三者の代表からなるとされたが、特に選挙によって選ばれたわけではなく、実体的組織としての実力を持つ軍の意向が尊重された。革命委員会は、党務、行政、軍事、司法など広範な権限を持つ独裁型機関で、専門的な知識や技術を持つ者は、文革の荒波で社会の一線から排除されていたため、まともな行政サービスや経済運営などはまず望めなかった。かれらに代わって文革で伸張したのが、治安回復と国防の柱たる軍（その代表が林彪）、そして毛沢東崇拝を武器にイデオロギー・文化の分野でのし上がってきた江青（毛沢東夫人）、張春橋《ちょうしゅんきょう》以下の「四人組」と呼ばれる面々である。

こうした一連の大規模な変動が一段落した一九六九年四月、共産党は実に十三年ぶりに党大会（第九回）を行った。通常、共産党の大会なるものは、準備がしっかり整わなければ開催されない。地下活動をしていたころならいざ知らず、政権党となった共産党が十年以上も党大会を開けなかったことに、当時の中国政治の激動・混乱ぶりがうかがえよう。大会では、「毛主席の親密な戦友」林彪がその後継者であることが明文化され、軍関係者が中央委員の半数近くを占めた。

コラム⑨ 第二の国歌——《東方紅》

世に「第二の国歌」というものがある。正式の国歌ではないが、国民に広く親しまれる歌がそう呼ばれる。アメリカなら《ゴッド・ブレス・アメリカ》、イギリスなら《威風堂々》といった具合である。大半は法律で規定されているわけではないので、人によって意見は分かれよう。中国の場合は、一九五〇年の建国一周年に合わせて作られた《歌唱祖国》（作詞作曲：王莘《おうしん》）を挙げる人が多いかもしれない。二〇〇八年の北京オリンピックの開会式で、九歳の少女が独唱し、口パクであることが後に判明して話題になったあの歌である。「五星紅旗が風をうけてひるがえり勝利の歌声が響きわたる」という歌詞は、国歌としても十分である。

他方で、年配者は《東方紅《とうほうこう》》の方を推すかもしれない。ただし、今の第二の国歌とするには、以下に見えるように、毛沢東賛美の色合いが濃いため、異を唱える向きもあろう。

東の空が赤く染まり太陽が昇る　中国に毛沢東があらわれた
彼は人民の幸せを考える　ああ、彼こそ人民の大いなる救いの星

だが、《東方紅》こそは、文革期までの中国の、まがう方なき第二の国歌であり、《義勇軍行進曲》に問題ありとされた時（コラム⑧参照）には、事実上の国歌であった。このシンプルな歌も、民謡をもと歌とした替え歌ゆえ、先にコラム④で述べたような、来歴のあやしさが残っている。ただし、《三大紀律　八項注意》とは違って、元の歌（旋律）が陝西省北部の民謡《騎白馬《チーバイマ》》であること、それに歌詞を盛り込んだのが李有源《りゆうげん》という貧しい農民（民謡の歌い手）で、一九四三年に最初に歌われたことなどの基本的事項は、すでに確認されている。

一九四三年といえば、三月には毛沢東が党内の日常業務を取りしきる中央書記処での「最終決定権」を持つことが承認され、五月にはコミンテルンが解散を決定と、まさに毛沢東の指導権が党内で確立したといってよい画期となる年だった。さらにその前年には、毛沢東がいわゆる延安文芸講話を行い、勤労大衆のための芸術をめざすよう強調していた。そんなさなかに、陝北の農民が毛沢東を讃える歌を在地の民謡に盛り込んで「創作」したという話題は、これ以上ない理想的な芸術のありようを示すものだったに違いない。

人民共和国成立から文革期まで、《東方紅》は国歌に準ずる扱いを受け、共産党のさまざまな

行事が《東方紅》で始まり、《インターナショナル》で終わるという式次第で進行した。海外向けラジオ放送（北京放送）も同様である。また、中国が打ち上げた最初の人工衛星、その名も「東方紅一号」（一九七〇年）が地上に向けて送信した音楽も《東方紅》だった。ただ、《東方紅》の歌詞に見える救世主への希求（毛は大いなる救いの星）が、《インター》の歌詞の精神（救世主は要らぬ、解放は労働者が自ら勝ち取るのだ——原語にも中国語訳にもある）と齟齬するものであることは明白で、一部の党幹部は釈然としないものを感じていたという。

さて、近ごろ何かと毛沢東と比較される習近平だが、この五年ほどの間に、かれを崇拝する歌が次々に作られている。まずは、二〇一六年三月ごろに動画とともにネットに投稿され、話題を呼んだ《東方又紅》なる歌、「又紅」とあるように、《東方紅》を下敷きにした替え歌で、「東の空がまた赤く染まり　太陽が再び昇る　中国に習近平があらわれた……」という歌詞だった。習近平を持ち上げようとする支持勢力が仕掛けたものだ、と言う声もあれば、悪趣味な宣伝歌を流すことによって、習のイメージを損なおうとする「ほめ殺し」なのだという声まで、さまざまな論評が寄せられたが、真相は不明である。その一年後には《習主席は全国の人民と共に》という歌が党大会前後に歌われた。だが、第二の国歌となりそうな気配はない。

1——小嶋華津子「エリート層における党の存在——中国エリート層意識調査（二〇〇八〜二〇〇九）に基づいて」、菱田雅晴編『中国共産党のサバイバル戦略』三和書籍、二〇一二年。

2——「関於鎮反部署給上海市委的電報（一九五一年一月二一日）」（『建国以来毛沢東文稿』第二冊、中央文献出版社、一九八八年、四七頁）。
3——『中国共産党在上海八十年』上海人民出版社、二〇〇一年、四三一頁。
4——趙玉明主編『中国広播電視通史（第二版）』中国伝媒大学出版社、二〇〇六年、三一七頁。

第五章

革命を遠く離れて

1　脱文革の模索――何が中国共産党をもたせたか

文化大革命は国外にも大きな影響を与えた。とりわけ一九六八年前後にはヨーロッパ、日本、アメリカなど西側の国々でも、社会運動や学生運動が高揚し、国際的にはソ連と一線を画す新左翼系の力が強かったこともあり、毛沢東思想や文化大革命が注目を浴び、崇拝の対象となるほどだった。日本でも、例えば関西に「毛沢東思想学院」なる学校（兼研修施設）があったというと読者は意外に思われるかもしれないが、紛れもない事実である。当時、国交のない中国からの情報は限られた形でしか入ってこなかったし、無批判に革命中国や毛沢東を礼賛する向きもあったから、文化大革命を客観的に分析するのは至難であった。その文革支持者にも理解できなかったのが、一九七一年九月の林彪事件である。

ほんの二年前に毛の後継者に認定され、毛への忠誠も厚いとされていた党副主席の林彪が毛打倒のクーデター未遂の末に、妻子と共に飛行機でソ連方面に逃亡、途中でモンゴルの草原に墜落死したという驚きの事態である。ただし、そんな大事件があったと国外で報じられたのは、一〇カ月も過ぎた一九七二年七月のことだった。その間、中国のメディアは林の動静を報道せず、海外のマスコミはそれをもって、林が失脚したと推測していたが、事態が「クーデター」「墜落死」といった奇怪な展開だったことが中国の公式説明で報じられるや、世界中が驚倒した。

林彪は古くからの共産党員で、国民革命期に黄埔軍官学校で学び、その後、井崗山の時代から毛の部下だった。文革まで『毛語録』の編纂・発行をはじめ、人民解放軍あげて毛への忠誠を強調し、後継者にも指名された林が、なぜ国外逃亡せねばならなかったのか、飛行機はなぜ、どのようにモンゴルに墜落したのか……。中国の公式見解は、林の野心とそれゆえの反党活動が露見したことを強調するが、それを説明通りに信じる人は多くなかったし、今も謎は残ったままである。先に劉少奇がナンバー・ツーでありながら、次第に毛に遠ざけられ、やがて打倒の対象になったように、林彪も毛の信頼とそれに倍する猜疑の目を向けられ、身の破滅を招くような行動に追い込まれたのだという説明もあるが、すべては状況証拠である。

確かなのは、わけのわからぬこの事件とわけのわからぬ公式説明を受け、それまで文革の意義や革命の大義を信じてきた多くの人々が、それへの熱意や傾倒を醒めた目で見るようになったということである。林彪事件を受けて、党は林彪と孔子を合わせて批判する運動（批林批孔《ひりんぴこう》）を展開、この孔子批判の背後には、孔子が讃えた往古の聖人・周公《しゅうこう》を周恩来に見立てて批判するという毛の隠れた意図があったというが、そんな判じ物のような当てつけの政治運動が人を引きつけるはずもなく、次第にこうした政治運動自体がうとまれるようになっていった。

かくて林彪事件前後から体調を崩しがちになった毛は、一九七二年にはアメリカ・日本などとの外交関係を相次いで改善させるというアクロバティックな政策大転換を果たし、一九七六年に静かにこの世を去ったのだった。この年は毛の逝去に先立って、かれと二人三脚で革命を担って

図5—1

宣伝画『君がやってくれれば、わたしは安心だ（1977年）』。華国鋒に話しかける毛沢東は若々しいが、実際にこの面会のあった1976年4月30日には、まともな会話はなかったと言われている。

きた周恩来と朱徳という元勲二人も相次いで逝去しており、大きな時代の区切りを感じさせる一年となった。関係者が陰に陽に確執を繰り広げてきた毛の後継者の座には、地方での忠実で地道な活動を通して毛に評価・抜擢された華国鋒（党第一副主席、国務院総理）が、四人組一派を抑えて就くことになった。

　党内基盤の弱かった華国鋒がたのみとしたのは、毛の信頼のそれこそ証明書とも言うべき生前の書き付け「君がやってくれれば、わたしは安心だ（你辦事、我放心）」であった。「自分はこのように信頼されて指導者の地位に就くのだ」、そう自負する華は、毛の死後ほどなく（一九七六年一〇月）、軍に人脈と威望を持つ葉剣英（国防部長）、党中央警衛局を指揮する汪東興《おうとうこう》（警衛局第一書記）らの協力を秘かにとりつけて、江青ら「四人組」を電撃的に一斉逮捕した。毛の進める急進的社会主義の不評をある意味では代わりに背負わされ、それゆえ人々の怨嗟《えんさ》の的になってきた四人組が逮捕されたことで、人々は歓呼の声を上げた。

党主席に就任した華国鋒は当時、文革をはじめとする毛沢東思想のすべてを継承すると宣言したが、「君がやってくれれば」の神通力が通じたのは、鄧小平が党副主席、副首相として一九七七年半ばに党中央に復帰してくるまでだった。鄧は一九七六年一月に周恩来が亡くなったのちに起こった民衆の自然発生的追悼記念活動が毛らの意向で反革命活動と見なされて弾圧されたさい（第一次天安門事件、四月）、民衆を煽った黒幕と見なされ、その生涯で何回目かの失脚をしていたが、毛の死を受けて華国鋒に対して復職を希望、中央への復帰をはたしていた。党の主導権は瞬く間に、党歴・人脈・経験のいずれにおいても、華を遥かにしのぐ実力者であった鄧小平に移っていったのである。党副主席ながら、実質上最高指導者となった鄧小平は、文革を生き延び、前後して中央政界に復帰してきた彭真、陳雲、胡喬木ら旧実権派の面々、およびその復帰を支援した胡耀邦らと、一九七八年末の党の重要会議（第一一期三中全会）で「改革開放政策」と呼ばれる新路線を打ち出した。

改革開放政策の特徴は後述するとして、ここではその政策の萌芽が文革期に見られるということを指摘しておきたい。通常、「改革開放政策」の中国は、毛沢東時代の中国と対照的に描かれることが多い。すなわち、毛時代は相次ぐ政治運動と非効率な計画経済が災いして、中国は発展から取り残されていたが、政治運動を抑制して社会の安定化を図り、計画経済から市場経済への転換を断行した結果、鄧小平時代の中国はにわかに豊かになり、それが形を変えながらも、今日まで続き、中国の地位を作った、という図式である。それゆえ、文革は中国経済をメチャメチャにしたと思われがちで、確かにGDPで言えばマイナス成長の年もあるものの、文革期一〇年でならすと年平均四％に近い成長率を残している。いわば貧しい中にも発展があったわけである。

この背景には、前章第四節で述べたように、毛沢東時代の政策が、計画経済とは言っても、中央の管理・統制する範囲が小さく、その分、地方に生産管理・調整の権限がかなり委譲されていた——いわば、地方分権化による経済の柔構造——という事情がある。北京の中央政府と各省、各市を管轄する地方政府の財政規模は、一九五〇年代までは中央八に対して地方二であったが、六〇年代以降はそれが二：八に逆転することになる。むろん地方はその一部を上納するのだが、残りについては裁量権があり、今流にいうと、それがインセンティブになるわけである。それをうまくやったのが四川の経済を立て直した経験が買われて中央に抜擢された趙紫陽である。

さらに近年の研究では、文革が党組織をはじめとして社会の基盤を破壊したのち、つまり一九七一年あたりから、党の紀律のゆるみ、社会の混乱、食糧不足などの事態が進行したため、農村部では数百万、数千万の農民たちが闇市場を形成し、共有とされていた資産や土地を分配していた事実が確認されている。[1] 集団所有とは名ばかりで、実際には各戸請負いの企業活動もあった。つまり、毛の死を待たずに、農村では計画経済が事実上放棄され、「脱集団化」が静かに進行していたということである。行政単位としての人民公社は、一九八三年以降、廃止が進むことになるわけだが、そのころまでには、すっかり抜け殻になっていたらしいのである。

極端に言えば、苛烈で融通の利かない毛沢東の農業集団化の強制により、いくども飢えにさいなまれた農民たちは、共産党政権をひっくり返す反乱を起こすのではなく、毛主席の強要するやり方に従わない、あるいはそれを秘かに破ることによって生き延び、したたかに次の時代を準備したのである。文革により党組織が弛緩・壊死したことにより、それがもたらされたと言うこともできるわけで、まこと皮肉と言わざるを得ない。先の大躍進の失敗と大量の餓死者、そして一〇年の動乱と言われた文革での生産活動の停滞、それにもかかわらず中国共産党が何とか持ちこたえたのは、党の側に何らかの徳性や施策があって「もった」のではなく、無体《むたい》な統治をなんとか耐え忍び、とことん窮した時には言うことをきかないという「静かな革命」を起こせる農村社会の方が共産党を「もたせた」のである。

鄧小平指導部は、文革期に計画経済をあざ笑うように発達し、「第二の社会」ともいうべき市場を形成した個別経営による経済活動を、柔軟に体制内にとりこんだ。改革開放期になると、集団所有的性質を持つものは地方の郷鎮《きようちん》企業と呼ばれ、また個人経営のものも個体戸《こたいこ》（個人事業体）と呼ばれるようになり、いわば存在と意義を追認されるようになったわけである。

文革期に準備されたのはそればかりではない。ブルジョア的な知識を否定するという教育方針により、文革期に高等教育機関は軒並み閉鎖に追い込まれた一方、初等中等教育は文革中も相対的に手厚い保護を受け、結果として改革開放期に、従順で安価な労働力が外資系の進出工場に提供された。これまた、毛は決して西側資本主義国のための労働力を提供するためにこのような教育政策をとったわけではないが、毛の後継者たちは、はからずもその余慶を被り、豊富で上質な労働力を将来の「世界の工場」のためのいしずえとすることができたのである。

また、経済の開放の面では、深圳《しんせん》（広東省）などに外国からの投資・事業環境を整えた経済特区を設けて外資を導入する一方、国際的な外交環境をととのえて、借款や先進技術を積極的に受け入れた。一九七二年に国交を正常化した日本からの総額八〇億ドルにのぼるプラント輸入（供与）、その後も継続された巨額の円借款はその代表的なものである。こうした大胆な自由化と外資の導入は、のちに市場経済の段階的導入と合わせて、社会主義市場経済と呼ばれるようになる。こうして進められた改革開放政策の成果はめざましかった。一九八〇年から八八年までで、GDPは国全体でも一人当たりでも二倍増となり、それに伴って財政収入も倍増した。経済分野でのこうした成長はその後も——若干の変動はあるものの——継続し、世界第二位の経済大国へと中国を押し上げていったのである。

ただし、改革開放政策によって中国にやって来たのは外資や先進技術だけではない。国外からの人やモノが入って来るのに合わせて、いわゆる西側の文化や流行も入ってくるようになった。中国にしてみれば、建国後三〇年ぶりに海外思潮が入ってきたと言ってもよい。文化大革命の時期までの中国は、外界からほぼ遮断された情報環境にあった。一九七一年に国連の代表権を得て、中華人民共和国が安保理の一員となり、国際社会での相応の位置は得たものの、林彪事件の例からもうかがわれるように、中国や共産党の実情は外からはうかがい知れず、外国人はもちろんのこと、中国人でさえ国内を自由に旅することはできなかった。一方、中国人も世界で起こっているさまざまなことを知らなかった。紅衛兵がビートルズもロックンロールも知らなかったとは、よく言われることであるが、それらは退廃・堕落したブルジョア芸術である以上、紹介されるはずなどなかった。文革期の芸術と言えば、元女優で、演劇・映画について一家言《いっかげん》持っていた江青が指導した革命模範劇などの限られた演目しか上演されず、あるいは毛を讃える革命宣伝歌しかなかった中国で、海外の音楽が大っぴらにかかるということはなかったわけである。

改革開放政策はこうした文化的鎖国状況を大きく変え、それに伴い、当時中国国内でさかんに言われていた「四つの近代化」に対して、国内の知識人から「第五の近代化」として政治の近代化（民主化）も必要だという意見が出されるようになった。内には「北京の春」と言われるこうした闊達《かったつ》な議論があり、外からはこれまた危険なブルジョア民主主義をはじめとして、共産党にとって好ましくない情報や文化が入ってきかねない。それゆえ、改革開放という政策をとる以上、イデオロギー政策の再調整は避けられない課題となった。

イデオロギー対策として唱えられたのが、「四つの基本原則」、すなわち中国が堅持しなければならない政治原則、「社会主義への道」「人民民主主義独裁」「中国共産党の指導」「マルクス・レーニン主義、毛沢東思想」である。文革で人々がなめた辛酸についての文学作品、あるいは党を信じて裏切られた知識人についての映画、さらには魏《ぎ》京生《けいせい》らが壁新聞によって求めた民主化などは、すべてこの基本原則に違背するとして禁圧の対象となった。とりわけ一九八〇年代には、そうした思想は「ブルジョア自由化」によって引き起こされた「精神汚染」と概括され、西洋の資本主義国が平和的な手段で社会主義国の転覆をはかる「和平演変《わへいえんぺん》」の一環だとして、警戒が呼びかけられた。ついでに言えば、第三章第五節で言及した党の歴史と毛沢東の功罪に関する党の決定「建国以来の党の若干の歴史問題に関する決議」（一九八一年）も、文革の後始末に伴うイデオロギー対策の一環と見てよいだろう。

　他方、党の運営スタイルに目を転じれば、改革開放とはいいながら、資本主義の公然復活を思わせる経済特区などには党内の重鎮からの異論もあり、鄧小平は改革の前進と党内バランスの維持に腐心した。毛沢東時代の反省に立って、党と政府の分業を志向した新憲法を制定すべく、一九八二年九月の第一二回党大会で党規約を改正、党中央委員会主席、すなわち毛沢東―華国鋒―胡耀邦と受け継がれてきた党首としての党主席制は廃止され、新たに党の最高職として総書記が設置され、同職が中央書記処を統括して党の日常業務をおこなう最高責任者となることが定められた。これに伴い、一年余り党主席だった胡耀邦は、党総書記に就任することになる。こう書くと単なる横滑りにしか見えないが、毛沢東以来、絶大な権威を持っていた「主席」（党中央委員会を代表）が、「総書記」（党中央政治局の指導のもとに日常業務を統括する）になることにより、個人独裁の色合いは微妙に減じるのである。

「総書記」の語が出てきたついでに、ここで「書記」（総書記）という、ちょっと不思議な言葉について、少し補足説明をしておこう。現在の中国共産党の最高指導者・習近平の肩書きは、党の「総書記」だが、なぜ「書記」なのかという問題である。それを説明するには、社会主義関連の日中翻訳語の話のみならず、コミンテルン時代のソヴィエト・ロシアの影響にさかのぼって、話をしなければならない。

そもそも「書記」とは、日本語でも中国語でも、本来的には記録をする者の謂いのはず、誰か偉い人が会議でしゃべったことを記録する側の人であり、「書記」自身が偉いということは普通ない。それが共産党となると、「書記」は指導者であり、さらに「総書記」ともなると、数千万党員の頂点に君臨する支配者である。共産党の指導者が「書記」を使ってきたいきさつは、中国ではこう説明されている。古来「書記」は、「文書係」や「秘書」という身分の低い役職名として使われてきたが、共産党は自分たちが旧来の支配者・官僚とは違い、民衆の味方であることを示すために、結党時より「書記」という低い身分の職称を使ってきた、と。[2] つまりは、偉ぶらない姿勢を示す謙称だというのだが、はたしてどうか。

中国の共産党が結成時から「書記」を使っていたのは確かであり、第一回大会を開いた一九二一年の時点で、当時の党の指導者陳独秀は、「中央局書記」の名義で布告を出しているし、同じころに発足した労働運動の本部の名称は「中国労働組合書記部」[★1]だった。その後、陳独秀の肩書きは翌年から三年間ほど「中央執行委員会委員長」となるが、一九二五年以降は指導者が替わっ

★1――この組織名に含まれている「組合」という語は日本語をそのまま使用したもので、現在「(労働)組合」は通常「工会」と称される。

ても「書記」もしくは「総書記」になり、一九四〇年代半ば以降の毛沢東時代には「主席」へとグレードアップするものの、その没後には基本的に「総書記」にもどり、今日に至るというのが大まかな経緯である。だが、陳独秀ら初期の指導者が「書記」を使ったさいに、特に身分の低い「書記」にこだわったという形跡はまったくない。

当時中国には、「書記」を指導者に用いる政党はほかになかったものの、国外では「書記」に相当する「セクレタリー（Secretary）」が総務・事務の職称に用いられていて、必ずしも低い職階に限定されていたわけではない。一九二〇年設立の国際連盟の「事務総長」（General Secretary）はその一例で、当時の日本や中国の新聞・雑誌では「書記」「書記長」と表記されており、現に連盟の事務次長に就任した新渡戸《にとべ》稲造《いなぞう》を、日本・中国の新聞は「書記局副書記長」「書記次長」と報道している。他国の共産党、例えばアメリカ共産党の場合も、中央の事務方トップはExecutive Secretaryだったし、共産党の一九二一年の雑誌には、「国際青年共産党執行委員会東方書記部」から寄せられた国際会議への招請状が掲載されている。つまり、日本語でも中国語でも、このころは国外の機関で日常業務を統括する職として、「書記」（書記長、総書記）が使われていたのである。要はどう訳すかの問題であり、今の国連のSecretary Generalにしても「事務総長」ではなく「書記長」と訳すことも可能だし、同様に中共総書記（General Secretary）を「中共中央事務総長」と呼んでも、間違いではない。

となると、問題は「Secretary」というポジションが組織における権力を独裁的に担うようにな

図5—2　中国共産党組織図概略

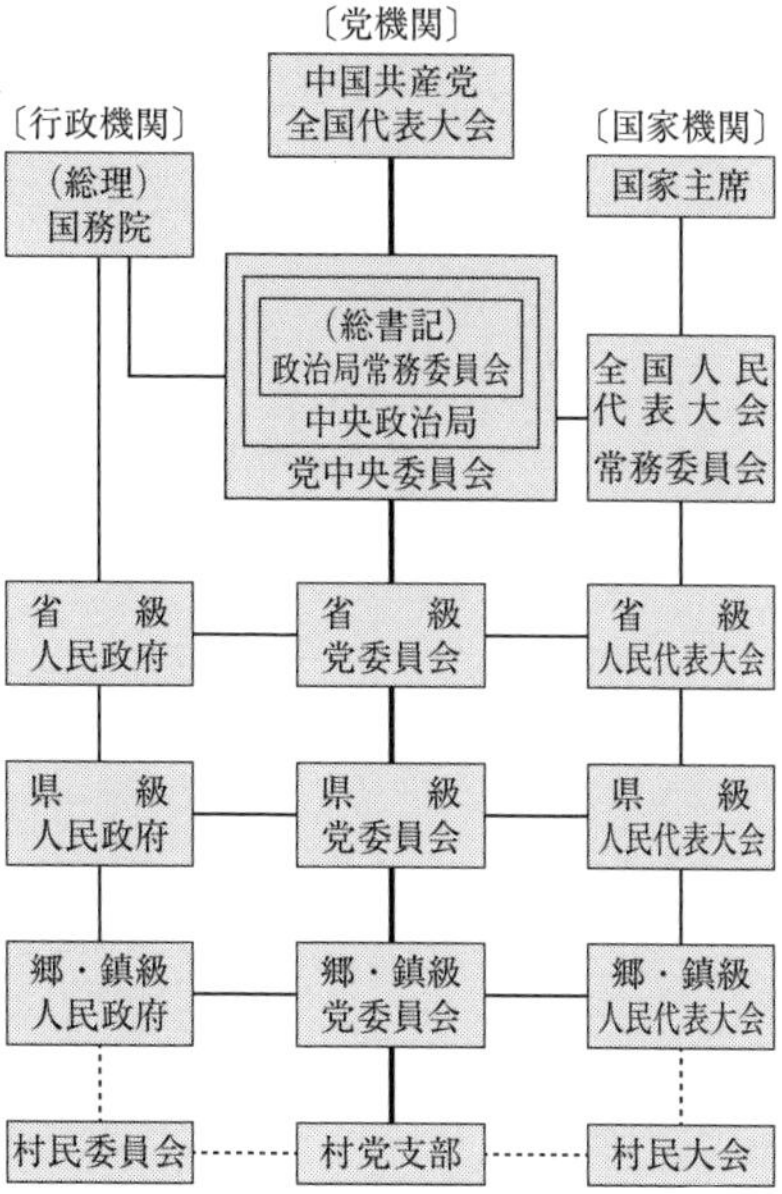

った経緯の方にあることになる。「Secretary」が事実上の最高指導部（指導者）となったのは、一九二二年にロシア共産党の組織改編によって、中央委員会のもとに政治局、書記局が置かれ、日常業務を担当するとされた「書記局」のトップ（書記長）にスターリンが就任してからである。これ以降、「書記局」は日常的な事務作業を統括するという名目で、実際には政治局を代行することになり、そのボスだったスターリンの独裁的地位に組織的裏付けを与えるものとなったのだった。大まかに言えば、その「書記長」（英語で表記するとGeneral Secretary）が世界中の共産主義政党に伝播して、書記＝指導者になったわけで、同じGeneral Secretaryでも、共産党のものは「書記長、総書記」、国連など国際機関のものは「事務総長」と訳し分けているにすぎないということになろう。その点で言えば、陳独秀が一九二一年に名のった「書記」は「事務総長」に近く、その四年後に名のった「書記」は同じ字面ながら、ロシア共産党のごときもの、つまり、のちの「総書記」へと受けつがれていく集権的な色合いを濃く持っていたと

言えよう。

党の中央集権的運営原理で言えば、その運営メカニズムに顕著な代行主義、すなわち中央委員会が党大会を代行し、中央政治局が中央委員会を代行し、中央書記局が政治局を代行し、書記長(もしくは総書記)が書記局を代行するという、個人独裁に行き着く入れ子型代行構造を象徴するもの、それが「総書記」なのである。それゆえ、中国のみならず、北朝鮮にせよ、キューバにせよ、「総書記」ないしは「書記長」がいる国とは、党による代行主義の結果、少数の指導者による権力独占が制度化された国だと言うことができる。ちなみに、毛沢東はこの代行構造を一段階簡単にし、「総書記」ではなく、「中央委員会主席」の地位から権力をふるった。共産党はこの党主席制が集団指導体制を破壊し、文化大革命にいたる厄災を招いたという反省にたって、党主席制を廃し、代わって「総書記」を政治局の事務方統括役と改めて位置づけ直した。それによって、若干ではあるが、個人独裁に歯止めをかけたわけである。

ただし、近年のさらなる権限強化により、「総書記」の実権は今では毛沢東時代の「主席」並みに大きくなっていると言ってよい。習近平が「総書記」にあきたらず、近く党主席制を復活させるのではないかという観測も一部にあるが、「党主席」という毛沢東と同じ金バッジが欲しいのであれば別だが、制度的には「総書記」で何ら不自由ないはずだし、すでに「党中央および全党の核心」と位置づけられているのだから、あえて党主席制復活という議論のタネになりかねない制度改変に踏み切る可能性は低かろう。

コラム⑩　建党人士の息子と最高指導者の妻――《希望の田野で》

毛沢東の死後一カ月もせぬ一九七六年一〇月、毛の威光を背景に権勢をふるった四人組が突如逮捕された。それまでの文革で不満を募らせていた各地の人々は、その知らせを聞いて快哉を叫び、一斉に乾杯の酒を求めたため、一時店から酒が消えたという話がある。そんな情景を見た感動、喜びを表現し、人々の愛唱歌となったのが《祝酒歌》で、軽快なリズムのこの歌を作ったのは、施光南《しこうなん》という若手音楽家だった。

施光南の父、施存統《しそんとう》は全国で五十数名しかいなかったという建党期の共産党員の一人で、社会主義青年団の初代指導者となった人物である。だが、その後自らの意思で声明を出し離党した経歴がたたって、人民共和国では党に背を向けた「変節分子」として、不遇な晩年を送った。息子の施光南もそのあおりで、なかなか活躍の場に恵まれなかったが、その境遇を一変させたのが《祝酒歌》で、おりからの脱文革の空気ともマッチし、以後、多くの流行歌を送り出す大作曲家となった。中でもよく知られているのが、一九八一年の作品《希望の田野で（在希望的田野上）》である。改革開放政策により活気を取り戻した農村の変貌ぶりを讃えるこの歌は、それまでのひたすら元気のよい文革歌曲にうんざりしていた多くの人々の支持を集め、一九八三年に第一回が開催された歌謡賞である「晨鐘賞《しんしょう》」を受賞した。

わたしたちの故郷は、希望の田野にある　かまどの煙が新築の家から立ち上り、

麗しい村のはずれには小川がサラサラと流れる　冬には麦、夏にはコーリャン、
広がる蓮池、広がる果樹林……

歌詞だけを見ると、それこそ絵に描いたような理想的な農村だが、はずむようなメロディがこの《希望の田野で》に翳《かげ》りのないまっすぐな明るさを与えているのである。

この《希望の田野で》を歌うことで運命の扉が開いたもう一人の人物が、歌手の彭麗媛《ほうれいえん》、すなわち今の習近平夫人である。施光南は、当時一九歳で人民解放軍所属の歌手（文芸兵）だった彼女の才能を見抜き、八二年の春節文芸晩会《しゅんせつぶんげいばんかい》（日本の紅白歌合戦に相当）に彭を《希望の田野で》の歌い手として推薦、伸びやかな彼女の声に乗ることで、この歌は全国津々浦々に響き渡った。地方のラジオ局が、歌を流したいがレコードが手に入らないという手紙を彭に送ったら、彭がすぐに曲の入ったカセットテープを送ってくれたという佳話も残っている。こうして名声を得た彭麗媛は一九八七年に知人の紹介で、当時廈門《アモイ》市副市長であった習近平と結婚、かれとともに中国のトップへと駆け上ったのだった。

施光南はその後、ようやく一九八四年に父親らが作った共産党に入党、歌劇曲やバレエ曲にも創作を広げたが、一九九〇年にわずか四九歳で、脳溢血《のういっけつ》で急死した。死後に政府より「人民音楽家」の称号を追贈されている。一方、彭麗媛は施光南追悼記念コンサートなど、その後もしばらくステージで《希望の田野で》を熱唱することもあったが、習近平が中央政界で活動するようになると、公開の場でその伸びやかな歌声を披露することは大きく減り、夫が党総書記に就任して

からはステージに立つことなく、今日に至っている。

党の結成から百年にあたる今年七月、共産党は間違いなくさまざまな催し物の一環として記念の大音楽ショー（建党一百周年記念聯歓晩会）を行うであろう。改革開放を党の偉大なる功績とする以上、その聯歓晩会で《希望の田野で》が歌われることは、ほぼ間違いない。だが、それを歌うのは誰か。百年前の建党人士の息子が作った名曲を、今の総書記の夫人が自分の持ち歌として、そして皆に親しまれる歌として朗々と歌う。百年の大慶として、この巡り合わせを生かさない手はないと思うが、果たしてどうか。総書記が党に対して、夫人に対して、どのようなはからいをするのか、大いに注目したい。

若き日の施光南（左）と彭麗媛

2 「改革開放」の光と影――一九八九年の民主化運動

改革開放政策が豊かさを求める人々の支持を背景に、若干の異論や波風を受けながらも、まずは順調に進展しつつあった一九八〇年代半ば、中国経済は次第に異常な過熱ぶりを見せるようになった。年経済成長率は一九八四年が一五・二%、八五年が一三・五%に達し、それまで三%以下にとどまっていた物価上昇率も八四〜八七年には七・三%に、そして八八年には上半期だけで一三%増となってしまった。こうした過熱ぶりの中、一部の党員・幹部が特権的身分を使って不正蓄財をはかる事案が増えると、かねてより社会経済分野の制度改革が必要だと主張していた学生・知識人の中から、より根本的な政治体制の改革を求める声が上がるようになっていった。

政治改革を求める声は、王若望《おうじゃくぼう》(評論家)、方励之《ほうれいいし》(科学技術大学副学長)、劉賓雁《りゅうひんがん》(ジャーナリスト)といった、かつて反右派闘争で迫害された知識人たちからも上がり、国外の諸事情を知るようになった学生たちの政治デモ(一九八六年一二月)にまで高まっていった。文革以後初めての非官製デモである。ある種の政治改革が必要だと考えていた党総書記の胡耀邦は、こうした声に耳を傾けようとしたものの、学生らの主張に共産党の政治主導に反対する強い潜在的敵意を見てとった党の長老たちによって、翌年一月の「民主生活会」および政治局拡大会議で批判され、辞任に追い込まれてしまった。

「民主生活会」とは、党の指導者たちが忌憚《きたん》なく意見を交わし、批判・自己批判をする集まりで、制度としては一九八〇年代初頭に設けられたものだが、延安整風をある種のモデルとし、その精神を引き継ぐものである。それゆえ、聞こえはいいが、実態は当人に自己批判を迫るつるし上げの場にもなりうる。胡の問題を話し合う「生活会」は、中央顧問委員会により、政治局の正規のメンバーのほか、党歴四十年以上の長老たちを招集して行われたが、六日間にわたり厳しい言葉を浴びせられた胡耀邦は、最終日の自己総括で、こらえきれずすすり泣いてしまったという。続いて開かれた政治局会議は、胡耀邦辞任の手続きをする場で、通常は総書記が主宰するべきところ、総書記の処遇を諮《はか》る会議だったため、鄧小平（肩書きは中央政治局常務委員）が主宰した。

制度上の最高指導者たる総書記が自己批判するだけでも異例なのに、長老たちからネチネチと苦言を浴びせられ、辞任させられるというのは、かつてない事態である。かの遵義会議でも、毛沢東らにこっぴどく批判された当時の指導部は、一部自己批判したものの、その場での辞任には至らなかったことを思えば、胡耀邦辞任は一種の宮廷政変といってもよい。特に厳しく胡耀邦を叱ったのは、党歴六十余年の長老・陳雲だった。中央での各種会議の開き方や進行がでたらめなこと、視察が多すぎること、幹部の抜擢に偏りがあり、徳のない人間が起用されていること……、会議の模様を伝える文書はこうした点を、「会議では同志式の厳しい批判がなされた」と概括し、集団指導の原則に違反したこと、重大な政治問題で誤りを犯したことを辞任理由としている。文書に見える「同志式」とは、「同志」という立場ゆえの非情なという語意である。これを受けて、直ちに翌日より胡耀邦は総書記の関連執務一切から手を引き、後任（総書記代行）には国務院総理であった趙紫陽が選任された。

胡の解任は、前年の学生らの民主化要求への対応が手ぬるいと見られたとする観測もあるが、鄧小平は学生らのデモが起きる以前の時点で、すでに「ブルジョア自由化」「精神汚染反対」キャンペーンといったイデオロギー分野での取り組みがなおざりであること、マスコミや外国の要人など外部との接触・取材で軽率な発言が多いことに、とりわけ強い不満を持っていた。軽率な発言とは、例えば、一九八六年一一月に訪中した中曾根康弘首相との首脳会談で、「次の党大会で年寄りを引退させる」などと口にしたことである。鄧小平にしてみれば、改革開放政策自体への風当たりもある中、頭の固い長老たちが口を出しやすいイデオロギー分野でいらぬ波風を立てる胡耀邦への不満は、一九八六年夏あたりには、すでに腹に据えかねるほどになっていたようである。そのあたりの事情を趙紫陽は、

> 一九八六年夏に北戴河《ほくたいが》〔河北省の避暑地〕で、鄧は楊尚昆ら何人かの古参同志に対して、「自分は耀邦という人間を見誤るという大失態をしてしまった」と語り、第一三回大会では胡を総書記に再任させない意向を明らかにしていた。[3]

と回想している。かつて鄧小平は、胡と趙への信頼を、「二人がいれば、天が崩れてきても大丈夫」とまで言い切っていたが、そのうちの胡耀邦を切ることで守旧派の長老たちにすり寄ったわけである。人事で言えば、その胡の解任とひきかえにしたかのように、第一三回大会（八七年一〇～一一月）で鄧小平は陳雲、李先念《りせんねん》ら古参第一世代の長老らとともに政治局常務委員から退き、政治局は大いに若返った。もっとも、鄧小平は中央軍事委員会主席、陳雲は中央顧問委員会主任、

李先念は政治協商会議主席とそれぞれに地位は残したので、半引退といった形であり、さらにかれらは、顧問委員会幹部として、表決権こそないものの、政治局会議に列席し発言する権利を有していた。一九八〇年代後半から九〇年代はじめは、党最高指導部の組織運営が、隠然たる力を持つ長老らにゆがめられることが常態化した時期であり、一九八九年の危機への共産党の対応にも大きく影響することになる。

胡耀邦を更迭したことで、保守派の長老たちをなだめた鄧小平は、趙紫陽をもり立てながら、持論である経済改革の前進をインフレ覚悟でおこなった。その結果が八八～八九年の急激な物価上昇だが、市場経済の出現や民主化を主張しだした学生たちに警戒感を持つ保守派の老人たちが、なお「顧問」として政治局会議に出てくるような構造が変わっていない以上、政治局に波風が立つのは時間の問題だった。

国外から流入する「ブルジョア自由主義」と社会主義的価値観の変容に、とりわけ強く危機感を持っていたのは陳雲である。かれは党の幹部を養成する共産党の中央党校においても、「社会主義経済とは何か」という問いに答えられる者がいなかったことに驚愕、イデオロギー面での混乱ぶりを目の当たりにして、「プロレタリア階級の思想的陣地は、ほぼすべて失われ、さまざまなブルジョア派の占領するところとなっている。もはや反撃せざるをえない」とまで述べていた。まるで二、三十年前の毛沢東である。一九三〇年代から党中央委員をつとめ、かの遵義会議にも出席した陳雲は、改革開放期の典型的な保守派とされているが、ことイデオロギーに関する限り、多くの党幹部は陳と同じように考えていたであろう。

こうして、物価の上昇と党幹部の汚職、遅々として進まぬ政治改革へのいらだち、世界的な冷戦構造のゆるみといった事態があらわとなる中、一九八九年四月初めに胡耀邦が突然に世を去った（失脚ののち、実権も発言もないまま引き続き出席していた政治局会議で倒れ、一週間後に心筋梗塞で急逝）。かれを党内で政治改革を進めながらその志を遂げられなかった悲運の人とする若者・学生たちによる追悼行事が天安門広場を舞台に、あたかも周恩来逝去の時のように大々的に行われた。これをきっかけに、それまで鬱積《うっせき》してきた社会・党への民衆の不満、閉塞感を打ち破ろうとする学生たちの熱気は、この年が五四運動七〇周年であったことや、中ソの長年の不和にピリオドを打つべく、ソ連の指導者ゴルバチョフ（M.Gorbachev）書記長の歴史的訪中が五月に予定されていたこともあり、四月下旬から五月にかけてヒートアップしていった。

当初、比較的控えめだった運動を反共産党の方向性を持つものへとエスカレートさせたのは、四月下旬に『人民日報』に掲載された社説「旗幟《きし》を鮮明にして動乱に反対せよ」で、学生らの行動が「計画的な陰謀」による「動乱」と位置づけられたことである。これにより、学生たちと党との話し合いの余地は一気に失われ、民主化を求めて天安門広場に集まった学生たちの数は五十万近くになり、デモも連日行われるようになった。デモには、学生ら若者だけでなく、労働者や報道関係者も加わり、北京からほかの大都市へと拡大していった。この間、北朝鮮を公式訪問（四月二三～三〇日）していた趙紫陽は帰国後、政治局会議で繰り返しこの動乱社説の見直しを訴えたが、流れを変えることはできなかった。こうした中でゴルバチョフと会見した趙は、党の実情を「最重要問題に関しては、やはり鄧小平同志が舵を掌握する必要がある」という決定が一年半ほど前の党大会後になされていると伝え、党の内外に激震を呼んだ。各国のメディアは傀儡《かいらい》状態の趙紫陽が発した悲痛な叫びとしてそれを伝え、一方党内からは、時期と状況をわきまえないという意味で軽率である上に、鄧小平に咎《とが》をなすりつける悪意ある発言だとして、厳しい批判の声が上がった。

民主化の請願を動乱よばわりする対応が、陰の支配者・鄧小平の意向だと知った学生たちのデモが百万規模となり、鄧打倒も叫ばれるようになった五月一七日、改めて「動乱」社説の撤回を趙紫陽から求められた鄧小平は、自らの居宅で政治局常務委員会拡大会議を開催、鄧は「動乱」社説の撤回や学生らへの妥協を拒否、逆に北京に戒厳令を布くよう求めた。首都北京への戒厳令の布告は、もちろん人民共和国始まって以来の大事件である。これに対し、趙紫陽は布告に反対し、党総書記の辞任を申し出たが、無責任な態度だと叱責をうけた。

これ以降、政治局常務委員会の会議は、本来の招集者である総書記の不在のまま開催され、議論や決定は李鵬《りほう》（国務院総理）ら現職の委員よりも、むしろ陳雲、李先念、王震《おうしん》、彭真、楊尚昆らの長老たち、そして「舵を掌握」する権限を持つ鄧小平によってなされ、戒厳令布告や趙紫陽解任が進められていくことになる。一九日未明、広場を訪れた趙紫陽は、「来るのが遅かった」と涙声でわびたが、その悲愴な姿を最後に、二度と公の場に姿を見せることはなかった。二〇日、

図5—3

鄧小平居宅で開かれた政治局会議の写真。1989年5月ではなく、それより後の会議のものだが、鄧小平、江沢民、姚依林、楊尚昆らが写っている。

北京に戒厳令が布かれ、市街地各所に人民解放軍のトラック、装甲車、兵士が出現、一方、戒厳部隊の市中心部への進駐を防ぐべく、市内各所にバスなどでバリケードが築かれた。同じ日、長老たちは再度鄧小平宅で会議を開き、席上、鄧小平は当時上海市の党書記だった江沢民を新たな総書記に推挙した。★2 江は四月の段階で、胡耀邦の功績を報道しようとした上海の『世界経済導報』に記事の差し止めを命じ、同誌に停刊処分を下すなど、早くから「旗幟を鮮明」にしていた辣腕《らつわん》家である。

戒厳令下のにらみ合いを経て、広場の若者たちに退去が呼びかけられた後、六月三日夜より天安門広場制圧の軍事行動が行われた。戒厳軍は、沿路抵抗する市民に容赦なく銃撃を加えながら広場に迫った。なりふりかまわず迫り来る軍を前に、最後まで踏みとどまっていた学生たちも広場から撤退、四日朝までに広場は武力により完全制圧されたのだった。当局の発表では、一連の軍事作戦での死者は、軍・市民あわせて三一九人とされたが、実際の犠牲者は、これよりもはるかに多いと言われている。

武力弾圧はその日付にちなんで、「六四天安門事件」、あるいは一九七六年の周恩来追悼のさいの騒乱になぞらえて、「第二次天安門事件」と呼ばれるようになるが、内外での共産党のイメージは、「自国民に平気で銃口を向ける恐ろしい専制政党」へと変化していった。

世界のマスコミの目の前で演じられた民主化運動とそれへの暴力的弾圧は、改革開放政策によって獲得した中国と中共の内外での威信を決定的に傷つけた。ある意味で、それを承知の上で民衆に銃口を向けることを選んだ長老たちは、鄧小平を含め、どのような考えでそれに踏み切ったのだろうか。戒厳令布告から数日後の五月下旬、情勢がなお流動的な中で開催された中央顧問委員会での陳雲（当時八三歳）の発言は、かれが何を考え民衆に相対《あいたい》したかをよく物語る。一部の出席者からなお学生に理解と同情を示す声があがる中で、陳雲は言う。

図5—4

民主化運動鎮圧後に戒厳令下の北京で警備にあたる人民解放軍兵士（著者撮影、1989年7月）

★2――江沢民が次期総書記に推挙された日にち（鄧小平宅で開催された八老会議）については、五月二〇日説（『彭真年譜』『鄧小平年譜』）、五月二七日説（張良編『天安門文書』山田耕介・高岡正展訳、文藝春秋、二〇〇一年、三一五頁）がある。

ここがまさに正念場で、引き下がってはならない。引き下がってしまったら、二千万の革命先烈の命と引き換えにしてできた社会主義の中華人民共和国が資本主義の共和国になってしまう。（一九八九年五月二六日）[4]。

言うなれば、民主化を受け入れるそぶりを少しでも見せれば、共産党の統治にほころびが生じて社会主義体制が終わってしまう、それでは革命のために犠牲になった英霊たちに申し訳が立たないという説明である。これに類した説明は、ほかの長老たちも繰り返し行っており、かれら長老たちのある種共通の思念となっていた観がある。

革命のために命を捧げた人士のことを、共産党は「烈士」と呼ぶ。陳雲の発言の「先烈」も同じ意味である。全国の「烈士」の総数については、陳雲の言う二千万という数字が挙げられることが多いが、正確な統計や根拠はなく、感覚的な数字である。これより先、共産党は結党の一九二一年から一九四五年までに、革命運動のために犠牲となった者の数を総計で七十六万人とし、うち共産党員を三十二万人と算定していた[5]。一九八五年に改めて作成された統計では、人民共和国期（社会主義建設）に犠牲になった者を合わせた総計として、一五〇万という数字が公表されている。二千万はどう見ても膨らましすぎである。

それはともかく、中国共産党の結成以来、その活動が多くの烈士の血であがなわれたことは紛れもない事実であり、その経過は本書で述べてきたとおりである。一九二五年の入党以来、多くの同志の犠牲を間近に見、自らは生きのびて人民共和国建国の一員となれた陳雲にとって、一九八九年の危機はある種の強烈な使命感――「体制の変容をきたすようなことがあっては、死んだ同志に顔向けできない」――を呼びさますものであった。

その「烈士」なるものが、一九八九年当時の中国でどのように扱われていたかを示すために、筆者の体験と写真を紹介することをお許し願いたい。

上の写真はこの一九八九年の三月に一人旅で中国を訪れた時に、貴州《きしゅう》省遵義の「烈士陵園」で撮ったものである。中国のたいていの町には、公園のように整備された「烈士陵園」という場所がある。言うまでもなく、革命運動に命を捧げた人々のための記念・顕彰の施設で、慰霊塔などが立っている。遵義は本書でも触れた「遵義会議」の開かれた革命の聖地である。ところがこの時の遵義の烈士陵園は、お世辞にも「烈士」に対する尊崇の念がわくような場所ではなかった。慰霊碑は清掃がおざなりだったようで、汚れがひどく、時折やってくる参拝者も、慰

図5―5

烈士陵園では記念撮影用の衣装を貸し出していた。（著者撮影、1989年3月）現在はこうした烈士を侮辱するような衣装の提供は禁止されている。

霊などそっちのけで、貸衣装を着ての記念撮影に夢中だったからである。それもご覧の通り、烈士を殺した側の衣装（軍閥、やくざ、特務、国民党軍人）を着て嬉々とするありさまだった。党のイデオロギー部門や長老たちに言わせれば、改革開放によって起こった「精神汚染」は、烈士への尊崇のかけらもない嘆かわしい風潮を招くまでになってしまっていた。これをさらに助長し、社会主義の体制の崩壊をきたすようなことになれば、烈士に合わせる顔がないということなのである。

だが、ここである種奇妙な論理のすり替えが起こっている点を見逃すべきではないだろう。陳雲に言わせれば、「社会主義の中華人民共和国」を守らねばならない理由は、それ自体が優れた体制であるからと言うよりも、むしろその体制実現のために多くの血が流されたからである。いわば、過去に死んだ者たちのために、今生きている者を殺すのだという論法であり、そこには、自らもかつては社会の改造を掲げる「暴乱分子」だったという内省はまったくない。かりにあるとしても、共産党の革命のために流された烈士の血は、民主化を求めて抵抗する連中が今から流すだろう血よりも、はるかに貴いと考えていることは明らかであろう。

ちなみに、烈士陵園は近年どこも整備が進み、きれいになっている。共産党の進める「愛国主義教育キャンペーン」や「紅色旅游《レッドツーリズム》」（革命史跡巡りツーリズム）という追い風もあり、大勢の参観者を集めるところも多い。また、烈士として祭られるのは、従来大半が共産党関係者であったが、近ごろはそれに協力した非党員も含まれることが増え、さらには帝国主義列強に立ち向かって（あるいはその犠牲となって）命を落としたものも、全部ひっくるめて「烈士」扱いされるようになりつつある。また、その烈士らの命と引き換えにようやく手に入れたものも、従来の「社会主義の人民共和国」から、より抽象的かつ情緒的な麗《うるわ》しき中華の山河に変わった。こうして、現代を生きる者すべてが、祖国の山河を守るために命を捧げた烈士から麗しき祖国を守るよう負託されているというナショナリズムの語りが形成されていくことになるのである。

この民主化運動の弾圧後に発足した江沢民指導部こそは、共産主義イデオロギーが輝きを失い凋落《ちょうらく》する中、代わっていわゆる中華ナショナリズムの動員による愛国主義教育を強力に推進した政権だった。日中間の歴史認識が問題になるような時代になるわけで、それについては後で触れることにするが、六四《ろくよん》天安門事件にいたる党中央の対応が、当時の西側メディアや外国の調査機関が予想したよりもはるかに強硬、かつ頑《かたく》なものだった理由は、鄧小平をはじめとする長老格の実力者が、こうした強迫観念にも似た強い体制護持の使命感にしばられていたことに求められるかもしれない。その強さは制度の面ではかれらより上位にあるはずの趙紫陽をもしのぐものであり、危機に直面したときの共産党が、制度とは別のメカニズムで動くことを示していよう。

趙紫陽は、戒厳令など一連の決定に反対することで党の分裂をもくろんだとして、党内で激しく批判されたが、最後まで自らに誤りがあったとは認めなかった。党総書記から解任されたのち、二〇〇五年に逝去するまで、北京市内の住宅地の一角に軟禁されたその姿は、いにしえの清朝の光緒帝《こうちょてい》にだぶって見える。かの光緒帝は日清戦争で敗北した清朝の一大変革を企図し、若き改革者であった康有為《こうゆうい》や梁啓超のアドバイスを受けて改革運動（戊戌変法《ぼじゅつへんぽう》、一八九八年）を断行した。だが、そのあまりに性急な改革は、後見人の西太后《せいたいごう》の怒りを招き、変法は百日ほどで挫折、帝は廃位こそ免れたものの、病気を理由に皇宮の一角に十年ほど幽閉された後、失意のうちに世を去ったのであった。清朝が滅ぶ三年前のことである。

その政変と皇帝幽閉があった一八九八年、当時の列強は帝の病状の確認をするくらいで、露骨な干渉をすることはなかったが、一九八九年の民主化弾圧はテレビを通じて世界に報道され、国際世論の激しい批判を引き起こしただけでなく、欧米先進国の経済制裁を招いた。八九年のGDPに占める対外貿易の割合は四〇％近くまで大きくなっていたから、★3 経済制裁は大きな打撃となったし、同じ年の秋以降、東欧各国での共産主義体制が連鎖的に崩壊したことによって、一党独裁型社会主義国としての存立を危ぶむ声も少なくなかった。これに対し中国は、同じ社会主義国の改革でも、それら東欧では政治改革を先行させたために体制の弱体化が進んだと見て、その轍を踏まぬよう経済改革を先行させる方針をとった。

こうして、江沢民指導部の共産党は、対外的には「韜光養晦《とうこうようかい》、有所作為《ゆうしょさくい》」という方針、言い換えれば、己の力をあまり誇示せず、制裁を耐え忍んで力を蓄えるという方針の下、アジア各国との関係維持・改善を通じて、欧米偏重だった経済関係のリバランスを行った。例えば、従来の革命外交により関係が悪化（あるいは断交）していたインドネシア、シンガポール、モンゴル（一九九〇年）、一九七九年に戦火を交えて以来対立関係にあったベトナム（九一年）、さらには朝鮮戦争で戦った韓国（九二年）と、外交関係の正常化、国交樹立を果たしている。一九七二年に関係を正常化した日本も、中国との経済的結びつきを重視する見地から、対中経済制裁を早めに切り上げ、円借款の供与再開を進めた（九〇年）。

全般的な危機意識の中、保守的イデオロギーも強い状況で、その沈滞した風潮を変えたのが一九九二年の全国視察の道々、改革の再起動を強く訴えた鄧小平の一連の呼びかけである。上海、武漢、広東といった華中、華南の視察中に出された指示だったため、「南巡講話《なんじゅんこうわ》」と統称されるこの講話の基調は、「革命とは生産力の解放である」という鄧の持論をもとに、発展できる地域は先に豊かになってよろしいと、地方・沿海諸都市に大胆な経済施策の実施を求めるものだった。「社会主義市場経済」が喧伝《けんでん》され、江沢民のあとを受けて上海市長、市党委書記を歴任した朱鎔《しゅよう》基《き》が首相に抜擢され、九〇年代半ばから大胆な経済政策が次々と実施されていった。国有企業改革、分税制の導入などである。それまで「単位」が提供していた住居も、払い下げ、あるいは融資・補助を利用した上で、各自が購入・所有することになった。

また、民主化運動弾圧への非難の一環としてなされた欧米の経済制裁は、中国の潜在的市場価値を考慮する各国の思惑もあって、次第に有名無実化され、逆に中国を国際的な経済・金融制度の枠組みに取りこんでいこうという方向に転じていった。こうして一九九〇年代に培った経済力

★3――GDPに占める対外貿易の割合は、必ずしも経済全体がその割合で対外貿易に依存するということを意味するものではない。この時期の中国のように加工貿易が多い国では、輸出の対GDP比率が高く出やすい。

と市場経済の体制化、通商・貿易関連法制の整備など、世界経済への積極的参加の意思表明が実を結んだ象徴が、二〇〇一年のWTO（世界貿易機関）への加入だった。早期の加入に向けたその努力がかなりのものだったこと、そして世界が中国の実力を高く評価したことは、旧共産主義圏のロシアのWTO加入が、中国より一〇年も後だったことからも明らかである。

コラム⑪　中国の流行歌の特徴——語彙を統計的に分析する

「歌は世につれ、世は歌につれ」、言いふるされた言葉だが、歌が世相を反映する以上、当然に社会や文化が異なれば、流行歌も違うはずである。日本の流行歌と中国のそれはどう違うのだろうか。それを語彙の統計比較によって明らかにした日中の言語学者の共同研究がある（中野洋、王志英ほか「中国における流行歌の語彙」『計量国語学』第一九巻第八号、一九九五年）。対象は、一九八七年に発行された中国の流行歌集に収められた五十三曲の歌詞に出てくる語とその頻度で、おおむね改革開放期の初期の状況を反映していると言える。

まず「主題」の特徴としてこの論文が挙げるのは、中国のそれが「政治的な役割を担っている」、「日本ほど享楽的でない」ということである。これくらいは、特に調べなくても察しのつくことだが、語彙分布・頻度となると、少し面白い結果が出てくる。たとえば「愛」「愛する」の頻度は、日中ともにさして変わらないものの、その対象が日本の場合は、大半が男女の間のことであるのに対し、中国では肉親や国に対する感情である場合が多いのである。さらに中国の流行歌では、

「山」「川」「海」といった自然をあらわす語の出現率がやや高く、さらに二人称代名詞（おまえ、あなた……）がそうした自然を指す傾向があるということも指摘されている。つまりは、祖国の山河を人にたとえ、それを「おまえは」「あなたは」と呼ぶということである。

　この分析に基づいてそれに該当する流行歌を探してみると、確かにある。例えば、一九八二年の映画『海が呼んでいる』の主題歌だった《大海啊、故郷》（海よ、ふるさと、作詞作曲：王立平《こうりつへい》）は、「海は、大いなる海は、どこに行っても母のように、いつもわたしのそばにいてくれる　大いなる海よ、我が故郷よ」という歌詞である。さらに一例を挙げれば、一九八〇年代半ばに流行した《長江之歌》も、もとテレビ・ドラマ『話説長江』の主題歌だったものだが、「おまえは雪山から流れ出る」「春の波濤《はとう》はおまえの勇姿」といった風に、長江に呼びかける歌である。

　これは八〇年代の流行歌の特徴と言ってよいだろう。それまで党や毛沢東、革命といった言葉に彩られてきた中国の「赤い歌」が大きく退潮し、代わって祖国の山河を讃え、それを「おまえ」と呼んだり、母になぞらえたりするようなことが増えたわけである。その意識は「我々人民」というそれまでの政治的身分が、「我々中国人」という民族的アイデンティティへと転換するのと軌を一にしていたということもできる。台湾のシンガーソングライターの侯徳健《こうとくけん》が大陸へ持ち込んで大ヒットした名曲《龍の伝人》（一九七八年）が、黒い瞳、黒い髪、黄色い皮膚を持つものを龍の末裔《まつえい》（龍的伝人）と呼び、「巨龍よ、巨龍よ、おまえは……」と呼びかける。その意識は長江を「おまえ」と呼ぶものに近く、海峡を隔てる大陸中国と台湾、さらには世界中の華人の

侯徳健

血縁的一体性を訴えるものだった。

その侯徳健は一九八三年に自らのルーツを求めて、あるいは中国人としての自分を確かめるために、中国へやってきた。事実上の亡命だとみられた。共産党はかれを歓迎し、中国での音楽活動を認め、かれもそれまでの音楽創作の環境とは違う場所で、新たにパートナーとなった若手女性歌手の程琳《ていりん》と、《新しい靴 古い靴》（一九八四年）や《三十になってわかったこと》（一九八八年）といったアルバムを出し、中国の音楽界に新風を吹き込んだ。かれが大陸に移ったことによって、《龍の伝人》とその歌の意識、つまり政治体制を超えた一つの中国人意識が浸透していくわけだが、かれがその大陸で見たものは何だったか。「我々中国人」の問いは次のコラムに続く。

3 ナショナリズムの呼び声——愛国者の党への換骨奪胎

ＷＴＯ加入が実現し、中国の豊かさが世界大の広がりを持つことを印象づけた二〇〇一年は、その豊かさの中で共産党のあり方も変わりつつあることを象徴的に示した年でもあった。七月の党創立八〇周年記念大会の演説で、時の総書記の江沢民が、入党資格を労働者、農民、軍人などからより多くの階層に拡大することを表明したのである。この方針は翌年の党大会（第一六回）で、党規約第一章第一条の入党資格に、「その他の社会階層の先進分子」を追記する形で明文化された。「その他の社会階層の先進分子」とはやや曖昧だが、ありていに言えば、私営企業家などのことで、古い言い回しだと「資本家・ブルジョアジー」もその中に含まれる。

結党以来、共産党は「プロレタリアートの前衛」組織をもって自任してきた。人民共和国になると、入党の条件は農民、労働者、軍人などかなり厳格になり、労働者・農民を指す基盤階級が党員に占める割合は文革の終わりのころには約七割に達した。一方で度重なる政治運動により、私営企業家と呼ばれた人々は、社会からほぼ姿を消した。ここでいう私営企業家とは、改革開放政策により認められた個人経営の企業活動などにより形成されてきた、文字通り新たな社会階層である。いったん姿を消したかれらも、中国の豊かさが増すのに比例するかのようにその数を増やし、社会の構成員となっていた。それを党に受け入れるというのだから、結党八〇年にして、党のアイデンティティを自ら転換したことになる。江沢民の演説があった二〇〇一年には、基盤階級の割合は半分を割っていたから、その現状を追認したのだとも言える。

もっとも、私企業経営者まで入党させるには、何らかの理屈がいるということで、その裏付けとされたのが、少し前から江沢民の理論として打ち出されていた「三つの代表」論――すなわち、共産党は先進的な生産力・先進的な文化・広範な人民の利益の三つを代表する——で、それゆえ「先進的」でさえあれば「その他の階層」も党員になれるという理屈だった。このように、党の指導者が変わるたびに「××論」という理論ないしモデルが作られ、それが党規約やその前言に盛られるという習慣がこの江沢民以降定着することになる。江の後を受けて二〇〇二年に党総書記の地位についた胡錦濤の場合であれば「科学的発展観」であり、さらにその後が、「習近平による新時代の中国の特色ある社会主義思想」ということになる。「科学的発展観」は、胡錦濤政権期の党大会(一七回大会〔二〇〇七年〕、一八回大会〔二〇一二年〕)の規約の中で、「主要方針」「行動指針」として示されたが、江沢民時代の「三つの代表」論も同様に規約に併記してあったから、党運営の基本線では、胡錦濤政権は江沢民をほぼ踏襲したといっても差し支えあるまい。

さて、二一世紀に入って現実に進行したのは、私営企業家の入党だけではない。大学生をはじめとする高学歴者の入党も、顕著な傾向である。二〇二〇年時点での統計では、全党員に占める大学以上の学歴を持つ者の割合は、ついに半分を超えた。人民共和国建国当時のそれが一%にも満たなかったこと、非識字者が七割もいた(第二章第六節)ことを思えば、大きな変化である。いわゆる知識人は、本書でも繰り返し紹介したように、人民共和国では長らく改造の対象であった。文革期には知識人であるというだけで過酷な目にあわされたこと、これも本書ですでに述べたところである。文革の終結は、長きにわたった知識人への迫害がようやく終わったことを意味

人民共和国成立後の党員数の推移

年	党員数（万人）	対人口比（%）	基盤階級が党員に占める割合（%）	大学以上の学歴を持つ者の割合（%）	共産党のできごと
1949	448.8	0.83	63.12	0.32	建国年
1956	1250.4	1.99	61.17	1.05	建国後初の党大会
1976	3507.8	3.76	69.15	データなし	基盤階級割合最高値
1979	3841.7	3.96	66.49	3.07	鄧小平時代開始
1992	5279.3	4.58	53.33	11.74	鄧小平時代終了
1993	5406.5	4.65	52.36	12.65	江沢民時代
1997	6041.7	5.01	49.71	16.75	基盤階級、過半数割れ
2002	6694.1	5.21	45.1	24.2	江沢民時代終了
2003	6823.2	5.28	44.1	25.7	胡錦濤時代開始
2012	8512.7	6.29	38.3	40	胡錦濤時代最終年
2013	8668.6	6.37	38.12	41.6	習近平時代開始
2018	9059.4	6.49	35.27	49.6	国家主席任期撤廃
2019	9191.4	6.57	34.8	50.7	最新統計

出所：川島真・小嶋華津子編著『よくわかる現代中国政治』（ミネルヴァ書房、2020年）をもとに、郭瑞廷主編『中国共産党党内統計資料彙編（1921-2000）』党建読物出版社、2002年、および各年の『人民日報』の記事により作成。

した。大学での教育も再開され、教員への待遇改善が着実に行われたのみならず、それまで統一的に低額に抑えられていた教員の給与も、その社会的地位に見合うものへと引き上げられていった。

先の新興分野の先進分子の入党解禁と合わせて考えれば、二一世紀の共産党はもはや労農階級を基盤としていわゆる階級独裁を行う政党ではなく、富裕者・知識人を積極的に取りこみ、拡大する経済を前提にさまざまな資本・利益のパイを、なるべく公平に分配する調整役へと、その役回りを変えていったと言えるだろう。その意味では、党の構成員枠を企業家や知識人・高学歴者へと開放していくことも、一種の政治的資源の分配だと見なすことができる。また、経済のパイの再配分ということで言えば、中国の高度経済成長を背景に、農村の低開発地域には貧困救済の助成が行われ、国際世論の動向に敏感な知識人には、その知的成果に応じた手厚い支援が配分された。一九八九年の民主化運動が、私腹を肥やす一部の党幹部への強い反発から生じたことを教訓として、党のさだめた枠を超えないかぎり、一定程度、言論や研究の自主性を認めたことによって、かれら知識人を取りこんだわけである。その枠とは、従前の「階級独裁」ではなく、党そのものによる独裁である。かくて、かつて八九年の民主化に参加した学生たちも、多くはいくばくかの権利を放棄することによって、見返りに「特権クラブ」に加わる側に回ったのだった。

党員の構成が労農基盤階級から相対的に新興の社会階層の先進分子や高学歴者にシフトし、かれらの意識が脱共産主義イデオロギー化していく（本書二三〇頁）のに合わせて、党の存在意義や歴史的役割をどう定義するかにも、顕著な変化が見られた。

先に紹介した江沢民の党創立八〇周年の記念演説は、党が自らの歴史的役割をどう考えているのかを知る上でも好個の材料を提供してくれる。その演説の中で江があげた党の最大の歴史的功績は、中国の「屈辱的な外交の歴史を終わらせた」ことだった。アヘン戦争以来の半植民地状態を終わらせたのは我が党だというわけである。中国の経済的躍進が、その軍事的プレゼンスの増大とあいまって、いわゆる「中国脅威論」を引き起こすようになると、共産党は新たなイデオロギー的求心力をナショナリズムに求める傾向を強めた。「屈辱的な外交の歴史を終わらせた」ということ、つまり民族的独立と尊厳を取り戻したことをことさらに強調するようになるのである。

このナショナリズムは、共産党の場合、その冷戦的思考パターンのほかに、旧来の中国近代思想の母斑《ぼはん》、歴史的思考方法の残存といった特徴を持つ。大きく言って、以下の三つの思考パターンがまとわりついていると考えられる。

①国外の敵勢力・反共勢力は、共産党の支配を転覆させるべく、日ごろから陰謀や情報戦をつかって、絶えず中国を攪乱《かくらん》し、挑発し、若者を使嗾《しそう》して体制の瓦解をもくろんでいる。（和平演変論）

②国際政治は、結局のところ、弱肉強食の競争原理で動いている。強くならなければならない。美辞麗句《びじれいく》や理想論を並べても、弱いものはやられ、弱国には外交はないのだ。（社会進化論）

③中国近代の歩みは、文明の落伍者となった者が虐げられ、反発し、奮起して進歩し、欧米列強に立ち向かった苦闘の歴史であり、それは代々語りついでいかねばならない。（歴史論）

それぞれについて、個別に見ておこう。①はいわゆる改革開放政策のはじめのころから喧伝されていたもので、先の一九八九年の民主化運動弾圧にさいしても、学生たちの行動の背後には、体制転覆をもくろむ資本主義者・帝国主義者がいて、若者を操っているのだという解釈を生みだす。この解釈に特徴的なのは「陰謀説」的世界観である。とりわけ一九九〇年代前半の東欧・ソ連の体制大転換の結果、冷戦体制が崩壊すると、党指導者の懸念は深まり、アメリカをはじめとする西側の国々は、そうした体制崩壊作戦をソ連・東欧で成功させ、冷戦に勝利した勢いを駆って、中国を次のターゲットにしているという危機感が強まった。

それを如実に示したのが、一九九九年五月に起こった在ユーゴスラビア中国大使館（ベオグラード）の誤爆事件とそれへの中国の対応である。大規模な内戦となった旧ユーゴの混乱にNATO（北大西洋条約機構）が介入したこの紛争に対して、中国はNATOの介入に反対していたが、そのさなかベオグラードの中国大使館が、米本土から飛来した爆撃機によって「誤爆」され、中国人大使館員ら多数の死傷者が出た。アメリカ側は誤った地図情報を使ってしまったことによる「誤爆」だとして謝罪したが、中国共産党指導部は「誤爆」ではありえない、中国の体制崩壊を企図した陰謀・挑発だと激しく反発した。政治局緊急会議での共産党首脳の発言には、「これは体制転覆を狙って用意周到に練られた陰謀である。世界の反中国勢力は、紛争を引き起こそうと内外のさまざまな条件を狡猾に利用している」（李鵬）、「アメリカが……我々の対応と立場とを試していることは、容易に見抜ける。……空爆はさらに大きな陰謀の一部であるかもしれない」（江沢民）など、発言記録の至るところに「陰謀」の言葉が見られ、指導者たちが陰謀を前提として国際政治を見ているさまがうかがえる。

②のような強迫観念は、中国の場合、清末以来の知識人のバックボーンとなった社会ダーウィニズムと結びついて、今日なお根強く残っているということができる。すなわち、適者生存、優勝劣敗を生物進化のみならず、社会全般に適用解釈することで導き出される世界観であり、中国

では「立ち遅れれば、やられる」（落後就要挨打）という言い回しで、人々の口によくのぼる。このフレーズはソ連のスターリンが戦前（一九三一年）に使ったものだというが、のちに毛沢東に引き継がれ、さらに現在でも習近平がおりにふれて引用しており、中国の指導者が今日なお持ちつづけている心性になっていると言ってよい。

③は中国の近代の歩みやその経験が「血債《けっさい》」となって現代に受け継がれていると見なすもので、眼前で起きている国権に関わる事案の解決策、成敗、教訓を歴史の中で見つけようとするものである。例えば、鄧小平は民主化運動弾圧によって、G7首脳会議による制裁を受けた時、次のように反駁している。

わたしは中国人であり、中国に対する外国の侵略の歴史ならよく知っている。西側の国々が制裁を科すことを決めたと聞いたとき、わたしはすぐに一九〇〇年〔に義和団事件がおこったさい〕の列強八カ国連合軍が中国を侵略した歴史を思いおこした。[6]

同様の反応は、前述べオグラード大使館誤爆事件のさいの『人民日報』社説にも見える。

今は一九九九年であり、一八九九年ではない。今や西洋列強がほしいままに故宮を略奪したり、円明園《えんめいえん》を焼き払ったりできるような時代ではない。……中国人民をあなどってはならない。中国人民の血管には、百五十余年にわたる反帝国主義の志士たちの熱き血が流れているのである。[7]

欧米先進国へのある種のリベンジがなされた時に、それを屈辱の歴史を乗り越えた日として記念するという方法も③に入るだろう。例えば、二〇〇八年に開催した夏季オリンピック（北京）でのメダルの量産は、かつて「東亜の病夫」とさげすまれた哀れな民族の、輝かしい再生の歩みとして語られていくのである。[★4]

ナショナリズムへの傾斜は、一九九〇年代以降、つまり江沢民政権期に顕著になったもので、その延長線上に、胡錦濤政権が打ち出し、現政権がさらに高く掲げる「中華民族の偉大なる復興」というスローガンがあると考えてよかろう。だが、必然的に過去の歴史に正当性の根拠を求めるナショナリズムが、外部に敵の存在を必要とする以上、近隣諸国や欧米などとの摩擦を引き起こし、さらにはそうした国々に対抗的ナショナリズムの高揚を促してしまうという副作用を持つことは避けられない。その結果、ナショナリズムの応酬が拡大・過激化し、共産党が制御・慰撫しようとすると、逆に民衆から弱腰だと突き上げられ、不必要に強い対応をとることを余儀なくされる恐れさえある。

これは従来、例えば毛沢東時代であれば、階級闘争を根本にすえた歴史観に基づき、主に国内の敵対階級との闘争とそれを勝利に導いた共産党（毛沢東）の偉大さを主なモチーフとして歴史を描き、近隣国との関係を国と国との競争・闘争と見なすことを慎重に避けていたのとは大きな違いである。また、情報統制の面で言っても、毛時代であれば、共産党による一元的世論誘導があったため、党の意向を離れたナショナリズムの暴走などあり得なかった。日中国交回復（一九七二年）を前に、共産党は日本への敵意の残る民衆を納得・協力させるべく、一連の宣伝・説得工作を行ったことが知られているが、もはやそんなやり方は通用しない。二〇〇五年、二〇一二年に中国各地で反日運動が起こり、その一部が共産党の制御の利かない暴動や略奪にエスカレートしたことは、解き放たれたナショナリズムが巨大なエネルギーを持つことを如実に示した。そしてさらに、共産党指導部内の不和や対立がある場合には、そのエネルギーが党内のライバルを排したり、主導権を握るために利用されうることを示すものだった。

ナショナリズムの問題は、中国国内のいわゆる少数民族問題とも密接に連動する。周知のように中国の総人口の大多数（九二％）を占めるのは漢族で、残りの八％ほどが五五の少数民族からなる。それらを合わせて「中華民族」と総称し、あたかも一つの家族のように人民共和国を構成するとされているが、漢族の政治面・経済面の優位は圧倒的である。加えて、それら少数民族が領土・安全保障上、重要な国家周縁部に居住する一方、必ずしも定住型の農耕生活を送るものではなかったため、文革期などには、民族問題とは、結局は階級問題に過ぎないとして、少数民族

★4――「東亜の病夫」は、西洋諸国がもとオスマン・トルコに与えた「病夫（Sick Man）」を極東の中国に当てはめたものである。本来は国家の病態を指すものだったが、のちに中国で愛用される過程で、フィジカルなニュアンス、つまり運動や体育の不振と結びつけられていったものである。

の宗教や文化のみならず、その民族性までが抹殺された。

改革開放期以降は、そうした極端な政策は是正される一方、「中華民族」の一体性を強調する世論誘導が強まった。さらに改革開放期には、漢族の民族自治区への移住や経済活動がさかんになり、その結果、漢語（共通語）需要の高まりもあり、少数民族言語とのバイリンガル教育から実質的に漢語中心の学校教育へと移行が進んでいる。これと並行して、文化面での民族生活は、特に宗教生活を中心に、さまざまな規制により改変され、少数民族の不満が高まった。チベットで二〇〇八年に、新疆《しんきょう》（ウイグル自治区）で翌年に、それぞれ起こった大規模な騒乱は、そうした背景があって燃え広がったものである。

近年では習近平政権の推進する国際的広域経済圏構想たる「一帯一路《いったいいちろ》」政策においても、新疆は中央アジアとの交易要路に位置するため、ウイグル系住民に対し、予防拘禁的措置の一環として隔離収容政策が実施され、職業訓練教育と称する学習や漢族文化への同化が組織的に行われているといわれている。共産党は少数民族地域で起こる反漢族、反共産党の騒乱を、その経緯を問わず、外国勢力と結託して国家と「中華民族」を分裂させようとする暴乱分子のテロだと見なす傾向が強い。

同様のことは台湾や香港に対する施策にも見てとることができる。共産党にとって、台湾は「中華人民共和国の領土の不可分の一部」であり、本然的にその住民も中国人であり、そのような自覚を持つべきだとされている。その意識は、建国以来堅持されてきた根本的な理念であり、改革開放政策の中でも、共産党と同様の「ひとつの中国」観を持つ国民党に対して、統一に向けた話し合いの呼びかけが絶えずなされてきた。だが、その共産党の呼びかけに応じる声は、二一世紀に入って大きく揺らいだ。直近一二〇年の台湾の歴史のうち、一一五年は分断状態に置かれてきたという事実と、そこから生まれた台湾アイデンティティの強まりが、中華ナショナリズムへの共鳴板を失わせている。

さらに二〇〇〇年の総統選挙において、民進党の陳水扁《ちんすいへん》が国民党の候補を破り、長きにわたった国民党の台湾統治を終わらせたことの意味は大きかった。その台湾アイデンティティへの転換の象徴とも言える政権交代が、大陸にはない民主的選挙によってなされたことによって、政治体制のレベルでも、中台の溝はより一層あらわとなったからである。その後、国民党が一時政権を奪還して中台のビジネス往来、貿易が活発化した時期もあったが、また間もなく民進党政権（蔡《さい》英文《えいぶん》総統）にもどり、海峡両岸の関係は冷え込んでいる。これに対して中国では、台湾独立の主張や活動を厳しく取り締まる「反国家分裂法」が二〇〇五年に制定され、台湾独立の宣言があった場合の「非平和的手段」の行使の可能性が明文化された。

他方、香港とマカオはそれぞれ一九九七年、一九九九年に返還され、植民地状態からようやく祖国のもとへ帰ってきた場所とされ、そこに住む者は「同胞」として、生まれながら「中華民族」の一員と想定されている。だが、ここでも「中華ナショナリズム」は、共産党の統治への恭順、政治的志向としての「非民主」と同義と見なされ、青年を中心に、大陸との一体性を拒否する強い反発を招いた。二〇一九年以降、抵抗を強めた香港の民主派に対する抑圧が、二〇二〇年に「国家安全維持法」の施行によって強行されてのち、共産党は香港の統治は「愛国者」によってなされるべきだという主張を強めている。そのロジックは、香港に住む人々の持つ「香港人」というアイデンティティに対する無理解、ないしは嫌悪感に根ざしており、台湾へ向けられるまなざしと同様に、相変わらず国家や民族の統一か分裂かという二者択一のままである。

コラム⑫　天安門広場に流れる歌――《血染めの勇姿》

武力弾圧によって制圧されるまで、一九八九年の天安門広場では、民主と自由を掲げる学生たちによって、あるいはかれらを支援して多くの歌が歌われた。当時、中国でようやく市民権を得つつあったロックの草分けである崔健《さいけん》も五月にハンストをする学生を見舞い、かれらの前で歌っている。六四天安門事件のさい、最後まで広場に残った人々の中には、六年前に中国に移り住んだ台湾出身の人気歌手・侯徳健の姿もあった。のちにノーベル平和賞を受賞することになる劉《りゅう》暁波《ぎょうは》らと民主化支援のハンストに加わっていたかれは、戒厳軍が迫る中、広場の死守を叫ぶ若者らを説得しつつ、戒厳軍の現場責任者と交渉し、学生たちの撤退を実現させた。かれ自身は六四の後、オーストラリア大使館に一時避難し、のちに台湾にもどった。かれの中国人としての自分探しは、こうして幕を閉じたのである。

武力弾圧に抗議し、民主化を支援する動きが世界に広がると共に、中国でも犠牲者を悼む動きが見られた。もちろん、大っぴらにはできないから、巧みにカモフラージュされたのだが、追悼の思いを込めて歌われた曲の一つが、《血染めの勇姿》（血染的風采、作詞：陳哲《ちんてつ》、作曲：蘇越《そえつ》）だった。この歌は、一九八〇年代の中越国境紛争で陣没した中国将兵へのレクイエム（一九八六年発表）で、歌詞は次のようなものである。

もしわたしが別れを告げたきり、もどらなかったら、あなたはわかってくれるだろうか。
もしわたしが倒れたきり、立ち上がらなかったら、あなたはそれでも待ち続けるのだろうか。
もしそうなっても、悲しまないでほしい。共和国の旗には、血に染まったわたしたちの勇姿があるのだから。

戦場で斃《たお》れた若者への哀悼がそのまま、民主のある真の共和国のために命を散らせたものたちへの追悼となったのである。転用の構造としては、コラム①の《インターナショナル》に近く、この歌を歌うだけなら罪にはならない。もっとも、その意味を察知した当局側は、しばらくの間、《血染めの勇姿》の放送を許さなかった。こうして、かつて春節聯歓晩会でも歌われたこの歌は、一九八九年以後しばらくの間、放送されない流行歌となったのである。一方、よく歌われたのは香港で、追悼集会ではキャンドルライトを灯して皆で合唱するのが恒例だった。

他方、崔健も六四以後、一時活動が途絶えたが、九〇年から「新たな長征のロック」という全国ツアーを開始、海外でも知られるロックスターとなり、翌九一年には二枚目のアルバム《解決》を出した。収録する《最後の一撃》（最後一槍）は、曲の大部分を「六四」時を思わせる銃声

崔健のコンサートシーン

が占める異例の作品で物議を醸《かも》した。同様に、《赤い布》（一塊紅布）という新曲をツアー・コンサートで演奏する時には、ハチマキ状の赤い布で目隠ししトランペットを吹くというパフォーマンスをするなど、反骨精神を見せている。

もっとも、崔健の曲は流行歌と言えるのかと問われれば、自信を持ってそうだとは答えにくい。崔健や唐朝のロック、北京雷鬼《レゲエ》のレゲエ、さらにはヘビメタ（中国語では重金属）を含め、二〇世紀末には、奔流のようにさまざまな分野の音楽が中国に入ってきたが、それを聞く人たちの趣味や傾向、さらにはそれを流す媒体が急速に多様化し、ある特定の歌が人々の心を一つにするといった現象が急激に減ったのである。ちょうど昭和の終わり頃から、日本のお茶の間でテレビから流れる歌をみんなが聴くことがなくなったように、デジタル・デバイスの急速な拡大に伴って、中国でも自分の音楽プレーヤーやスマホで音楽に接することが増えていった。一族うちそろって大晦日に集まっても、テレビの中国版紅白歌合戦をよそに、皆が自分のスマホを見ている。そんな時代に、みなが歌えるような流行歌は生まれにくいだろう。

共通の体験を歌うことによって近代国民国家の構成員としての意識をはぐくむ。理屈で言えば、流行歌とはそうした要請のある特定の時代と場所に開く花のようなものである。その条件がなくなったとき、あるいは達成されたとき、流行歌は姿を消す。日本しかり、中国またしかりである。

4　経済発展のその先に——中国モデルの価値

二一世紀に入っても、中国の経済発展は衰えず、ちまたの「危機論」や「崩壊論」をよそに、驚異的な成長を続けた。二〇一〇年には、GDPで日本を抜いて世界二位になった。

共産党ができた百年前の中国の経済力はどれほどだったのか。残念ながら、GDPを正確に算出できるだけの統計データは作成されていない。裏を返せば、国がそんな国政運営の基本的資料も作れないような時代に、共産党は産声《うぶごえ》を上げたのである。ある程度のデータをもとに経済指標を算定できるのは、党ができて十年余り後の一九三〇年代あたりからである。一九三〇年代半ばの中国の実質GDPと一人当たりのそれを二〇二〇年の数値と比較すると、前者は倍率にして一六〇倍、後者は七五倍ほどに膨らんでいる。その間、八年に及ぶ抗日戦争とその後の国共内戦があったことを考慮すれば、この数字は共産党の統治時代の成績だと言い換えてもよいだろう。

さらに言えば、本書で詳説したように、人民共和国期にも大躍進や文化大革命といった停滞（大不況）が挟まっているわけだから、その後の改革開放期の成長率が、いかにすさまじいかがうかがわれよう。目下のコロナ禍の中、GDP首位のアメリカの成長がマイナスに転じる一方、

図5—6　日米中のGDP（名目）変遷

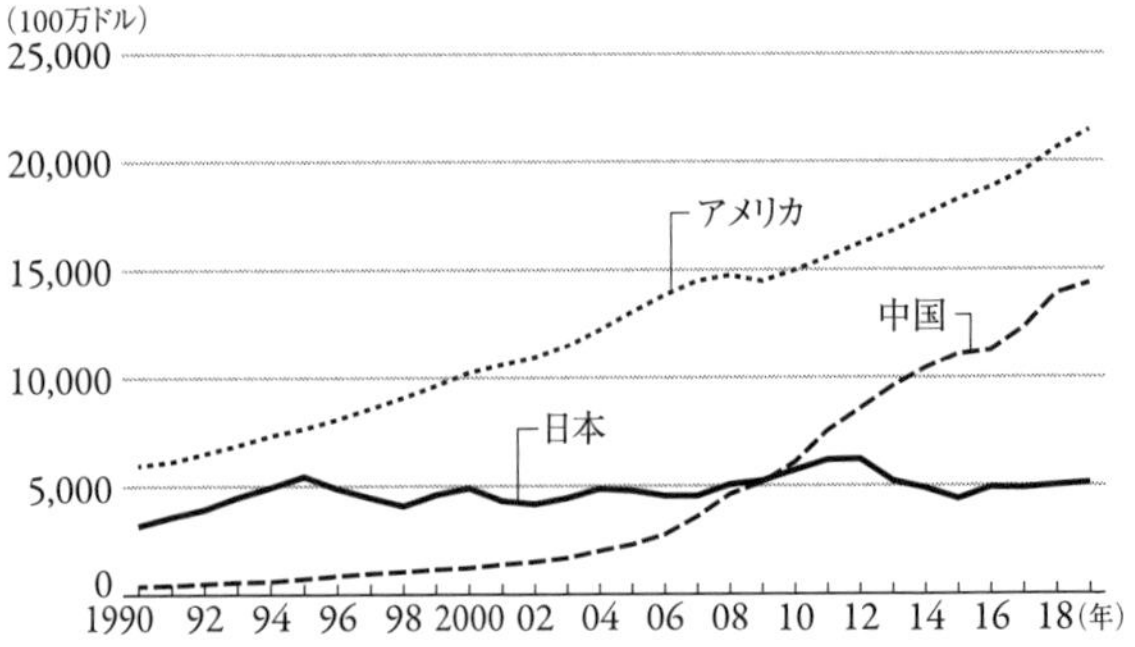

出典：GLOBAL NOTE（国連）

中国のそれは二〇二〇年もプラスを保っており、先ごろ公表されたイギリスの民間会社の調査では、二〇二八年にはアメリカを抜くだろうと予測されている。中国がGDP世界一位の座をアメリカに奪われたのが清朝末期の一九世紀後半だと言われているから、実に一世紀半の時を経て、世界一の経済大国へ返り咲くことになる。知っておくべきは、これは「返り咲き」であって、小国がのし上がったのではないということ、これこそ共産党が「中華民族の偉大なる復興」を掲げるゆえんである。

中国のGDPがついに世界二位になったという速報が世界を駆け巡った二〇一一年一月、中国の国営通信社（新華社）が、アメリカである詩が話題になっているという記事を配信した。配信にあたってつけられた説明は、「アメリカの代表的日刊紙のひとつ『ワシントン・ポスト』に、アメリカ在住の華人大学教授が一篇の詩を発表し、ホットな話題となっている。詩は多くの在米中国人が長らく感じてきたダブル・スタンダードによる不当な扱いへの抗議であり、西洋の偏見に向けて放った痛烈な一撃だと言われている」というもので、「私たちに一体どうしろと言うのか

（What Do You Really Want From Us?）」というタイトルのその詩を転載していた。[8] 詩は次のようなものだった。

私たちが「東亜の病夫」だった時、私たちは「黄禍《こうか》」と呼ばれた。
私たちが次の大国だと持ち上げられると、私たちは「脅威」と呼ばれる。
私たちが門戸を閉ざしていた時、あなた方は麻薬の密輸で市場をこじ開けた。
私たちが自由貿易を受け容れると、あなた方は私たちが職を奪っていると非難する。
……
私たちが共産主義を試みた時、あなた方は私たちを共産主義者だからと憎んだ。
私たちが資本主義を受け容れると、あなた方は私たちを資本主義者だからと憎む。
私たちの人口が一〇億だった時、あなた方は私たちが地球を壊していると言った。
私たちが人口を抑制しようとすると、あなた方は人権を侵害していると言う。
……
私たちが産業を開発すれば、あなた方は私たちを公害屋よばわりする。
私たちがものを売ってやると、あなた方は温暖化を私たちのせいにする。
……
あなた方は私たちに一体どうしろと言うのか？　よく考えて、教えてくれ。

近代以来、中国が西洋諸国から受けてきた不当な仕打ちに対する不満がぶちまけられており、なかなか辛辣《しんらつ》な詩である。その昔、西洋は頼みもしないのに中国に交易を迫り、アヘンを持ち込んで戦争に訴え、文明化していないから国際社会の仲間にしてやらぬと言っていた。なのに、一転して中国が近代化して国力がつき、西洋と同じようなことをすると、今度は脅威と呼ばれ、あるいはルールは変わったとして、理不尽に排斥される。「じゃあ、一体どうしたらいいんだい?」というわけである。

当時、記事が配信されるや、中国のインターネットのSNSは、たちまちこの詩の転載と議論で燃え上がり、中国の大手メディアも盛んに転載した。ネット上は、中国が欧米との関係で長らく置かれてきた苦境を情理で訴えるこの詩への賛同一色となり、「今こそ中華文明の偉大さを示すときだ!」「西洋の基準では、我々のことはわからない!」といったツイートであふれた。

ところが、中国の読者がその元の記事やこの詩の作者とされる在米華人教授を確認しようとすると、何もかも怪しかった。作者とされた人物は「自分はそんな詩は書いていない」と言い、『ワシントン・ポスト』も「うちはネットで話題になっているということを報道しただけで、それも三年も前のことだ」と怪訝《けげん》な様子だった。かくて、詩は二〇〇八年に何者かがネットに書き込んだものらしいということだけがわかり、華人教授が『ワシントン・ポスト』に発表したとか、アメリカでホットな話題になっているといったことは、すべて不確かであることが判明し、新華社は配信した記事そのものを取り消したというお粗末劇だった。

　奇しくもアメリカに次ぐ経済大国になったことの報道に合わせるかのように、こうした西洋批判の大合唱が起きたことは、中国の人々の心にわだかまる西洋中心主義に対する反発、国際的な立ち位置についての不満といったナショナリズムが根強いことを物語るだけでなく、いよいよ世界の大国となった中国が今後どのような役割を担うべきなのかについて、かれら自身もさがしあぐねていた――「私たちに一体どうしろと言うのか？」――ことを示していたと言えるかもしれない。その意味で言えば、この愛国詩騒ぎの翌年、二〇一二年に最高指導者の地位についた習近平は、この詩の投げかけた課題に回答を示すことを求められたと言ってもよいだろう。

　現在の党総書記・習近平は就任当初、「太子党《たいしとう》」の代表格と言われた。「太子党」とは、共産党指導者の子弟の人脈を通じて形成されたある種の政治グループを指す言葉で、「紅二代《こうにだい》」とも言う。実際にそうした血縁者がセクトを形成しているわけではないが、父祖の築いた政治体制を護持せねばならないという強い継承者意識があることは知られている。習の父は、国務院副総理もつとめたことのある習仲勲である。太子党の有力者と目されていた薄熙来《はくきらい》（薄一波の子、重慶市党委書記）が二〇一二年に妻を巻き込んだ権力濫用と巨額の不正を摘発されて、政治の舞台から消えたことも手伝って、地方の県（河北省正定県《せいていけん》）書記をはじめ、アモイ、福州、浙江、上海などで実績を上げてきた習が胡錦濤のあとを受けて、総書記の座についた。

　当初こそ、習の党内基盤の弱さを指摘する声もあったが、強権的とも言える手法で政治局常務委員クラスの大物、周永康《しゅうえいこう》を巨額の収賄・不正蓄財で摘発する（二〇一三年）など、腐敗幹部の大量摘発によって、人々の支持を得た。それより先に摘発された薄熙来と合わせて、大物の「失脚」が久々に起こったことは、我々の記憶にも新しい。以前であれば、秘密にされることの多かった「失脚者」の罪状については、薄も周もそれなりの情報は開示されたが、それはそれで中央の指導者クラスだと、どの程度の特権や利益をむさぼれるのかを示すものでもあった。ちなみに、薄の場合は、ビジネスパートナーだった外国人の殺害と一千億円に近いとされる不正蓄財、周の場合は不正蓄財の総額が五百億円とも一千億円とも言われた。

ただし、注意すべきは、そうした指導者クラスの不正行為に対する調査・検挙・起訴などは、党の特別機関――中央紀律検査委員会――が超法規的措置をとるということである。例えば、日本ではそうした汚職やハイレベルの疑獄事件の捜査は、法務省管轄の特捜部が行うが、中国では対象が共産党幹部である場合には、そうした国の検察機構が動くのではなく、党の中央紀律検査委員会が調査・捜査、検挙を行い、起訴内容が固まった段階で、法院に引き渡すという手順をとる。いわば、党幹部には通常の法とは別の法規・処罰体系が用意されているのである。中央紀律検査委員会は汚職幹部の摘発のために一九四六年に、つまり党が全国の政権をとる前に設けられたもので、いわば「鉄の紀律」のDNAを受け継ぐものである。その後、人民共和国初期の「三反」「五反」運動などにも活用されたが、それが習近平政権では改めて大きな力をふるったわけである。

他方、外界から中国の最大の課題と言われ続けてきた政治改革について、習は就任当初こそ「憲政」の重要性を強調していたが、次第に消極的、もしくはそれに逆行する姿勢に転じていった。憲法や法律によって権力濫用に抵抗する武器にしようという市民派弁護士が活躍するようになると、二〇一五年には一転してかれら法律家を一斉検挙したのである。

少し前の胡錦濤政権時代には、「民主」や「自由」といった西洋型の政治理念や基本的な人権思想などについて、それらの普遍性が議論されたことがあったし、一九八九年に中央弁公庁主任として、天安門広場のハンスト学生を見舞う趙紫陽に付き添った温家宝などは、首相在任時に「政治改革」の重要性を訴え、さらに当時深刻化していた格差の問題などを念頭において、「人民の不満を解決し、人民の願いを実現するには、人民に政府を批判させ、監督させなければならない」と述べた(二〇一一年三月)が、こうした主張は、断片的な形で報道されるにとどまった。同様に、ホワイトハウスでの米大統領との会見(一一年一月)で「人権には普遍性がある」と述べた胡錦濤総書記の言葉も、中国国内の報道からオミットされたように、党内にはそうした総書記の言さえブロックするほどの、西洋型理念への根強いアレルギーがあったと言ってよい。

習近平政権の時代になっても、普遍的価値をめぐる議論は一時的になされたが、最終的には言論規制論者の側に軍配があがって決着した。すなわち、二〇一三年に中央弁公庁は「七不講」の通知(大学の教室や公開の場で「議論してはならない七つの事項」)[★5]を出すことによって、普遍的価値をふくめ、共産党と異なる意見の表明を禁じたのだった。さらにはこの決定を伝達する共産党の文書を国外に流したとして、八九年の民主化運動に参加したことのあるジャーナリスト（高《こう》瑜《ゆ》）が逮捕されている。このような規制がなされるのに合わせて、報道や出版にも有形無形の圧力が加えられ、政治的に敏感な内容、タイトルの書籍は、かりに入稿しても、審査という名目で塩漬けにされ、出版されないケースが二〇一三、一四年あたりから著しく増加した。

「普遍的価値」を受け入れない代わりに習政権が進めたのは、巨大な経済の力を最大限に活用し、中国の存在を周辺地域を越えてアピールすることだった。その中で注目すべきは、世界における中国の立ち位置について、それまでの指導部（江沢民、胡錦濤）よりも明確に中国独自の基準を打ち出そうとしていることである。アメリカとの関係について、中国側から提案した「新型大国関係」（対抗・衝突しない、相互尊重、そしてウィン・ウィンの関係）はその一つだし、同様にアジア・インフラ投資銀行（ＡＩＩＢ、二〇一三年に提唱、二〇一四年設立）といった中国主導の国際開発銀行もそうであろう。従来からあったアジア開発銀行（一九六六年設立）では、その主要国である日米両国が重要案件に拒否権を持ち、人権や環境といったファクターを考慮にいれて融資案件を選別するのに対し、そうした条件を緩和し、迅速な融資と豊富な資金力で、インフラ設備の大型整備を支援するのがＡＩＩＢである。こうした新たな経済の国際的枠組み作りは、情報通信機器など、改革開放政策のもと、中国で長足の進歩をとげた先端技術の分野でも、中国企業の規格・製品を世界市場に送り出すことによって進められ、今や中国の規格が世界をリードする分野も決して少なくない。

インターネットに代表されるＩＴ技術革新の導入と応用・実装化とそれの延長としてあらわれた高度で独自のビジネスモデルは、中国経済の驚異的発展のエンジンとなっているだけではない。例えば、二〇一〇年代に急速に進んだ電子決済システムは、多岐にわたる個人情報（学歴、職歴、交友関係、資産、所得）をもとに信用を数値化し、それを大規模に共有・利用することによって、経済活動の利便性を飛躍的に高めた。実は、この「信用」の保障こそ、前近代以来、中国で十分な発展を見ず、貸し倒れや契約不履行を恐れて経済活動がある程度以上に拡大・広域化できなかった原因の一つだった。その信用にかんするデータが、電子決済サービス（例えばアリペイ）を通して集められ、保障されることによって、確かで安心な商取引が可能となるのである。さらには二〇一七年には、こうした個人・企業の信用データを大量に保持するテンセント（騰訊）など八つの民間企業の信用スコア情報を政府のプラットホームに統合し、さらに利便性を高める構想が示された。目的も利害関係も色々な、それら信用スコアの統合は一筋縄ではいかぬだろうが、共産党による統治を別次元の高みに導く可能性の高いインターネットを活用した社会統制については、その概要を示しておかねばならない。

信用スコアに代表される個人情報の大規模データ化とその関連サービスは、少し考えればわかるように、中国政府の進めるネット空間の支配、社会動向の調査・分析、監視カメラや通信傍受

★５——議論してはならない七つの事項とは、「普遍的価値」「報道の自由」「公民社会」「公民の権利」「中国共産党の歴史上の誤り」「特権ブルジョアジー」「司法の独立」である。

による治安維持とリンクすることにより、トータルで完全な社会のコントロールに道を拓くものである。インターネット利用にかんしては、胡錦濤政権期に腐敗・汚職や権力濫用の告発に一時利用され、市民の連携や独自の情報網確保といった意義が評価されたこともあったが、その後、習近平政権期になり、統制が格段に厳しくなった。インターネットが本質的に越境的なものだという既成概念は、近年中国で特に強調されるようになった「サイバー空間主権」の考えのもとでは、まったく通用しない。よく知られているのは「グレート・ファイアウォール」（金盾、防火長城）と呼ばれる国家規模のサイバー通信統制・検閲システムである。危険、不穏と判断されたキーワードによる検索や国外のサイトへのネット接続をフィルタリングや遮断によって強力に統制・監視することが可能になり、一〇億人近い中国のネットユーザー（二〇二〇年一二月時点）を網羅的・効率的に管理している。

ネット上のさまざまなサービスについても、内外の自由な交信を前提とするようなものには規制がかかり、グーグル、フェイスブック、ユーチューブなどは中国国内では原則使えない。ただし、検索ポータルサイトの百度《バイドゥ》、SNSとしての微信（ウィチャット）、動画投稿サイトの愛奇藝《アイチーイー》、優酷《ヨウクー》など、代替のサービスが自国企業によって提供されており、人々が不満や不便をあまり感じないようになっている。それどころか、そうしたIT企業が、例えば微信アカウントのように、確かな本人の信用情報とリンクするサービスを提供しているため、ユーザーがむしろ国外のサービスよりも利便性を感じていることすら起きている。

従来、集めはしてもあまりにも膨大すぎて管理しきれなかった個人情報（個人檔案情報を含む）は、電子データという形で蓄積され、ある個人がいつ、どこで、何をし、誰と会い、何を話したかといった詳細な情報が収集・分析可能になっている。つまり、かつての単位や国営企業のような所属組織がなくなっても、政府は直接に人間を捕捉・管理できるようになったのである。また、

図5—7

中国の代表的な電子決済システムである「ウィチャットペイ」（微信支付）と「アリペイ」（支付宝）。ともに日本でも使える。

中国に限った話ではないが、わたしたちが検索サイトで入力する検索語はまさにわたしたちが何を考え、何を欲しているかといった内面世界を、自らさらしているとも言えるわけで、そのデータが行動履歴、経済状態、信用スコアなどの個人情報とリンクして管理・監視（顔認証技術）されれば、人は丸裸に近い。事実上ごく少数のリーダーに率いられるその組織が、強大な治安維持力と軍事力を片手に、そしてこれこそ結党時の初心（DNA）である「ボリシェヴィズム」をもう片手に、一四億の人々に君臨する図は、まさにセバスチャン・ハイルマン（Sebastian Heilmann）のいう「デジタル・レーニン主義」の世界にほかならない。[9]

ただし、高度なデジタル技術により実現するこの統治体制は、人々を監視する恐怖支配の道具の役割だけを持つと

考えるのは一面的に過ぎよう。そうした個人に悪いことをせぬようにさせるだけでなく、信用スコアをちょうどポイントが貯まるように、行動の善導へと使うシステムにするのがミソである。よりよく安心して暮らすためのインセンティブとなるようなサービスを付加し、社会を安定・繁栄させるような使い方をさせるわけである。現に、二〇一四年に国務院の出した「社会信用システム構築計画要項（二〇一四〜二〇二〇）」には、「社会にかかわる全員の誠実さの向上や信用環境づくり」が目的として掲げられている。潜在的な反体制派への弾圧・監視によって社会の秩序を守るだけでなく、安心できる社会の構築に貢献した者には、信用スコア向上につながる「ご褒美」のポイントが与えられるようにするわけである。

本書はこうしたデジタル技術と統治にかんする専論ではないので、これ以上の検討はしないが、監視カメラにせよ、ウェブ閲覧履歴にせよ、見守ることと見張ることとは、コインの裏表である。そのサービスを受ける側が安心だと考えればそれは見守りであり、逆に不安や圧力を感じればそれは見張りなのであって、その是非や判断は通常、社会に委ねられる。中国の場合は、「すべてを決定する」立場にある党が、人々のためにその判断をしている。それゆえ、個人情報が色々な社会的サービスと結びつき、監視社会に生きている中国の人々は、存外というか、当然にというか、概してこのデジタル管理社会を大いに評価し、共産党の統治を賞賛している。街頭のいたるところにある監視カメラも、あれのおかげで危険な交通違反が減ったと褒める人が実は大半である。

日本のある中国学の大学教員が一九九七〜二〇一〇年にかけて、天津の住宅地に住む人を対象に、現政権の統治について、「党と政府は、人民にとって何が最良であるか知っている」という問いについてアンケート調査をしたところ、どの年も七割強から八割強の人が、「とてもそう思う」、あるいは「そう思う」と回答している。[10] 大変な支持率である。アンケートはネット監視システムとは直接関係のない形で実施したものだが、この数値は大多数の中国人が共産党に信頼と期待を寄せているということを物語っているだろう。同じ形式で最近集められたデータはないものの、リーダーとしての習近平への評価の高さからすれば、この支持率は今はさらに高いだろう。「我々の国はうまくやっている」「共産党は頑張っている」。こうした言葉に集約される英明な指導者とテクノロジーへの信頼は、より全般的な体制に対する強い肯定へと転じ、今や誇るべきある種のモデル、つまり「中国モデル」として認知されつつある。すなわち、中国の学者や党幹部には、こうした国家運営体制や発展モデルを、より巨視的な観点から、従来の西洋型とは異なる近代化のモデル、発展途上国を中心として、多くの国や地域に有効なシステムだとして評価しようという認識が着実に広がっている。

自由選挙や多数決、異なる政見を持つ者が議会を通じて政策を協議し、決定していく、こうした「民主主義」と呼ばれるかなり手間のかかる方法に依拠するのではなく、少数の英明な指導者集団が必要な決定を迅速に下す。選挙や討論、異見を表明し、それを掲げ続ける権利などは基本的にはないが、そういった社会的コストがかからない分、低コストでハイパフォーマンスな政治が期待できる。世界には金と手間のかかる西洋型の政治システムよりも、むしろさっさと政策決定ができる中国のような権威主義を必要とする地域がまだまだ存在する。民主主義だ、法による支配だ、人権だ、三権分立だと言っても、それは西洋の国々と、それを受け入れたごく一部の国・地域でのみ育まれたものであって、世界の国がみなそれに従わなければならない道理はないというわけである。それはさらに言えば、前述の「私たちに一体どうしろと言うのか」という問いへの一つの自答と見ることも可能であろう。

だが、民主主義を省くことによって、比較的安上がりで近代化を実現できたこの「中国モデル」は、今後の世界で、体制の優秀さゆえに広く認知・支持されていくのだろうか。その可能性は否定しないが、今ひとつ考えておかねばならないのは、この「中国モデル」が成り立ち、実行できたのは、この間、中国をとりまく国際環境が相対的にかなり良好だったからである。今や、中国の台頭に伴って中国をとりまく国際関係は一変している。中でもアメリカとの関係はトランプ政権期に険悪な関係に陥り、米政権の交代後も、「新・冷戦」と呼ばれたままである。EUとの関係、オーストラリアとの関係も厳しさを増すという状況は、「中国モデル」にとっても大きなチャレンジである。「中国モデル」が真に広がりと有効性を持つか否かは、そうした国際環境が中国にとって逆風になっても、なお中国と世界を支えていけるかによってはかられることになるだろう。

中国に共産党ができて百年、その間、世界のルールは大きく変わった。経済の仕組みや働き方、ヒト・モノ・情報の流通のしかたも変わり、民主主義や社会主義の価値や普遍性にも疑問が投げかけられている。世界中に西洋型の発展モデルが通用するのか、あるいは中国モデルにそれを超える可能性があるのか、現段階ではまだ答えは出ていないが、確かなのは、ここまでプレゼンスを高めた以上、共産党の指導者が考えるべきは、もはや中国一国をどこへ向かわせるかということではなく、中国と世界をどこへ向かわせるかということである。

十四億の民から選りすぐられた九千万の先進分子からなる組織が、高度に発達し、全国に張り巡らされた世界一のテクノロジーを駆使して人々を見張り、そして見守る国、中華人民共和国。現在の党の最高指導者は、毛沢東をふくめ、過去の何人《なんぴと》も持ち得なかったほどの力を持つ――つまりは史上最強の――支配者であると言ってもよかろう。二〇二〇年の中国における新型コロナウィルスの感染拡大は、この完璧な社会管理体制にとって、まさに全世界が注視する中でその実力を試される実戦となった。

コラム⑬「祖国」への想い再び――《我が祖国》のリバイバル・ヒット

一九八九年あたりを境に、中国の流行歌をとりまく状況は大きく変わった。人々の意識や価値観が急速に多様化するのと相まって、もはや特定の歌が人々の思いや共通体験を強烈に集約することはなくなったかに見える。では、今や中国の人々がみなで共感を込めて歌える歌は、もうないのだろうか。

一昨年（二〇一九）、国営メディアの新華社がネットを通じて、新中国成立七〇年来の歌で、「聴くと熱い涙が出てしまう歌はありますか」という問いかけをしたところ、《歌唱祖国》（コラム⑨参照）や《わたしと我が祖国》（我和我的祖国）といったいわゆる「祖国もの」が上位を占め、堂々の一位に選ばれたのも《我が祖国》（我的祖国、作詞：喬羽《きょうう》、作曲：劉熾《りゅうし》）という歌であった。祖国ものが多いのは、建国七〇周年にあたるこの年に、愛国歌を歌おうという官製キャンペーンの一環として、ネット配信を利用した宣伝が積極的に行われたことも要因の一つであろう。多くの人々が手に手に国旗の小旗を振り、それら祖国を讃える歌を歌いながら中国各地に現れるという中国風のフラッシュ・モブ（快閃）の動画が大量に制作されたし、《わたしと我が祖国》には、この曲を主題歌にした同名の映画が制作されたという追い風もあった。

しかしながら、いくら宣伝上手とはいえ、政府の側の誘導だけで、これら祖国ものが老若男女に歌われるほど世の中は簡単ではあるまい。人々の側にもそれを受け入れる共通のメンタリティがあるはずだ。考えられるのは、この一〇年で、めざましい経済発展とプレゼンスの増大が中国脅威論や中国バッシングを引き起こすほどになったことで広がるある種の不安である。自分たちは世界の人々に排斥されているのではないか、「祖国」の隆盛が皮肉にもそうした漠然たる不安を呼び、「祖国」を核にした凝集が起こっているようにわたしには思われる。誇りとない交ぜとなったそうした危機感が、祖国ものを流行歌にしているとすれば——それが中国にとって喜ばしいことかどうかは別にして――「祖国」に想いを寄せる歌は、今後もますます歌われていくに違いない。

さて、その一位となった《我が祖国》だが、もと一九五六年の映画『上甘嶺《じょうかんれい》』の挿入歌である。映画では朝鮮戦争に派遣された中国人民義勇軍の野戦病院のシーンで歌われる。川のほとりにある我がふるさと、そこに吹き渡る風、行き交う舟からは聞き慣れた船頭のかけ声、そうした情景が独唱で静かに歌われたあとに、

這是美麗的祖国、是我生長的地方　在這片遼闊的土地上、到処都有明媚的風光

これがうるわしの祖国、わたしが生まれ育ったところ

どこまでも広がるこの大地は、美しい風光に満ちている

という合唱が続き、異郷の戦場にある兵士たちは、みなそれぞれの郷里を思い浮かべるのであった。多くの祖国ものの中でも《我が祖国》が特別に人気を集めるのはなぜなのか。《歌唱祖国》が国家そのものを讃えるのに対し、あるいは《わたしと我が祖国》が国の構成員としての自分（大海に注ぐ一滴の水）を歌うのに対し、《我が祖国》は郷土愛、あるいはそこに暮らす人への思いが祖国愛につながる仕立てになっている。歌詞中の「美麗的祖国」が、二番、三番ではそれぞれ「英雄的祖国」「強大的祖国」になり、祖国の強さが強調されるが、それでも《歌唱祖国》の歌詞に出てくる「太陽が東の空に昇り」「我らが領袖毛沢東」「我らを侵略するものは、誰であろうと滅ぼすのだ」に比べれば、親しみはより故郷と人に向けられている。つまり、古い歌ではあるが、

人や世代によってさまざまに異なる祖国に込める思いを、《我が祖国》はより深く受けとめてくれるのである。必ずしも共産党や人民共和国の熱烈な支持者でないという人でも、《我が祖国》は好きだということが多いらしいが、そのあたりの包容力に人気の理由があるのかもしれない。

1――ディケーター著、谷川真一監訳『文化大革命――人民の歴史　一九六二―一九七六』下巻、人文書院、二〇二〇年、一一五～一三二頁。
2――李海文「党中央最高領導称謂的歴史沿革」『党史文苑』二〇〇七年第三期。
3――趙紫陽『改革歴程』香港、新世紀出版社、二〇〇九年、一八九頁。
4――「要反対動乱」『陳雲文選』第三巻（第二版）、人民出版社、一九九五年、三六八頁。
5――中共中央党史研究室第一研究部『中国共産党第七次全国代表大会研究』上海人民出版社、二〇〇六年、二六五頁。
6――鄧小平の談話（一九九〇年四月七日）。『鄧小平年譜』下、中央文献出版社、二〇〇四年、一三一二頁。
7――『人民日報』一九九九年五月一二日。
8――新華社の二〇一一年一月一二日配信記事。
9――Sebastian Heilmann, "Leninism Upgraded: Xi Jinping's Authoritarian Innovations", *China Economic Quarterly*, vol. 20, no. 4, 2016.
10――園田茂人「第九講　社会の変化：和諧社会実現の理想と現実」（高原明生ほか編『東大塾　社会人のための現代中国講義』東京大学出版会、二〇一四年）。

おわりに——百年目の試練

二〇一九年一〇月に軍事パレードをはじめとして、建国七〇周年を祝うさまざまな行事がひと通り行われて間もなく、武漢の食品市場関係者に未知の肺炎ウィルス感染症が発生した。感染者らは高熱を出し病院に運ばれたが、年末にかけてその数は増え続け、死者も出るようになった。正体不明の伝染病はその後、武漢市全域から湖北省へ、さらに中国全土へと拡大。今なお世界がそのただ中にあるCOVID―19のパンデミックの始まりであった。この大流行は中国共産党にとって、党創立百周年を迎える中で直面した巨大な試練である。国内の感染を終息させること、世界に対して感染拡大の経緯と原因を説明することは、今や党の百周年を記念することよりも大事な責務だといってよいだろう。

共産党が未知の呼吸器系伝染病と向き合ったのは、これが初めてではない。二〇〇二～〇三年に国内で発生・流行し、その後世界に拡大したSARS（重症急性呼吸器症候群、中国語では「非典」と呼ばれた）は、当時国内外を震撼させたが、今回の新型コロナウィルスの感染対策と比較すると、この間の中国の対応・危機管理の変化を如実に見てとることができる。SARSの場合は、中国国内で五千人余りの感染者、死者三五〇人ほどを出し、世界四〇カ国に広がったが、患者が感染源になるのは重症化した後であったため、患者の隔離が効果的な対策となり、半年ほどで抑え込むことができた。また、中国人の海外への移動も、さらには世界経済へのコミットも今と比べれば、なお小さかったから、あの程度で済んだとも言える。

ただし、このとき、中国共産党は初期の感染拡大の抑制に失敗、特に情報の隠蔽が国際世論の強い反発を招いた。意図的な感染者隠匿などの事実を知ったWHOは「国際社会はまったく中国の統計を信用していない……今こそ信頼構築作業を始めなければならない」と厳しい言葉で中国政府を批判した。北京市長、衛生部長(厚生大臣)をはじめとして、処分を受けた党や行政の幹部の数は、感染者数と同じほどに達している。初期の感染防止に失敗したもう一つの理由は、農村での医療・保健体制がなおざりにされていたため、感染した農民が高額な医療費を懸念して受診をためらったことであった。SARSの蔓延は党・政府の秘密主義と市場経済一本やりの福祉体制がもたらしたと言えるわけである。

今回のCOVID—19の感染拡大、中国への非難はSARSの時と同様に、あるいはそれよりもはるかに強いように見えるが、実はいくつかの点で中国はSARSの教訓に学び、トータルな対策をとっていたことが知れる。農村在住者への医療保険の適用はその一つだし、都市部であれば「社区」(地域コミュニティ)での衛生行政への積極的取り組みもその例である(胡錦濤政権の時に順次実施)。初期対応の遅れが強く非難されてはいるが、東京に匹敵する人口の武漢、イギリスの人口に匹敵する湖北省を「封鎖」したことは、人類の公衆衛生史上、前例のない取り組みだった。住民を戸外に出さない、大型の隔離施設を突貫工事でこしらえる、支援要員を次々と集中的に投入する、こうした一連の対応は、いずれもSARSの教訓を生かしたものであり、現在世界の国々はこうした方策によって蔓延を抑え込んだ中国を後追いしているとすら言えるだろう。感染対策への取り組みを自画自賛する共産党が疫病との戦いを中国型モデルの有効性を示す実例として内外に喧伝するゆえんである。

だが、こうした中にあって、初期の感染拡大に気づき、いち早く警鐘を鳴らしながら、デマを流したとして処分を受けた武漢の医師がいた。李文亮《りぶんりょう》という眼科医である。不幸にもかれは間もなく自らもCOVID—19に感染し、亡くなったが、死を迎える前に、「健全な社会の声は一つであるべきではない」という言葉を遺した。重い言葉である。裏を返せば、一つの声に支配される社会は健全ではない、つまり病気だというのがかれの見立てだということになろう。李医師に対する処分はその後撤回されたが、その時かれはすでにこの世の人ではなかった。李文亮医師死去の知らせは、それまでのいきさつを知る武漢の人々に、大きな衝撃をあたえた。武漢封鎖を日記でつづった二九歳のソーシャルワーカー郭晶《かくしよう》さんは、李医師の死を悼み、蠟燭《ろうそく》を灯し、携帯で《インターナショナル》をくり返し再生して、大きな声で泣いたという。★1

武漢の状況が落ち着いた二〇二〇年一〇月、新型ウィルスとの戦いでの勝利を誇示する「武漢抗疫成就展《こうえきじょうじゅてん》」が開催された。共産党がこの「抗疫狙撃戦《こうえきそげきせん》」の勝利にあたって、英雄的な人々とともに、いかに勇敢に戦ったかが展示されている中に、この戦いで命を落とした医療関係者を「烈士」として顕彰するコーナーがあった。李医師もその一人として、写真とともに展示されている。ただし、写真につけられたのはごく簡単な経歴だけで、警告をいち早く発したことやそのために処分を受けたことについては、一文字も言及はなかった。「健全な社会の声」についてメッセージを遺したことは、当然のように無視されている。

むろん李医師の警告が拡散・共有されていても、パンデミックは起こったであろう。だが、かれの発信にデマの疑いがかけられ、削除され、さらに処罰を受けたということは、かれ以外でも、情報がある人物から上司、関係部門へと伝達されるその段階ごと、節目ごとに、同様の「異見」封じが到るところで行われていた可能性が高いということである。社会をおびやかしかねない事態が起きたようだと気づき、それに警戒を呼びかけること、これは厳密に言えば、伝染病対策に限ったことではない。ある社会に生きる人間が、自分の見たこと、聞いたこと、そして考えたことを言うことができるかという問題である。

COVID―19の最初の発生経緯と拡大については、科学的調査に基づく結論がおって出るかもしれないし、あるいは出ないかもしれない。だが、最初の感染経緯が、かりに調査の限界のために解明できなくても、李医師の声をデマだとして封殺したことがなぜ起こったのかは、調べる気さえあれば、容易にわかることである。ウィルスのしわざではなく、人間が、あるいは組織が行ったことなのだから。

　公安部門が李医師にくだした「訓誡書《くんかいしょ》」で指摘したのは、「事実に違う言論を発表して」「社会の秩序を著しく混乱させた」ことが法律に違反するということだった。転倒黒白《てんとうこくびゃく》も甚だしいと言いたいところだが、デマで混乱を引き起こす者は法律で取り締まるべきだという考えは、おそらくは公安機関に特有のものではなく、中国に生きる普通の人々の大多数のものではなかったか。今でこそ李医師の警告の重要さは誰もが認めるが、それが正しいかどうか判断がつかない状況では、社会秩序の混乱はない方がよいというのが大方の中国人の感覚になっていたはずである。正しいかどうかを決めるのは共産党の側であり、「わざわざ余計な口出し」をしても、何にもならないどころか、逆に党への疑念の表明ととられかねない。新型コロナウィルスが出現するまで、大多数の人々はそう考え、党が指導することを支持し、充分に幸せに暮らしていたのだ。

「党がすべてを決定する」。それはスターリンのソ連共産党がそう言い、毛沢東がそう言い、そして今また習近平もそう言っているフレーズであり、つまり、この党に長らく受け継がれてきたDNAの最たるものである。

　現状を見よ。世界の多くの国が行き当たりばったりの疫病対策でロックダウンを繰り返し、多くの死者を出している中、我が中国は統制のとれた対策で、最小限の犠牲に抑え込んでいる。防

★1――『武漢封城日記』聯経出版、二〇二〇年、一二二頁。《インターナショナル》を歌うことが意味するものについては、本書コラム①を参照。

疫アプリを全国民がスマホに入れ、接触履歴、位置情報などの個人情報をビッグデータとして統一的に利用する方が、社会全体の感染抑止につながり、結局は一人一人の健康と幸せにつながるのだ。プライバシーが少々侵害されるくらいでガタガタ言うな、自分だけは反対だなんて言うな、みんなが迷惑する。他の国と比べれば、中国と党はよくやっている。これが中国の圧倒的多数の人々の感覚であるからこそ、異なる声を発した李医師のメッセージを探知した公安部門は、当然のこととして、かれを取り締まったのである。

だが、李医師の言葉は、かつて共産党が公言した理想であることも忘れてはなるまい。李医師の「健全な社会の声は一つであるべきではない」は、少し言葉を変えて平易に言えば、「社会にはさまざまな意見がある、だからそれを述べ合って自由に議論することが必要だ」と言い換えることができよう。実はある種ありふれたこの言葉は、今から半世紀以上も前に、共産党自身によって発せられたものだった。一九五六年七月一日、つまり結党三十五周年の記念日にさいし、『人民日報』は社説「読者へ」で自由な討論について、こう述べているのである。

どんな社会でも、ある具体的な問題について、社会の各成員がまったく同じ意見を持つことはありえない。……いかなる名義を借りようと、絶対に自らが全知全能だと考えたり……どんな問題にもいつも絶対に正しい結論を出せるということはあり得ない。

ただし、残念ながらこの言葉は党の本心ではなかった。この言葉を信じて自由な討論のために発言した人を待っていたのが、「右派」というレッテルと社会からの放逐（反右派闘争）だったからである。二〇一九年末に李医師が異なる声を上げたために処罰されたということは、この「社説」が今日なお、空《から》手形のままになっていることを示していよう。かれの遺言といってよい「健全な社会の声は一つであるべきではない」が、潜在的敵対者をおびき出すのに使われたこの社説の文言と同趣旨なのは、まことに皮肉としか言いようがない。

コロナ禍を終息させるのに、中国がとった一連の対策は、確かに他国がまねのできないほど組織的で徹底したものだった。一千万人の巨大都市を文字通り「封鎖」し、住民が外出しないように監視カメラ付きのドローンを飛ばすなど、他にいったいどこの国ができよう。むろん、それを部分的に、あるいは程度を下げて導入・実施する国は今後間違いなくあらわれるであろうが、党に正しさを委ね、「見張り」と「見守り」の両方を受け入れ、その判断に全幅の信頼を置くことは、「党」のない世を生きてきた他の国の人々には、無理な相談である。

そんな世界に中国はいらだちを強めている。この間、西洋先進国の基準よりも厳格で科学的な感染予防と拡大阻止に努めてきたにもかかわらず、諸外国からの非難はやまない。野放しにすれば、ウィルスを世界中にまき散らしたと責められ、厳しい感染予防措置をとると強権的で非人道的だと非難される。マスクやワクチンを援助すれば、今度は「外交」だと腹をさぐられる、我々は一体どうしたらよいのか。最近はそんな声が中国から聞こえるようになった。第五章で紹介した詩、「私たちに一体どうしろと言うのか」の新型コロナウィルス版とも言い得る問いかけである。この詩が中国の人々の愛国的情緒をかき立ててからちょうど一〇年、中国は、あるいは中国共産党は、それへの答えを自ら提示せんとしているように見える。本年（二〇二一年）三月、対立の続く米中の外交トップ会談がアラスカで行われたさい、冒頭の激しい応酬の中で、中国の楊《よう》潔篪《けっち》（中央政治局委員、国際問題担当）がこの種の会談で普通は口にしないあけすけな物言いをしたのである。「アメリカには上から目線で偉そうに中国にものを言う資格はない」「我々が西洋人から受けた苦しみは、まだ足りないとでも言うのか」。

このような姿勢から導き出されるであろう中国の答えは、「もうたくさんだ、今後はこちらはこちらのやり方でやらせてもらう」というものである。かりにアヘン戦争以来の西洋文明スタンダードへの異議申し立てにこだわり、それとは別のスタンダードをたちあげ、世界にアピールしようとするならば、それはそれで長い歴史と伝統を誇る中国の、あるいは東洋の文明の復権へとつながるかもしれない。望むらくは、そのさいに、世界二位となったおのれのパワーの使い方を誤らぬことを。そう、まさに今から百年ほど前、「文明」の西洋列強に伍すべく富国強兵につとめながら、それに成功するや一転して脅威として排斥・警戒された国があったではないか。西洋文明への屈折した反発をエネルギーに変え、西洋近代の超克を唱えたその国が、やがて何をし、最後にはどうなったか、中国は十分すぎるほど知っているはずである。

いずれにせよ、百年の歴史を刻む共産党の目指すべき目標が、もはや「中華民族の偉大なる復興」にとどまるものでないことだけは明らかである。これに関して、習近平総書記は近年、一方でグローバルな課題の解決に向け「人類運命共同体の共同構築」[★2]を掲げ、また他方で「中華民族の血液には、他国を侵略し、覇を唱えるDNAはない」と繰り返し言明している。その言がはたして信に足るかどうか、世界の人々の支持と共感を得られるものになるかどうか。そして、人類の運命にも影響を及ぼすと自負する共産党にとって、党のDNAは今後も堅持すべきものであり続けるのか。こうした一連の問いに正面から向き合うこと、それは中国の人々に幸と不幸をもたらしつつ、激動の二〇世紀の荒波を乗り越えてきた党、その間、自らも変化によく順応し、ついに百年の節目を迎えることのできた大政党が果たさなければならない大きな課題である。

★2——習近平が二〇一七年一月にジュネーブの国連欧州本部での演説で提唱した構想で、共産党の理論機関誌『求是』の今年（二〇二一年）の年頭号に改めて掲載された。

あとがき

わたしは二〇〇一年四月に『中国共産党成立史』を刊行し、中国共産党の初期の歴史を研究するものとして中国現代史研究の世界に入った。当時、中国共産党は結党八十周年、わたしはその後も同党の歴史の研究を続け、今年ついに結党百周年に合わせて、その歴史の全体像をまとめる機会を得た。現代史研究者といえども、みずからその誕生の経緯をあきらかにした対象がちょうど百歳の誕生日を迎えるのに際会できるのは、かなり幸運なことだと言ってよいだろう。それも中国共産党の場合は、何とか命脈を保ってこの日を迎える、あるいは博物館のケースの中に、そんな政党がありましたとして、遺物になって展示されているのではない。世界最強の政党として、そして現在も変貌しながら存在感を増し、全世界の注目を浴びる中で百歳を迎えるのである。

もっともわたしは、中国共産党の歴史を研究してきたとはいうものの、百年におよぶかの党の歩みをもれなく知っているわけではない。とりわけ一九四九年に中華人民共和国を打ちたてて以降の同党の歩みは、肝心の関連資料がなかなか公表されず、かといって戦前のように日本に特殊な調査記録や資料があるわけでもないので、わたし自身が半信半疑で筆を進めざるを得ないようなこともあった。本書で言えば、第四章以降の執筆にはかなり苦労したということを告白せざるを得ない。ただし、文化大革命が終わったあたりからの時代は、同時代の中国として、わたし自身が比較的身近に接し、観察してきたわけだから、感覚的にそれぞれの時期の党の特徴をすくい取ることが、少しはできたように思う。

わたしと中国との直接のかかわりは、大学三年生の時に北京大学歴史系に普通進修生として、二年間留学したことに始まる。一九八四年から八六年まで、おりから改革開放が軌道にのって、中国の社会が全体として希望に満ち、少しずつ世の中が良くなっていくはずだという雰囲気が漂っていた。革命をやったというが謎も多く、かつ不思議な魅力を持つ大きな国をあれこれ見てみたいというのが留学の動機だったから、その間、合わせて二五〇日ほども各地を旅し、見聞を広めることにつとめた。旅に不便は多かったが、それは苦でも何でもなかったし、その体験はわたしの中国理解の原点になっている。

だが、八九年の民主化運動とそれへの弾圧、そしてその後のめざましい経済発展によって、中国の社会も国のありようも急速に変化し、北京だけでなく、中国自体も次第に自分とは縁遠い場所になっていく感覚に襲われるようになった。かつてはあった共感、あるいは他人事にはできないという気持ちは知らぬ間に薄れ、特にこの十年ほどで、中国はわたしにとって、単なる研究の対象になっていったのである。

ちょうどそんな心持ちになっていたおり、三年ほど前に筑摩書房編集者の石島裕之さんから、中国共産党結成百周年に合わせてその歴史をまとめてみませんかという提案をいただいた。準備を経て原稿を書き始めたのは二〇二〇年の年明けのころ、そのころは「また中国で起きたか」というくらいにしか思わなかった新型コロナウィルスの感染拡大は、執筆を進めるにつれ深刻化し、たちまち世界規模の大厄災となって今日に至っている。武漢の封鎖のころは、これは党の結成百周年を祝うどころではなかろうと思っていたが、執筆が最終章に至るころには中国はその抑え込みに成功し、脱稿時には日常生活がもどり、今や百周年の祝賀行事も予定通りに行われるべく、カウントダウンに入っている。

かくて、本書の構成も百年目を前にして党が直面した危機とそれへの対応の意味を問うという、当初は想定していなかった終わり方となった。執筆している間に事態が変化し、それにつれて書くべきことが変わっていくという体験はもちろん初めてだったため、執筆の速度は終わりに近づくにつれ、遅くなるばかりだった。こうしてひとまず書き上げることができ、今は安堵しているが、変化の激しい中国ゆえ、どうあがいても、いずれ本書の中身が古びていくことは免れまい。願わくは、それが少しでも先になることを。そしてその日が来るまでに、少しでも多くの読者の目にとまり、忌憚なき批判や意見を得られんことを。
石島さんには構想の段階からさまざまに相談に乗っていただき、本書の順調な完成を後押ししてもらった。心から御礼を申し上げたい。

石川禎浩

二〇二一年五月

2-6　朱徳、彭徳懐らの写真（中国革命博物館編『紀念朱徳』文物出版社、1986）

2-7　延安を描いた版画（李小山・鄒躍進編『明朗的天——1937-1949　解放区木刻版画集』湖南美術出版社、1998）

2-8　沈霞とその夫（蕭逸）（沈霞『延安四年（1942-1945）』大象出版社、2009）

2-9　天安門に掲げられた毛沢東の肖像画（山西省図書館編『開国第一天』北岳文芸出版社、1999）

3-1　スノー撮影の毛沢東（Snow, *Red Star over China*, Grove Press, 1968）

3-2　毛沢東の族譜（張民・胡長明主編『毛沢東家事図系』中央文献出版社、2003）

3-3　董希文作『開国大典』の三つの版（ウー・ホン著、中野美代子監訳『北京をつくりなおす——政治空間としての天安門広場』国書刊行会、2015；中国革命博物館編『中国革命博物館蔵品選』文物出版社、2003）

3-4　文革の指導者を讃える宣伝画（秋山孝『中国ポスター：Chinese Posters』朝日新聞出版、2008）

3-5　毛沢東の寝室兼書斎（龔育之ほか『毛沢東的読書生活』中央文献出版社、2003）

3-6　毛沢東自筆の「沁園春 雪」（『毛主席詩詞墨迹』文物出版社、1973）

3-7　『毛沢東選集』の編纂に当たる毛沢東と秘書たち（龔育之ほか『毛沢東的読書生活』中央文献出版社、2003）

3-8　習近平の著作集（『習近平　国政運営を語る』外文出版社、2014）

3-9　毛沢東の書き込み（斉得平『我管理毛沢東手稿』中央文献出版社、2015）

4-1　アメリカ帝国主義打倒のポスター（秋山孝『中国ポスター：Chinese Posters』朝日新聞出版、2008）

4-2　個人檔案（京都大学人文科学研究所所蔵）

4-3　有線放送にかんする宣伝画『赤いスピーカーが家々で鳴る』（京都大学人文科学研究所所蔵）

4-4　第1次五カ年計画に際して作成された「第一個五年国民経済計画草案図表（1953-1957年）」（呂章申編『復興之路　展品100個故事』時代華文書局、2016）

4-5　棉花収量大幅増を伝える雑誌の表紙（『漫画』1958年11月号）

4-6　紅衛兵（中国革命博物館編『中国共産党七十年図集』上海人民出版社、1991）

図版一覧

0-1　劉少奇記念館の公邸寝室復元展示室（同記念館のウェブサイトより）
0-2　劉少奇（中国革命博物館編『紀念劉少奇』文物出版社、1986）
1-1　『盛京時報』1912年4月28日
1-2　中国共産党の初期の指導者・陳独秀（1879-1942）（パンツォフ『ソ中関係秘史』露語）
1-3　雑誌『共産党』の表紙とイギリス共産党の機関誌 The Communist の表紙
1-4　雑誌『新青年』の表紙とアメリカ社会党党章
1-5　中共一大会址記念館（著者撮影）
1-6　コミンテルン第4回大会（1922年）に参加した各国の共産党員たち（David McKnight, *Espionage and the Roots of the Cold War*, New York, Frank CASS, 2002）
1-7　孫文が三民主義（民生主義）を説明するために描いた概念図（中華民国史料研究中心編『中国国民党第一次全国代表大会史料専輯』中華民国史料研究中心、1984）
1-8　北伐関連地図（石川禎浩『革命とナショナリズム』岩波新書、2010）
1-9　スターリンが蔣介石に送ったポートレート（パンツォフ『ソ中関係秘史』露語）
1-10　婦女裸体デモを報じる新聞記事（『順天時報』1927年4月12日）
1-11　武漢のメーデー集会に参加した武装糾察隊の女性たち（1927年5月、朝日新聞フォトアーカイブ）
2-1　共産党革命根拠地地図（矢吹晋『毛沢東と周恩来』講談社現代新書、1991）
2-2　遵義会議を描いた油絵（部分、1997年作）（中国革命博物館編『中国革命博物館蔵品選』文物出版社、2003）
2-3　長征関連地図（楊海英『独裁の中国現代史――毛沢東から習近平まで』文春新書、2019）
2-4　魯迅の葬儀（1936年10月）に列席した宋慶齢（張磊ほか編『孫中山与宋慶齢』広東人民出版社、1997）
2-5　陝北到着後の中共中央の幹部たち（1937年12月）（張培森主編『張聞天図冊』中共党史出版社、2005）

——『革命年代』広東人民出版社、2010
高文謙『晚年周恩来』香港：明鏡出版社、2003
斉小林「装備、技術、战術及作戦効能：百团大戦中的八路軍」『抗日戦争研究』2016年第2期
——「抗日戦争期間八路軍弾薬来源問題研究」『近代史研究』2020年第5期
斉得平『我管理毛沢東手稿』中央文献出版社、2015
師哲『在歴史巨人身辺——師哲回想録（修訂版）』中央文献出版社、1995
趙玉明主編『中国広播電視通史』第2版、中国伝媒大学出版社、2006
趙紫陽『改革歴程』香港　新世紀出版社、2009
中共中央党史研究室『中国共産党歴史』第1-2巻、中共党史出版社、2011
——編『中国共産党的九十年』全3巻、中共党史出版社、2016
中共中央文献研究室編『鄧小平年譜』中央文献出版社、2004
——編『毛沢東伝』第3版、6巻本、中央文献出版社、2013
陳永發『中国共産革命七十年』修訂版、台北 聯經出版事業公司、2004
杜斌編『毛主席的煉獄』香港、明鏡出版社、2011
唐宝林『陳独秀全伝』香港中文大学出版社、2011
楊奎松『毛沢東与莫斯科的恩恩怨怨』第3版、江西人民出版社、2005
李海文「党中央最高領導称謂的歴史沿革」『党史文苑』2007年第3期
李焱勝「1927年武漢“婦女裸体游行”真相」『党史文匯』2001年第10期
林蘊暉『国史札記　事件篇』東方出版中心、2008

【英語】

Heilmann, Sebastian, “Leninism Upgraded: Xi Jinping's Authoritarian Innovations”, *China Economic Quarterly*, vol. 20, no. 4, 2016.

Chia-lin Pao Tao, “The Nude Parade of 1927: Nudity and Women's Liberation in China”, in: Shanshan Du and Ya-chen Chen (eds.), *Women and Gender in Contemporary Chinese Societies: Beyond Han Patriarchy*, Lanham, MD, Lexington Books, 2013.

丸川知雄『現代中国経済』有斐閣、2013
丸田孝志『革命の儀礼——中国共産党根拠地の政治動員と民俗』汲古書院、2013
水羽信男『中国近代のリベラリズム』東方書店、2007
光田剛編『現代中国入門』ちくま新書、2017
村田忠禧「毛沢東の文献研究についての回顧と課題」『横浜国立大学教育人間科学部紀要 III 社会科学』7号、2005
毛里和子『現代中国政治を読む』山川出版社、1999
——『現代中国政治：グローバル・パワーの肖像』第3版、名古屋大学出版会、2012
矢吹晋『文化大革命』講談社現代新書、1989
——『毛沢東と周恩来』講談社現代新書、1991
——『鄧小平』講談社現代新書、1993
——『中国の夢：電脳社会主義の可能性』花伝社、2018
——編訳『チャイナ・クライシス重要文献』蒼蒼社、1989
楊海英『独裁の中国現代史——毛沢東から習近平まで』文春新書、2019
楊絳著、中島みどり訳『お茶をどうぞ——楊絳エッセイ集』平凡社、1998
ワン・ジョン著、伊藤真訳『中国の歴史認識はどう作られたのか』東洋経済新報社、2014

【中国語】著者50音順
安広禄「北伐時期武漢裸女游行風波」『文史天地』2008年第4期
何建明『奠基者』作家出版社、2010
何方『党史筆記：従遵義会議到延安整風』香港 利文出版社、2005
郭晶『武漢封城日記』聯経出版、2020
郭瑞廷主編『中国共産党党内統計資料彙編1921-2000』中共中央組織部信息管理中心、2002
『建国以来毛沢東文稿』全13冊、中央文献出版社、1987-1998
『胡喬木回憶毛沢東』第2版、人民出版社、2003
高華『紅太陽是怎様升起的：延安整風運動的来龍去脈』香港中文大学出版社、2000

谷川真一『中国文化大革命のダイナミクス』御茶の水書房、2011
田原史起『二十世紀中国の革命と農村』山川出版社、2008
譚璐美『中国共産党　葬られた歴史』文春新書、2001
張良編、ネイサン，アンドリュー・リンク，ペリー監修、山田耕介・高岡正展訳『天安門文書』文藝春秋、2001
陳力衛「「主義」の流布と中国的受容：社会主義・共産主義・帝国主義を中心に」『成城大学経済研究』199号、2013
ディケーター，フランク著、谷川真一監訳・今西康子訳『文化大革命――人民の歴史 1962-1976』上・下、人文書院、2020
鄭浩瀾、中兼和津次編著『毛沢東時代の政治運動と民衆の日常』慶應義塾大学出版会、2021
徳田教之『毛沢東主義の政治力学』慶應通信、1977
中純子「文革音楽の研究動向」『中国文化研究』28号、2012
中村元哉『対立と共存の日中関係史：共和国としての中国』講談社、2017
長堀祐造「永久革命者の悲哀――「もし魯迅が生きていたら」論争覚書（上）」『中国文学研究』31号、2005
――「永久革命者の悲哀――「もし魯迅が生きていたなら」論争覚書（下）」『慶應義塾大学日吉紀要言語・文化・コミュニケーション』36号、2006
――『陳独秀』山川出版社、2015
日本現代中国学会編『新中国の60年』創土社、2009
野村浩一ほか編『現代中国研究案内（岩波講座現代中国別巻 2）』岩波書店、1990
バーメー，ジェレミー・ミンフォード，ジョン編、刈間文俊ほか編訳『火種――現代中国文芸アンソロジー』凱風社、1989
狹間直樹・長崎暢子『自立へ向かうアジア』世界の歴史27、中公文庫、2009
馬場公彦『世界史のなかの文化大革命』平凡社新書、2018
深町英夫『中国政治体制100年』中央大学出版部、2009
福本勝清『中国革命への挽歌』亜紀書房、1992
堀和生・木越義則『東アジア経済史』日本評論社、2020
益尾知佐子『中国の行動原理』中公新書、2019

川島真・21世紀政策研究所編著『現代中国を読み解く三要素』勁草書房、2020
川島真・小嶋華津子編著『よくわかる現代中国政治』ミネルヴァ書房、2020
韓鋼著、辻康吾編訳『中国共産党史の論争点』岩波書店、2008
久保亨『社会主義への挑戦（シリーズ中国近現代史④）』岩波新書、2011
——『日本で生まれた中国国歌——「義勇軍行進曲」の時代』岩波書店、2019
——ほか『統計でみる中国近現代経済史』東京大学出版会、2016
——ほか『現代中国の歴史——両岸三地100年のあゆみ』第2版、東京大学出版会、2019
高文謙著、上村幸治訳『周恩来秘録』文藝春秋社、2007
小島朋之『中国現代史』中公新書、1999
佐藤公彦『陳独秀——その思想と生涯』集広舎、2019
師哲著、劉俊南・横澤泰夫訳『毛沢東側近回想録』新潮社、1995
朱鵬「文革歌曲の分類とその時期——その一・毛沢東の語録歌について」『中国文化研究』28号、2012
シュラム，スチュアート著、北村稔訳『毛沢東の思想』蒼蒼社、1989
スノー，エドガー著、松岡洋子訳『中国の赤い星（増補決定版）』筑摩書房、1975
ソールズベリー，ハリソン著、岡本隆三監訳『長征——語られざる真実』時事通信社、1988
高橋伸夫『党と農民——中国農民革命の再検討』研文出版、2006
——編著『現代中国政治研究ハンドブック』慶應義塾大学出版会、2015
高原明生ほか編『東大塾　社会人のための現代中国講義』東京大学出版会、2014
高原明生・前田宏子『開発主義の時代へ（シリーズ中国近現代史⑤）』岩波新書、2014
高山陽子「英雄の表象——中国の烈士陵園を中心に」『地域研究』14巻2号、2014
武田泰淳・竹内実『毛沢東　その詩と人生』第2版、文藝春秋、1975
田中仁『1930年代中国政治史研究』勁草書房、2002
——ほか『新図説 中国近現代史』法律文化社、2012
——編『21世紀の東アジアと歴史問題——思索と対話のための政治史論』法律文化社、2017

主要参考文献

【日本語】著者50音順

浅野亮・川井悟編著『概説 中国近現代政治史』ミネルヴァ書房、2012

阿南友亮『中国革命と軍隊——近代広東における党・軍・社会の関係』慶應義塾大学出版会、2012

天児慧『中華人民共和国史（新版）』岩波新書、2013

——『「中国共産党」論——習近平の野望と民主化のシナリオ』NHK出版新書、2015

アンダーソン，ベネディクト著、白石隆・白石さや訳『定本 想像の共同体』書籍工房早山、2007

飯島渉『「中国史」が亡びるとき——地域史から医療史へ』研文出版、2020

石井知章編『現代中国のリベラリズム思潮：1920年代から2015年まで』藤原書店、2015

石川禎浩『中国共産党成立史』岩波書店、2001

——『革命とナショナリズム（シリーズ中国近現代史③）』岩波新書、2010

——『赤い星は如何にして昇ったか』臨川書店，2016

——編『中国近代の巨人とその著作——曾国藩、蔣介石、毛沢東』研文出版、2019

衛藤安奈『熱狂と動員：1920年代中国の労働運動』慶應義塾大学出版会、2015

岡本隆司『近代中国史』ちくま新書、2013

奥村哲『文化大革命への道——毛沢東主義と東アジアの冷戦』有志舎、2020

小野寺史郎『中国ナショナリズム』中公新書、2017

梶谷懐・高口康太『幸福な監視国家・中国』NHK出版新書、2019

蒲豊彦『闘う村落——近代中国華南の民衆と国家』名古屋大学出版会、2020

加茂具樹ほか『党国体制の現在——変容する社会と中国共産党の適応』慶應義塾大学出版会、2012

加茂具樹・林載桓編著『現代中国の政治制度：時間の政治と共産党支配』慶應義塾大学出版会、2018

事項索引

中国共産党は余りにも多数にのぼるため、単独では立項していない。

【タ行】

【ナ行・ハ行】

【マ行】

【ヤ行】

人名索引

毛沢東はあまりにも多数にのぼるため、単独では立項していない。

【ア行】

【カ行】

【サ行】

石川禎浩 いしかわ・よしひろ

一九六三年生まれ。京都大学大学院文学研究科史学科修士課程修了後、京都大学人文科学研究所助手、神戸大学文学部助教授を経て、現在、京都大学人文科学研究所教授。京都大学博士（文学）。中国近現代史を専攻。著書に『中国共産党成立史』（岩波書店）、『革命とナショナリズム　1925―1945（シリーズ中国近現代史 3）』（岩波新書）、『赤い星は如何にして昇ったか』（臨川書店）、編著に『中国社会主義文化の研究』（京都大学人文科学研究所）、共訳書に『梁啓超文集』（岩波文庫）などがある。

筑摩選書 0214

中国共産党《ちゅうごくきょうさんとう》、その百年《ひゃくねん》

二〇二一年六月一五日　初版第一刷発行
二〇二二年四月二〇日　初版第五刷発行

著　者　石川禎浩《いしかわよしひろ》

発行者　喜入冬子

発行所　株式会社筑摩書房
東京都台東区蔵前二-五-三　郵便番号 一一一-八七五五
電話番号　〇三-五六八七-二六〇一（代表）

装幀者　神田昇和

印刷 製本　中央精版印刷株式会社

本書をコピー、スキャニング等の方法により無許諾で複製することは、法令に規定された場合を除いて禁止されています。請負業者等の第三者によるデジタル化は一切認められていませんので、ご注意ください。

乱丁・落丁本の場合は送料小社負担でお取り替えいたします。

©Ishikawa Yoshihiro 2021　Printed in Japan

ISBN978-4-480-01733-8 C0322

筑摩選書 0127

分断社会を終わらせる
「だれもが受益者」という財政戦略

井手英策　古市将人
宮崎雅人

所得・世代・性別・地域間の対立が激化し、分断化が進む現代日本。なぜか？　どうすればいいのか？「救済」から「必要」へと政治理念の変革を訴える希望の書。

筑摩選書 0128

貨幣の条件
タカラガイの文明史

上田信

あるモノが貨幣たりうる条件とは何なのか。それを考えるのに恰好の対象がある。タカラガイだ。時と場を経巡りながらその文明史的意味を追究した渾身の一冊。

筑摩選書 0129

中華帝国のジレンマ
礼的思想と法的秩序

冨谷至

中国人はなぜ無法で無礼に見えるのか。彼らにとって法や礼儀とは何なのか。古代から近代にいたる過程で中華思想が抱えた葛藤を読み解き、中国人の心性の謎に迫る。

筑摩選書 0130

これからのマルクス経済学入門

松尾匡
橋本貴彦

マルクスは資本主義経済をどう捉えていたのか？　マルクス経済学の基礎的概念を検討し、「投下労働価値」がその可能性の中心にあることを明確にした画期的な書！

筑摩選書 0131

「文藝春秋」の戦争
戦前期リベラリズムの帰趨

鈴木貞美

なぜ菊池寛がつくった『文藝春秋』は大東亜戦争を牽引したのか。小林秀雄らリベラリストの思想変遷を辿り、どんな思いで戦争推進に加担したのかを内在的に問う。

筑摩選書 0152

陸軍中野学校

「秘密工作員」養成機関の実像

山本武利

日本初のインテリジェンス専門機関を記した公文書が新たに発見された。謀略研究の第一人者が当時の秘密戦工作の全貌に迫り史的意義を検証する、研究書決定版。

筑摩選書 0153

貧困の戦後史

貧困の「かたち」はどう変わったのか

岩田正美

敗戦直後の戦災孤児や浮浪者、経済成長下のスラムや寄せ場、消費社会の中のホームレスやシングルマザーなど、貧困の「かたち」の変容を浮かび上がらせた労作！

筑摩選書 0154

1968〔1〕文化

四方田犬彦 編著

1968～72年の5年間、映画、演劇、音楽、写真、舞踏、流行、図像、雑誌の領域で生じていた現象を前景化し、歴史的記憶として差し出す。写真資料満載。

筑摩選書 0155

1968〔2〕文学

四方田犬彦／福間健二 編

三島由紀夫、鈴木いづみ、土方巽、澁澤龍彦……。文化の〈異端者〉たちが遺した詩、小説、評論などを収録。反時代的な思想と美学を深く味わうアンソロジー。

筑摩選書 0156

1968〔3〕漫画

四方田犬彦／中条省平 編

実験的であること、前衛的であること、アンダーグラウンドであること。それが漫画の基準だった――。第3巻では、時代の〈異端者〉たちが遺した漫画群を収録。

筑摩選書
0157

童謡の百年
なぜ「心のふるさと」になったのか

井手口彰典

心にしみる曲と歌詞。兎を追った山、小川の岸のすみれやれんげ。まぶたに浮かぶ日本の原風景。童謡誕生百年。そのイメージはどう変化し、受容されてきたのか。

筑摩選書
0158

雇用は契約
雰囲気に負けない働き方

玄田有史

会社任せでOKという時代は終わった。自分の身を守るには、「雇用は契約」という原点を踏まえる必要がある。悔いなき職業人生を送る上でもヒントに満ちた一冊！

筑摩選書
0159

流出した日本美術の至宝
なぜ国宝級の作品が海を渡ったのか

中野 明

明治維新の混乱のなか起きた日本美術の海外への大量流出。外国人蒐集家と日本人の間で起きた美術品を巡る知られざるドラマを明らかにし、美術流出の是非を問う。

筑摩選書
0160

教養主義のリハビリテーション

大澤 聡

知の下方修正と歴史感覚の希薄化が進む今、教養のバージョンアップには何が必要か。気鋭の批評家が鷲田清一、竹内洋、吉見俊哉の諸氏と、来るべき教養を探る！

筑摩選書
0161

終わらない「失われた20年」
嗤う日本の「ナショナリズム」・その後

北田暁大

ネトウヨ的世界観・政治が猛威をふるう現代日本。アイロニーに嵌り込む左派知識人。隘路を突破するには何が必要か？　リベラル再起動のための視角を提示する！

筑摩選書 0132

イスラームの論理

中田 考

神や預言者とは何か。スンナ派とシーア派はどこが違うか。ハラール認証、偶像崇拝の否定、カリフ制、原理主義……。イスラームの第一人者が、深奥を解説する。

筑摩選書 0133

憲法9条とわれらが日本
未来世代へ手渡す

大澤真幸 編著

憲法九条を徹底して考え、戦後日本を鋭く問う。社会学者の編著者が、強靭な思索者たる井上達夫、加藤典洋、中島岳志の諸氏とともに、「これから」を提言する！

筑摩選書 0134

戦略的思考の虚妄
なぜ従属国家から抜け出せないのか

東谷 暁

戦略論がいくら売れようと、戦略的思考は身につかず、政府の外交力も向上していない。その理由を示し、戦略論の基本を説く。真の実力を養うための必読の書！

筑摩選書 0135

ドキュメント　北方領土問題の内幕
クレムリン・東京・ワシントン

若宮啓文

外交は武器なき戦いである。米ソの暗闘と国内での権力闘争を背景に、日本の国連加盟と抑留者の帰国を実現した日ソ交渉の全貌を、新資料を駆使して描く。

筑摩選書 0136

独仏「原発」二つの選択

篠田航一
宮川裕章

福島の原発事故以降、世界の原発政策は揺れている。激しい対立と軋轢、直面するジレンマ。国民の選択が極端に分かれたEUの隣国、ドイツとフランスの最新ルポ。

筑摩選書 0137

〈業〉とは何か

行為と道徳の仏教思想史

平岡 聡

仏教における「業思想」は、倫理思想であり行為の哲学でもある。初期仏教から大乗仏教まで、様々に変遷してきたこの思想の歴史と論理をスリリングに読み解く!

筑摩選書 0138

ローティ

連帯と自己超克の思想

冨田恭彦

プラグマティズムの最重要な哲学者リチャード・ローティ。彼の思想を哲学史の中で明快に一から読み解き、後半生の政治的発言にまで繋げて見せる決定版。

筑摩選書 0139

宣教師ザビエルと被差別民

沖浦和光

ザビエルの日本およびアジア各地での布教活動の跡をたどりながら、キリシタン渡来が被差別民にもたらしたものが何だったのかを解明する。

筑摩選書 0140

ソ連という実験

国家が管理する民主主義は可能か

松戸清裕

一党制でありながら、政権は民意を無視して政治を行うことはできなかった。国民との対話や社会との協働を模索しながらも失敗を繰り返したソ連の姿を描く。

筑摩選書 0141

「働く青年」と教養の戦後史

「人生雑誌」と読者のゆくえ

福間良明

経済的な理由で進学を断念し、仕事に就いた若者たち。知的世界への憧れと反発。孤独な彼ら彼女らを支え、結びつけた昭和の「人生雑誌」。その盛衰を描き出す!

筑摩選書 0182

〈現実〉とは何か
数学・哲学から始まる世界像の転換

西郷甲矢人
田口茂

数学（圏論）と哲学（現象学）の対話から〈現実〉の核心が明らかにされる！　実体的な現実観を脱し、自由そのものである思考へ。学問の変革を促す画期的試論。

筑摩選書 0183

三越 誕生！
帝国のデパートと近代化の夢

和田博文

1904年、呉服店からデパートへ転身した三越は近代日本を映し出す鏡でもあった。生活を変え、流行を発信する文化装置としての三越草創期を図版と共にたどる。

筑摩選書 0184

明治史研究の最前線

小林和幸 編著

政治史、外交史、経済史、思想史、宗教史など、多様な分野の先端研究者31名の力を結集し明治史研究の最先端を解説。近代史に関心のある全ての人必携の研究案内。

筑摩選書 0185

アジールと国家
中世日本の政治と宗教

伊藤正敏

世俗の権力の及ばない避難所、聖なる別天地としてのアジールとは、一体どのようなものだったのか。歴史の中で果たしてきた役割を中世日本を舞台として跡付ける。

筑摩選書 0186

皇国日本とアメリカ大権
日本人の精神を何が縛っているのか？

橋爪大三郎

昭和の総動員体制になぜ人々は巻き込まれたのか。戦後のアメリカ大権を国民が直視しないのはなぜか。戦前の聖典『国体の本義』解読から、日本人の無意識を問う。

筑摩選書
0147

日本語と道徳
本心・正直・誠実・智恵はいつ生まれたか

西田知己

かつて「正直者」は善人ではなかった⁉ 「誠実」な人もいなければ、「本心」を隠す人もいなかった⁉ 日本語の変遷を通して、日本的道徳観の本質を探る。

筑摩選書
0148

新・風景論
哲学的考察

清水真木

なぜ「美しい風景」にスマホのレンズを向けるのか？ 風景を眺めるとは何をすることなのか？ 西洋精神史をたどり、本当の意味における風景の経験をひらく。

筑摩選書
0149

文明としての徳川日本
一六〇三―一八五三年

芳賀 徹

「徳川の平和」はどのような文化的達成を成し遂げたのか。琳派から本草学、蕪村、芭蕉を経て白石や玄白、源内、崋山まで、比較文化史の第一人者が縦横に物語る。

筑摩選書
0150

憲法と世論
戦後日本人は憲法とどう向き合ってきたのか

境家史郎

憲法に対し日本人は、いかなる態度を取ってきただろうか。世論調査を徹底分析することで通説を覆し、憲法観の変遷を鮮明に浮かび上がらせた、比類なき労作！

筑摩選書
0151

神と革命
ロシア革命の知られざる真実

下斗米伸夫

ロシア革命が成就する上で、異端の宗派が大きな役割を果たしていた！ 無神論を国是とするソ連時代の封印を解き、革命のダイナミズムを初めて明らかにする。